SOLUTIONS

**Personalmanagement
mit MS-OFFICE**

Helmut Reinke

Personalmanagement mit MS-OFFICE

SOLUTIONS
Professionelle Lösungen mit PC-Standardsoftware

Markt&Technik
Buch- und Software-Verlag GmbH

Die Deutsche Bibliothek – CIP-Einheitsaufnahme

Personalmanagement mit MS-Office :
komplette Bewerberverwaltung ; Personalbeurteilung und -förderung ;
Mitarbeiterpotential-Analyse / Helmut Reinke. –
Haar bei München : Markt und Technik, Buch- und Softwareverl.
(Solutions)
ISBN 3-8272-5094-3
NE: Reinke, Helmut

Buch. – 1996

CD-ROM. Die vorgestellten Lösungen, Makros und fertige Formulare,
individuell anpassbar. – 1996

Die Informationen in diesem Produkt werden ohne Rücksicht auf einen
eventuellen Patentschutz veröffentlicht.
Warennamen werden ohne Gewährleistung der freien Verwendbarkeit benutzt.
Bei der Zusammenstellung von Texten und Abbildungen wurde mit größter
Sorgfalt vorgegangen.
Trotzdem können Fehler nicht vollständig ausgeschlossen werden.
Verlag, Herausgeber und Autoren können für fehlerhafte Angaben
und deren Folgen weder eine juristische Verantwortung noch
irgendeine Haftung übernehmen.
Für Verbesserungsvorschläge und Hinweise auf Fehler sind Verlag und
Herausgeber dankbar.

Alle Rechte vorbehalten, auch die der fotomechanischen Wiedergabe und der
Speicherung in elektronischen Medien.
Die gewerbliche Nutzung der in diesem Produkt gezeigten Modelle und Arbeiten
ist nicht zulässig.

Fast alle Hardware- und Softwarebezeichnungen, die in diesem Buch erwähnt werden,
sind gleichzeitig auch eingetragene Warenzeichen oder sollten als solche betrachtet
werden.

10   9   8   7   6   5   4   3   2   1

99   98   97   96

ISBN 3-8272-5094-3

© 1996 by Markt&Technik Buch- und Software-Verlag GmbH,
Hans-Pinsel-Straße 9b, D-85540 Haar bei München/Germany
Alle Rechte vorbehalten
Einbandgestaltung: Grafikdesign Heinz H. Rauner, München
Titelbild: TCL / BAVARIA
Lektorat: Rainer Fuchs
Herstellung: Cornelia Karl
Satz: Conrad Neumann, München
Druck: Kösel Druck, Kempten
Dieses Produkt wurde mit Desktop-Publishing-Programmen erstellt
und auf chlorfrei gebleichtem Papier gedruckt
Printed in Germany

Inhaltsverzeichnis

Vorwort   **11**

Erläuterung   **12**
    Der Inhalt   13
        Die CD zum Buch   13
        Die Markt&Technik-Demos   15

Das sagt die Theorie   **16**
    Die Aufgaben des Personalmanagements   16
    Personalwirtschaft und Mitarbeiterplanung   16
    Die Ziele des Personalmanagements   17
    Der Mitarbeiter, unser wichtigster Produktionsfaktor   18
    Bedürfnispyramide nach Maslow   19
    Die Anwendung der Maslowschen Bedürfnispyramide   20
    Die ERG-Theorie von Alderfer   21
    Das Human-Relations-Modell   22
    Das Zwei-Faktoren-Modell von Herzberg   22
    Die X- und Y-Theorie nach McGregor   23
    Zufriedenheit spielt die größte Rolle   24

Das sagt die Praxis   **25**
    Die Erfahrungen eines Personal-Experten   25
    Meine Erfahrungen im Personalmanagement   28
    Die Praxis und der Führungsstil   31

Unsere Beispielfirma   **33**
    Der Geschäftsführer   33
    Der zweite Geschäftsführer   34
    Der Chefcontroller   34
    Die »Neue«   35
    Die Produkte der Firma   35
    Die Vertriebsstruktur   36
    Einführung in Microsoft Office Professional   37
    Die Anwendungen des Office-Professional-Pakets   37

Aufgabengerechtes Zusammenstellen von Informationen	39
Auf der Suche nach einem Dokument	39
Mehr Zeit für das Wesentliche	41
Einfügen, verknüpfen, einbetten...	41
Schnelles Austauschen von Office-Informationen	42

Solution 1: Die Personalplanung   45

Das Problem	45
Ein Wort voraus	46
Aufgaben	46
Konflikte	46
Unternehmensbedürfnisse contra Mitarbeiterbedürfnisse?	46
Formen der Individualplanung	47
Das ist die Lösung	47
Der Stellenplan als Organigramm	47
Erstellen eines Organigramms	48
Wer übernimmt welche Aufgabe – der Stellenbesetzungsplan	52
Der Stellenbesetzungsplan mit MS Organisationsdiagramm 2.0	52
Die Laufbahnplanung als Gantt-Diagramm	54
Die Nachfolgeplanung als Netzplandiagramm	58
Erstellen des Nachfolgeplans in PowerPoint	58
PowerPoint-Folien in ein Word für Windows-Dokument einbinden	61
Inhaltsverzeichnis – kein Problem für uns!	62

Solution 2: Die Personalverwaltung und ihre Formulare   65

Das Problem	65
Ein Wort voraus: Aufgaben der Personalverwaltung	66
Der Datenschutz	66
Das ist die Lösung (Solution)	67
Erstellen einer Mustervorlage für den Personalbogen mit Excel	67
Daten in einer Datenbank erfassen und archivieren	70
Die Zeugnisse	74
Die Zeugnisprogrammierung	74
Wie schreibe ich ein WordBASIC-Makro?	85
Ein kleiner Exkurs	85
Einbinden der Makros in die Symbolleiste	86

Unsere Aufgabe: Eine benutzerdefinierte Hausmitteilung	87
Die Hausmitteilung erstellen	87
Vorlage speichern	87
Einstellen der Vorlagen-Verzeichnisse	88
Arbeiten mit Textmarken	88
Globale AutoText-Einträge immer starten	88
Nun noch ein Makro, um das Firmen-CI zu gewährleisten	89
Ein eigenes Menü	90

Solution 3: Die Alters- und Gehaltsstruktur — 95

Das Problem	95
Das ist die Lösung	96
Berechnung des Gehalts anhand der Tarifgruppe und des internen Firmenzuschlags	96
Eine wichtige Vorarbeit – Namen vergeben!	97
Die Königs-Funktion von Excel: Bereich verschieben	97
Die Gehaltsberechnung nach Tarifgruppen – ein leichtes mit dem SVERWEIS	100
Errechnen der Betriebszugehörigkeit	102
Die variable Altersstrukturanalyse	104
Die Funktion Häufigkeit	105
Unsere Altersstruktur im Jahr 2000	108
Arbeiten mit Dialogen – ganz einfach	109
Die Betriebszugehörigkeit – unser Motivationsbarometer	110
Diagramme auf der Dialogbox	115
Die Gehaltsstrukturanalyse für die Zukunftsplanung	118
Rechnen mit den Datenbankfunktionen	120
Arbeiten mit der Pivot-Tabelle	121

Solution 4: Die richtige Personalbeschaffung — 127

Das Problem	127
Ein Wort voraus: Grundregeln für eine effektive Stellenbesetzungsentscheidung	128
Regeln für den Umgang mit Bewerbungsunterlagen	128
Die Bewerbungsunterlagen	129
Die Absage	129

Das ist die Lösung	129
Welche Daten wollen wir verwalten?	130
Tabelle Bewerber	130
Weitere Tabellen	131
Die Erfassung der Bewerberdaten – Das Hauptformular	134
Funktionsleiste	135
Statusleiste	136
Unterscheidung zwischen »fest angestellt« und »Ferienarbeiter«	136
Gestalten des Formulars – der Formulareditor	137
Bedienungsanleitung für die Bewerberverwaltung auf der CD	139
Starten des Programms	139
Anlegen von Datensätzen	140
Datensatz suchen	141
Datensätze selektieren	142
Datensätze löschen	143
Wiedervorlage-Datum	143
Druck	145
Solution 5: Personalbeurteilung und Personalförderung	**151**
Das Problem	151
Ein Wort voraus: Vom Sinn und Zweck der Personalbeurteilung	152
Der Wert der Mitarbeiterbeurteilung	152
Das ist die Lösung	152
Die Stärken-Schwächen-Analyse	152
Arbeiten mit Profilius	155
Ein schneller Überblick mit dem Szenario-Manager	157
Die Führungskräfte-Potential-Analyse mit dem Portfolio-Ansatz	161
Erstellen des Analysebogens	162
Die Beurteilungskriterien	163
Dialoge, Dialoge, Dialoge...	163
Das Drehfeld	165
Die Bildlaufleiste	166
Eine benutzerdefinierte Funktion	167
Die Potentiale analysieren	168
Optionsfeld	169
Das Kontrollkästchen	169

Das Führungskräfte-Portfolio	170
Das Tool Portfolio 3.0	171
Das Menü Format	173
Die Auswertung unseres Portfolios	174

Solution 6: Personalkostenentwicklung und analytische Datenbank — 177

Das Problem	177
Ein Wort voraus: MBO – Management By Objectives	178
Teamarbeit und Zielvereinbarung	178
Die Zielvereinbarung für den Mitarbeiter	179
Die Zielvereinbarung für die Abteilung Vertrieb	180
Die Zielvereinbarung der Buchhaltung	180
Das Entlohnungssystem	181
Das ist die Lösung	182
Wenn Excel nicht ausreicht	182
Über die Funktion des Spreadsheet Connector	183
Starten des Spreadsheet Connector	184
Anlegen von Dimensionen	184

Schlußwort — 197

Stichwortverzeichnis — 199

Vorwort

Unsere Beispielfirma Fix & Schlau hat mich inspiriert, neben den Themen »Unternehmensplanung und Prognoseverfahren mit Excel«, »Produktplanung und Portfolio mit Excel«, »Vertriebscontrolling mit Excel« und »Projektplanung und Ressourcenmanagement mit Project« (alle ebenfalls in der *Solutions*-Reihe erhältlich) auch die Personalseite zu untersuchen und darüber eine Solution zu schreiben.

Personalplanung, Personalmanagement – und das alles mit dem PC? Wo bleibt da die Datensicherheit? Wo bleibt da die Vertraulichkeit?

Gut, dies sind Gedanken, die wir uns machen müssen. Aber vieles kann uns die Aufgaben erleichtern.

In diesem Buch setze ich voraus, daß Sie mit Windows und dem PC umgehen können und die Anwendersoftware MS Excel, MS Word für Windows und MS Access zumindest von der Aufgabenstellung her beurteilen können. Oder sind Sie vielleicht sogar ein erfahrener Anwender? Dann werden Sie einige Tips und Tricks für Ihre Arbeit erfahren.

Bei der Erstellung dieses Buchs habe ich meine ganze Kraft und Motivation aus dem Erfolg der ersten vier Bücher der *Solutions*-Reihe genommen. In der vorweihnachtlichen Zeit, in der ich dieses Buch geschrieben habe, hat mich die große Zahl der Arbeitslosen genauso beschäftigt wie der Kostendruck der Unternehmer. In abendlichen Diskussionen mit Freunden und Geschäftspartnern habe ich mir immer wieder überlegt: Welche dieser Aufgaben können mit dem PC gelöst werden? Wo können Ideen ansetzen, und wo bringen sie eine Arbeitserleichterung?

Viele Erfahrungen, die ich in meinem Berufsleben gemacht habe, zahlreiche wertvolle Anregungen, die ich als Trainer und Berater in meinen Kursen erhalten habe, alle Lösungsbeispiele und Lösungsansätze will ich Ihnen vermitteln und hoffe, daß Sie wissen, welche Aufgaben im Personalmanagement mit dem PC gelöst werden können, wenn Sie diese Solution durchgearbeitet haben.

Bei diesem Buch haben mir erneut einige Menschen geholfen, denen ich hier an dieser Stelle besonderen Dank aussprechen will. Zum einen ist da unsere Frau Kommer, die immer wieder meine Fehler ausbessert und dann die Bücher illustriert und »rund« macht. Auf der anderen Seite danke ich meiner Frau und meiner Tochter, die mich unterstützten.

Fachlich begleitet haben mich für dieses Buch Herr Kuno Melskotte, Leiter Aus- und Weiterbildung bei einem Maschinenbauhersteller, und mein Freund Wolfgang Stapelfeldt, den Sie vielleicht schon aus meinem Buch »Vertriebscontrolling« kennen.

Ein besonderer Dank für die Motivation auch an Dr. Rainer Fuchs, Lektor bei Markt & Technik, und an Ignatz Schels, Herausgeber der *Solutions*-Reihe.

Erläuterung

Bevor Sie mit dem Schmökern loslegen, möchte ich betonen, daß es nicht mein Ziel ist, Ihnen MS Office, Word für Windows oder Access näherzubringen. Dazu gibt es inzwischen zahlreiche Bücher und nicht zuletzt die gut funktionierende Online-Hilfe, die mit MS Office ausgeliefert wird.

Ich werde Ihnen natürlich viele Excel-, Word für Windows- und PowerPoint-Funktionen zeigen und erläutern. Manche werden Sie als Excel-Anwender schon kennen, vieles dürfte Ihnen nicht bekannt sein, und gerade die gezielte Anwendung bisher ungenutzter Programmfunktionen wird Ihren Office-Kenntnisstand stark verbessern. Mein Ziel ist es, Sie mit dem Werkzeug Office über die praktischen Beispiele zur Lösung (Solution) zu führen. Damit Sie die Lösungen in diesem *Solutions*-Buch an Ihre individuellen Anforderungen anpassen können, finden Sie alle Tabellen, Mustervorlagen und Grafiken auf CD zum Buch.

Zum Schluß noch eines: Um das hohe Niveau unserer Bücher halten zu können, bin ich an Ihren Meinungen und Anregungen interessiert. Faxen Sie mir einfach Ihr Problem unter der Nummer

07141/231414

oder stellen Sie es in mein CompuServe-Postfach:

100277,1457

Ihr Autor

Helmut Reinke

PS: Für die Beispiele in diesem Buch benötigen Sie MS Office (Excel, Word für Windows, PowerPoint). Die Beispiele sind für die Version für Windows 95 (Office 95) erstellt, können aber zum größten Teil auch mit der Vorgängerversion (Winword 6.0, Excel 5.0) bearbeitet werden, da beide Versionen das gleiche Datenformat verwenden. Nur die PowerPoint-Präsentationen lassen sich nicht mit der Vorversion aufrufen. Die Bewerberdatenbank ist eine Access-Lösung, ich habe Ihnen je eine Version für Access 2.0 und Access 7.0 auf die CD gepackt.

Der Inhalt 13

Willkommen Online!

Sie können die Beispiele zum Buch und die Demoversionen zu den Produkten, die in der *Solutions*-Reihe verwendet und vorgestellt werden, auch aus dem CompuServe-Forum von Markt & Technik herunterladen (GOGERMUT). Hier stehen Ihnen auch Ihre Autoren gerne mit Rat und Tat zur Verfügung. Wir freuen uns auf Sie!

Der Inhalt

Das Buch ist nach folgendem Schema aufgebaut:

1. Das Problem
In diesem Kapitel erklären wir, welches Problem in der tagtäglichen Praxis auftritt, wie z.B. in diesem Buch »Bewerberverwaltung« oder »Personalkosten.«

2. Das sagt die Praxis
Hier versuchen wir, das Problem aus der Praxis zu bewerten, um dies später in unsere Solutions einzubinden. Unterstützend hierzu haben wir erfahrene Leute befragt und deren Darlegungen analysiert und kommentiert.

3. Das sagt die Theorie
Keine leichte Aufgabe. Trotz des Wälzens zahlreicher Fachbücher war es oft schwer, eine schlüssige Theorie zum Problem zu finden.
Selbstverständlich, und das wissen wir zu Genüge, haben viele Professoren und Autoren und vielleicht auch Sie andere Ansichten als die, die Sie im folgenden lesen, aber letztendlich soll dieser Abschnitt nur zu Ihrer eigenen Meinungsbildung dienen.

Dazu haben wir

- eine grafische Darstellung des Problems abgedruckt,
- das Problem beschrieben,
- Schritt für Schritt die Lösung (Solution) erklärt,
- Tips für die Arbeit mit Office gegeben.

Damit Sie nicht erst das Buch von vorne bis hinten lesen müssen, um zum Ziel zu kommen, haben wir die Lösungen zum Nachvollziehen Schritt für Schritt erklärt. Wenn Sie wollen, können Sie also gleich am PC mitarbeiten.

Die CD zum Buch

Dieses Buch wird mit einer CD ausgeliefert, auf der sämtliche Übungsdateien enthalten sind. Diese Dateien zeigen die einzelnen Lösungsschritte und die letztendliche Solution, die in den einzelnen Kapiteln Schritt für Schritt erklärt wird. Außerdem enthält die CD verschiedene Demoversionen für Excel-Zusatzprogramme. Diese Dateien benötigen Sie für einige Praxisbeispiele im Buch.

Der Inhalt der CD

Verzeichnis/Ordner	Beschreibung
\PERSONAL	Das Unterverzeichnis, in dem alle Beispiele und Demos zu finden sind
\PERSONAL\BEISPIEL	Die Beispiele zum Buch
\PERSONAL\BEISPIEL\BEWERBER	Die Bewerberverwaltung für Access. Im Unterverzeichnis \BV20 finden Sie die Version für Access 2.0, im Unterverzeichnis \BV70 ist die Version für Access 7.0 (Access 95) hinterlegt.
\PERSONAL\MUTDEMOS	Die Multimedia-Übersicht über Markt & Technik-Produkte
\PERSONAL\PORTFOL	Eine Demoversion des Excel-Zusatzprogramms Portfolio 3.0
\PERSONAL\STRATFOL	Eine Demoversion von Stratfolio 3D, einem weiteren Portfolio-Zusatzprogramm zu Excel
\PERSONAL\SPREAD	Eine Demoversion des Excel-Zusatzprogramms Spreadsheet Connector

Die Programmdemos installieren Sie folgendermaßen:

Portfolio 3.0

Dieses Demoprogramm ist als Diskettenversion konzipiert und muß deshalb in ein Verzeichnis (in Windows 95 ein Ordner) mit der Bezeichnung DISK1 kopiert werden, bevor Sie es installieren.

- Erstellen Sie auf Ihrer Festplatte ein Verzeichnis mit der Bezeichnung DISK1, und kopieren Sie alle Dateien aus dem Verzeichnis \PORT in dieses Verzeichnis.
- Starten Sie dann SETUP.EXE, und befolgen Sie die Anweisungen des Installationsprogramms.

Startfolio-3D-Demo

Dieses Programm können Sie mit Aufruf des Installationsprogramms SETUP.EXE installieren.

Spreadsheet-Connector-Demo

Für dieses Demoprogramm, das im Original auf zwei Disketten geliefert wird, müssen Sie folgende Vorbereitungen treffen:

- Kopieren Sie das Unterverzeichnis \SPREAD aus dem CD-Verzeichnis \SPREADCO auf Ihre Festplatte.
- Benennen Sie dieses Verzeichnis um in \DISK2.
- Kopieren Sie das Verzeichnis \SPREADCO\SPREAD ein weiteres Mal auf die Festplatte, und nennen Sie das zweite neue Verzeichnis \DISK1.
- Starten Sie das Installationsprogramm SETUP.EXE aus dem Verzeichnis DISK1, um die Demoversion des Spreadsheet Connectors zu installieren.
- Löschen Sie anschließend die beiden Verzeichnisse \DISK1 und \DISK2 wieder.

Die Markt&Technik-Demos

Außerdem finden Sie auf der CD eine Multimedia-Gesamtübersicht über die Produkte aus dem Markt & Technik Verlag. Starten Sie über START.EXE aus dem CD-Verzeichnis MUT-DEMOS.

Das sagt die Theorie

Die Aufgaben des Personalmanagements

Unsere Unternehmen müssen in der heutigen Zeit mit grundlegenden Mitteln wie Arbeit, Betriebsmitteln und Werkstoffen Bestleistungen erstellen. Nur durch die – freilich nicht einfache, aber lohnende – Kombination dieser grundlegenden Mittel, z. B. in den Bereichen Material-, Fertigungs- oder Absatzwirtschaft, können diese Bestleistungen erbracht werden.
Nicht einfach, weil für die Beschaffung der einzelnen Mittel Ausgaben anstehen und weil unser Unternehmen einen Gewinn erwirtschaften soll.
Um die Kombination dieser grundlegenden Mittel zu gewährleisten, benötigt unser Unternehmen eine Leitung, Planung und Organisation. Der Erfolg unseres Unternehmens ist letztendlich der Erfolg der menschlichen Arbeit. Egal, wie viele Maschinen wir »laufen« haben, sie werden doch alle von menschlicher Hand betreut und verwaltet. Ein Grundsatz unseres Unternehmens sollte daher die Berücksichtigung der humanitären und soziologischen Gesichtspunkte sein.
Zuerst gehen wir auf unsere Mitarbeiter ein, zu denen **alle** Arbeitnehmer gehören, also auch leitende Mitarbeiter. Arbeitnehmer ist, wer in einem festen Arbeitsverhältnis steht und dafür Lohn oder Gehalt empfängt. Verwenden Sie allerdings besser den Begriff »Mitarbeiter«, um Ihre Partnerschaft mit den Arbeitnehmern herauszustellen.
Aus betrieblicher Sicht sind die Mitarbeiter durch ihre verschiedenen Eigenschaften charakterisiert: Zunächst einmal ist jeder Mitarbeiter ein Produktionsfaktor, d. h., er erbringt Leistungen für sein Unternehmen. Darüber hinaus können wir bei dem einen oder anderen Mitarbeiter eine verstärkte Motivation feststellen. Sie müssen auch bedenken, daß jeder Mitarbeiter einen Einfluß auf das Unternehmen hat: An jedem Arbeitsplatz müssen tagtäglich kleinere und größere Entscheidungen getroffen werden. Nicht zuletzt ist jeder Mitarbeiter natürlich auch ein Kostenverursacher. Diese Kosten spielen eine wichtige Rolle bei der Wirtschaftlichkeit jedes Unternehmens.

Personalwirtschaft und Mitarbeiterplanung

Unsere Aufgabe im Unternehmen ist es, gezielt hauszuhalten und dennoch Gewinn zu erwirtschaften. Dies gilt auch für den Mitarbeiterbereich. Die menschliche Arbeitskraft ist kostbar und unersetzlich und sollte daher geschätzt und gefördert werden.
Die Betreuung der Mitarbeiter sollte das »A und O« sein. Nur wenn die Bedürfnisse unserer Mitarbeiter erfüllt sind, können unsere Bedürfnisse erfüllt werden. Jedes Unternehmen hat das Bedürfnis, mit den bestmöglichen Mitarbeitern versorgt zu sein, jeder Mitarbeiter hat das Bedürfnis nach Betreuung, Fortbildung, Führung und selbstverständlich Entlohnung.

Abb. 1: Die Aufgaben des Personalwesens

Auch die Mitarbeiterpolitik gehört zu diesem Bereich und sollte von der Unternehmensleitung ausgeführt werden. Es hat sich als sinnvoll erwiesen, die Aufgabenbereiche Personal- und Sozialwesen nicht zu trennen, sondern als ein Ganzes zu sehen, da sie ineinander verwoben sind.

Die Ziele des Personalmanagements

Im Mittelpunkt der Personalleitung stehen wirtschaftliche und soziale Ziele. Diese Ziele zu verfolgen ist aber nicht nur Aufgabe der Personalleitung, sie müssen genauso von der Geschäftsleitung, jedem Vorgesetzten und dem Betriebsrat verfolgt werden.
Daneben dürfen aber auch andere Ziele, wie die Vermeidung von Arbeitslosigkeit, Berücksichtigung des Arbeitsrechts und der richtige Einsatz unserer Mitarbeiter, nicht aus den Augen gelassen werden.
Wirtschaftliche Ziele der Personalleitung sind:

Abb. 2: Wirtschaftliche Ziele

Unter Berücksichtigung des ökonomischen Prinzips sollte die Personalleitung die bestgeeigneten Mitarbeiter auswählen. Es versteht sich von selbst, daß dies eine schwere Ausgangslage ist, da die sozialen Ziele den wirtschaftlichen konträr gegenüberstehen. Auf der einen Seite steht die bestmögliche Gestaltung der Arbeitsumstände für die Mitarbeiter, auf der anderen sind die wirtschaftlichen Ziele für unser Unternehmen zu sehen. Eine Alternative kann ein Angebot an sozialen Zielen z. B. in den nachstehenden Bereichen sein.

Abb. 3: Soziale Ziele

Der Mitarbeiter, unser wichtigster Produktionsfaktor

Wie schon mehrmals erwähnt, ist der Erfolg unseres Unternehmens letztendlich auf die menschliche Kraft zurückzuführen. Jeder Mitarbeiter hat besondere Eigenschaften, die Vor- und Nachteile für unser Unternehmen mit sich bringen können.
Der aktive und motivierte Mitarbeiter hat seinen eigenen Willen, verfolgt eigenständig selbstgesteckte Ziele und entwickelt Initiativen. Es kann in diesem Bereich zu Konflikten kommen, wenn Unternehmensziel und Mitarbeiterziel sich nicht decken.
Bedenken Sie, daß jeder Mitarbeiter bereits andere verantwortungsvolle Lebensbereiche und andere Bedürfnisse hat. Partner, Familie oder Freizeitinteressen beeinflussen die Motivation unserer Mitarbeiter ebenfalls. Verantwortungsgefühl und ein Zugehörigkeitsgefühl zum Unternehmen sollten in jedem Mitarbeiter geweckt werden. Diese Gefühle fördern die Motivation. Doch letztendlich ist jeder Mensch ein Individuum, und sein Verhalten ist nur im Rahmen der Wahrscheinlichkeit vorhersagbar.
Es wurden schon viele Hypothesen, Theorien und Orientierungen für die Personalleitung entwickelt. Interessant sind folgende Forschungsergebnisse, bei denen das Verhalten, die Zufriedenheit, die Bedürfnisse und die Motivation an erster Stelle stehen.

Bedürfnispyramide nach Maslow

Der eigentliche Gründer der humanistischen Psychologie ist zweifellos der Amerikaner Abraham H. Maslow. Er zählt zu den wichtigsten Vertretern der humanistischen Bewegung. Seine bekannteste Darstellung ist die fünfstufige Pyramide menschlicher Grundbedürfnisse, die nicht das Ergebnis zahlreicher Untersuchungen ist, sondern vielmehr auf intuitiver Einsicht beruht. Überzeugen Sie sich selbst.

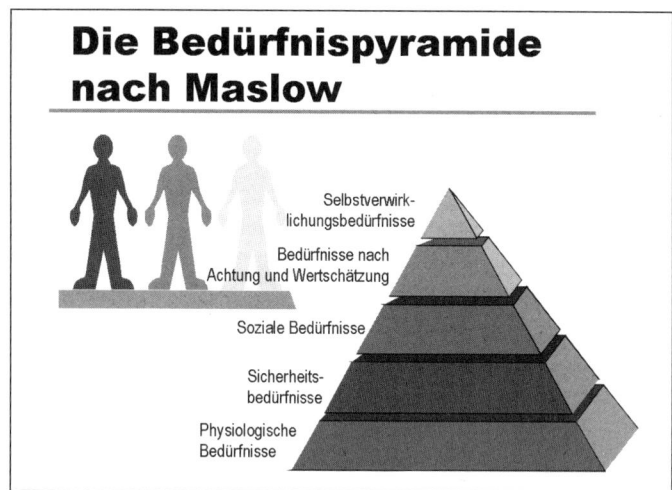

Abb. 4: Die Maslowsche Bedürfnispyramide

Diese Pyramide soll die von Abraham Maslow erarbeiteten menschlichen Bedürfnisse darstellen. Maslow geht von fünf Kategorien von Bedürfnissen aus. Diese entwickeln sich von den niederen (physiologischen) zu den höheren (Selbstverwirklichung).
Für das Verständnis der Pyramide gehen wir davon aus, daß zwei Arten von Bedürfnissen das Leben des Menschen beeinflussen: Defizit- und Wachstumsbedürfnisse. Diese Bedürfnisse sind hierarchisch strukturiert, d. h., daß ein Bedürfnis erst dann in Erscheinung treten wird, wenn das vorhergehende bereits befriedigt ist.
Das Bedürfnis nach Schlaf, Kleidung und Nahrung ist ein Grundbedürfnis. Es muß gesichert sein, bevor sich der Mensch für die nächsthöhere Stufe der Pyramide interessiert.
Ist dann das Sicherheitsbedürfnis beispielsweise durch Altersversorgung befriedigt, wendet man sich der nächsten Stufe zu. Auf der Stufe 4 werden Statussymbole gesammelt. Durch erhöhtes Geltungsbedürfnis möchte man der Umgebung zeigen, wozu man es gebracht hat. Auf der fünften Stufe geht es um die Selbstverwirklichung. Der Mensch sucht nach dem Sinn seines eigenen Lebens.
Oftmals werden dabei doch der Lebensraum und die Lebensrechte anderer mißachtet, weil man seine Bedürfnisse anstatt an sich selbst an andere richtet. Selbstverwirklichung heißt nicht, tun und lassen zu können, was man will, und das schon gar nicht zu Lasten und auf

Kosten anderer. Jeder sollte jeden Menschen als Individuum respektieren und akzeptieren und somit auch seinen Lebensraum und sein Umfeld.

Wird ein Mensch bei der Entfaltung seines Selbstwertgefühls behindert oder gar unterdrückt, kann dies auf Dauer zu körperlichen und seelischen Schäden führen.

Nach Maslow nimmt der Anteil des denkenden Bewußtseins von Stufe zu Stufe zu. Dabei wird das Individuum ab einem gewissen Punkt nicht mehr durch seine Bedürfnisse, sondern durch sein Selbst bestimmt. Für die Stufen davor können wir von einer Fremdbestimmung sprechen.

Für die humanistische Psychologie legt Maslow den Grundstein mit seinem motivationstheoretischen Ansatz. Demnach müssen wir folgendes beachten:

▲ Motivation kann als das Streben nach Befriedigung von Bedürfnissen bezeichnet werden.

▲ Die Bedürfnisse entwickeln sich hierarchisch, d. h. qualitativ höherwertig.

▲ Ein befriedigtes Bedürfnis wird nicht mehr als Bedürfnis empfunden – d. h., es motiviert nicht mehr.

▲ Erst dann wird das nächsthöhere Bedürfnis motivationsfähig.

Jeder Mensch ist ein Individuum, und somit hat jeder auch unterschiedliche Bedürfnisse zu befriedigen. Unsere Bedürfnisse sind unsere Motivatoren. Maslow geht davon aus, daß immer das momentan unbefriedigte Bedürfnis als Motivator wirkt. Und erst wenn es befriedigt ist, kann ein neues Bedürfnis als Motivator wirksam werden. Wir dürfen die Pyramide allerdings nicht allzu schematisch anwenden: Die Reihenfolge kann von Individuum zu Individuum durchaus variieren, da nicht jeder Mensch die gleichen Wünsche und Ansprüche an das Leben hat. Auf jeden Fall läßt sich sagen, daß immer ein Wunsch nach den Dingen, die wir nicht besitzen, besteht.

Die Anwendung der Maslowschen Bedürfnispyramide

Für unsere Personalleitung ist die Maslowsche hierarchische Bedürfnistheorie von großer Bedeutung. Folgendes ist zu beachten:

1. Unsere Mitarbeiter müssen die Möglichkeit haben, jede Ebene der Maslowschen Pyramide zu erreichen. Mitarbeiter, deren Tätigkeit von Routine bestimmt ist oder die vollständig kontrolliert werden, haben es hierbei besonders schwer.

2. Unsere Führungskräfte dürfen nicht willkürlich Gebrauch von ihrer Macht machen. Sie würden dadurch Angst auslösen und somit die Motivation unserer Mitarbeiter behindern.

3. Warnungen vor Entlassungen sind keine wirksamen Motivatoren. Das Gegenteil wird der Fall sein. Unsere Mitarbeiter werden gerade nur so viel Kraft für ihren Job aufbringen, daß sie ihn behalten. Unserem Unternehmen selbst stehen sie aber fremd gegenüber.

4. Um unsere Mitarbeiter zu besseren Leistungen (Stufe 4) zu motivieren, müssen wir bereits im Vorfeld ihre Sicherheitsbedürfnisse befriedigen. Dazu gehört ein angemessenes Entgelt, Harmonie am Arbeitsplatz und die Möglichkeit zur sozialen Interaktion im Betrieb.
5. Unsere Mitarbeiter bei Entscheidungen und Problemen teilhaben zu lassen, ist der sicherste Weg, ihre Bedürfnisse von sozialer Interaktion bis hin zur Selbstverwirklichung zu befriedigen.

Die ERG-Theorie von Alderfer

Neben Maslow gibt es noch einige weitere Arbeitstheoretiker. Der Amerikaner C. P. Alderfer zum Beispiel unterteilt die Bedürfnisklassen in drei Bereiche:

- Existenzbedürfnisse (E = Existence): Hierzu gehören die physiologischen Grundbedürfnisse sowie die Sicherheitsbedürfnisse.

- Sozialbedürfnisse (R = Relatedness): Wie auch bei der Bedürfnispyramide von Maslow zählen hier die Wertschätzungsbedürfnisse und die sozialen Bedürfnisse.

- Wachstumsbedürfnisse (G = Growth): Hierbei handelt es sich um die Selbstverwirklichungsbedürfnisse, die auch die Mitbestimmung einschließen.

Für diese drei Bedürfnisarten stellt Alderfer sieben Prinzipien auf:

Prinzip 1: Je weniger die E-Bedürfnisse befriedigt sind, desto stärker werden die E-Bedürfnisse.

Prinzip 2: Je weniger die R-Bedürfnisse befriedigt sind, desto stärker werden die E-Bedürfnisse.

Prinzip 3: Je mehr die E-Bedürfnisse befriedigt sind, desto stärker werden die R-Bedürfnisse.

Prinzip 4: Je weniger die R-Bedürfnisse befriedigt sind, desto stärker werden die R-Bedürfnisse.

Prinzip 5: Je weniger die G-Bedürfnisse befriedigt sind, desto stärker werden die R-Bedürfnisse.

Prinzip 6: Je mehr die R-Bedürfnisse befriedigt sind, desto stärker werden die G-Bedürfnisse.

Prinzip 7: Je mehr oder je weniger die G-Bedürfnisse befriedigt sind, desto stärker werden sie.

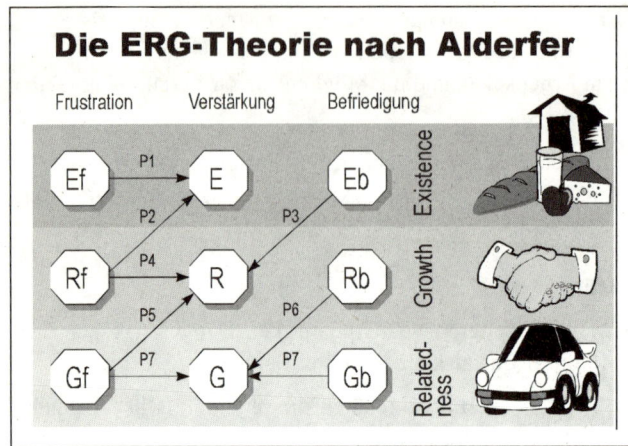

Abb. 5: Die ERG-Theorie

Das Human-Relations-Modell

Ein weiteres Modell, das ich kurz beleuchten möchte, ist das Human-Relations-Modell. Dabei wird von einer Reihe von Faktoren und den sich daraus ergebenden zwei Extrempunkten ausgegangen – von der Zufriedenheit und der Unzufriedenheit.

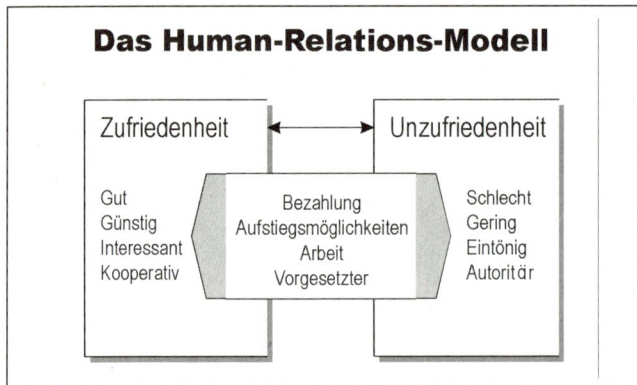

Abb. 6: Das Human-Relations-Modell

Das Zwei-Faktoren-Modell von Herzberg

Der US-Amerikaner Frederick Herzberg wiederum geht in der sogenannten Pittsburgh-Studie davon aus, daß Zufriedenheit und Unzufriedenheit (wieder auf die Arbeit bezogen) zwei Dimensionen besitzen.

Das sagt die Theorie 23

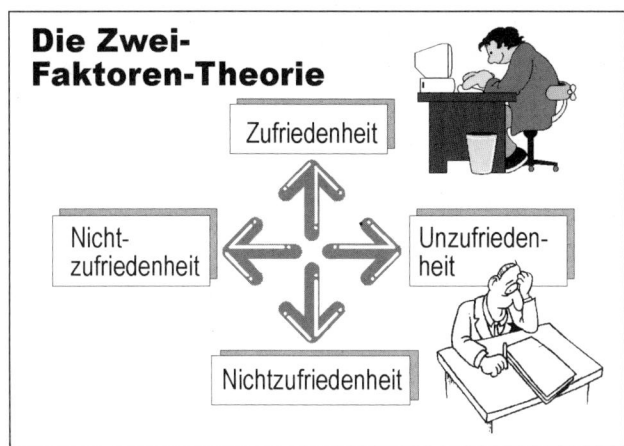

Abb. 7: Die Zwei-Faktoren-Theorie

Dieses Modell berücksichtigt zwei Faktoren:

Motivatoren sind beispielsweise Anerkennung, Arbeitserledigung, Aufstieg und Erfolg.

Zu den Hygienefaktoren gehören: Entlohnung, Kollegenbeziehungen, Vorgesetztenfähigkeiten, Vorgesetztenverhältnis usw.

Fehlende Hygienefaktoren bewirken nach Herzberg Unzufriedenheit. Motivatoren können fehlende Hygienefaktoren nicht vollständig kompensieren. Außerdem haben Hygienefaktoren keine motivierende Wirkung: Sie werden als selbstverständlich betrachtet. Aber: Bei vorhandenen Hygienefaktoren wirken sich Motivatoren positiv aus.

Obwohl die Zwei-Faktoren-Theorie nicht von allen Fachleuten anerkannt wird, ist sie doch sehr beliebt.

Die X- und Y-Theorie nach McGregor

Wie Maslow zählt auch Douglas McGregor zu den bedeutendsten Vertretern der humanistischen Psychologie. Seiner Meinung nach existieren zwei unterschiedliche Auffassungen über die Arbeitsbereitschaft des Menschen. McGregor hat sie als die X- und die Y-Theorie bezeichnet.

Die Theorie X beinhaltet die folgenden Annahmen:

- Der Mensch hat eine grundsätzliche Abneigung gegen die Arbeit.
- Er besitzt keinen Ehrgeiz und möchte unbedingt geführt werden.
- Er versucht, Verantwortung abzuwälzen, und möchte sich vor allem wie die Mehrheit der Menschen verhalten.

Hätte die X-Theorie recht, wäre eine Motivation unserer Mitarbeiter nur mit Belohnung möglich. Seiner Meinung nach spiegelt diese Theorie die Fehleinschätzung des Menschens in vielen Unternehmen wider. Man bezeichnet die X-Theorie auch als Taylorismus.

Dem Bedürfnis des Menschen kommt daher die Y-Theorie näher. Sie lautet:

- Arbeiten ist ein natürlicher Prozeß. Arbeit kann aber sowohl Enttäuschung als auch Befriedigung hervorrufen.
- Sind die Arbeitsbedingungen günstig, ist der Mensch motiviert, freiwillig Leistungen zu erbringen.
- Sind Mitarbeiter nicht bereit, Leistungen zu bringen, muß das Problem in der Menschenführung gesucht werden.
- Alle Mitarbeiter haben Fähigkeiten, die dem Unternehmen zunutze gemacht werden sollten.

Zusammengefaßt heißt dies: Wir müssen unseren Mitarbeitern nahebringen, daß sie ihre eigenen Ziele am besten erreichen, indem sie die Ziele unseres Unternehmens verfolgen. Außerdem sollte gelten, unsere Organisationen den Mitarbeitern anzupassen und nicht andersherum. Dies wäre ein Führungsstil, der sich an der Theorie Y orientiert.

Zufriedenheit spielt die größte Rolle

Sie sehen, die wichtigste Theorie aller dieser Arbeitswissenschaftler ist die Zufriedenheit der Mitarbeiter und dadurch auch die Qualität der Ware oder Dienstleistung – und dies sagt uns letztendlich: Uns nützen nur motivierte und zufriedene Mitarbeiter, und die zu gewinnen und zu halten ist ein großes Ziel.

Welche Hilfsmittel uns der PC und die Software Office bieten kann? Genau das möchten wir Ihnen in diesem Buch vermitteln.

Denken Sie jedoch bei allen Ihren Überlegungen und Entscheidungen daran:

Im Mittelpunkt steht der Mitarbeiter, das Personal. Und dies zu führen ist keine leichte Aufgabe. Der PC kann uns nur ein Hilfsmittel sein, entscheiden und führen müssen letztendlich Sie allein.

Eine Mischung aus allen angesprochenen Theorien wird wohl das Beste sein. Vergewissern Sie sich, und entscheiden Sie nach Beurteilungen und Bewertungen eher intuitiv. Loben Sie ehrlich, und erkennen Sie Leistungen an. Das wird Sie auszeichnen.

Das sagt die Praxis

Die Erfahrungen eines Personal-Experten

Ich habe meinen Freund Wolfgang Stapelfeldt dazu interviewt, was er denn zu diesem wichtigen Thema meint.

Helmut Reinke (HR): *Wolfgang, im Vordergrund der Unternehmensaktivitäten stehen heute Organisationskonzepte. Ist der Mensch in den Hintergrund getreten?*

Wolfgang Stapelfeldt (WS): Im Vordergrund stehen heute Themen wie Geschäftsprozeßoptimierung, Business-Reengineering, Lean Production, Lean Selling, Konzentration auf Qualitätsmanagement, Gruppenarbeit und andere. Das sind die Rezepte unserer heutigen Zeit. Im Mittelpunkt stand der Mensch – wo steht er heute? Eigentlich dort, wo er gestern stand und auch morgen noch stehen wird: im Unternehmensprozeß. Die Lösung ist nicht, Rezepte zu übernehmen und dann auf das erhoffte Ergebnis zu warten. Ziel dieser Konzepte ist letztendlich das Freisetzen und Umsetzen des vorhandenen Potentials der Mitarbeiter. Und dafür gibt es keine allgemeingültigen Rezepte. Unternehmen brauchen für ihre Organisation eine eigene Lösung, die von allen Bereichen selbst erarbeitet und durch die Geschäftsleitung unterstützt wird. Konzeptionen und externe Berater dienen als Unterstützer, Prozeßbegleiter und Dienstleister für den Prozeß der Neugestaltung.

HR: *Wie kann man denn die Kerngedanken der Organisationskonzepte mit dem Verhalten der Menschen in Einklang bringen?*

WS: Wenn es um Kerngedanken geht wie

- konsequente Markt- und Kundenorientierung,
- schnelle und flexible Reaktion auf Kundenwünsche,
- bereichsübergreifende Organisation des gesamten Entstehungsprozesses,
- Schaffung und Erhaltung der umfassenden Qualität als Aufgabe jedes Mitarbeiters,
- Information und Kommunikation als entscheidende Faktoren im Wertschöpfungsprozeß,
- Konzentration des Unternehmens auf seine Kompetenzen,

dann müssen auch konsequent folgende Voraussetzungen im Denken und Handeln geschaffen werden:

- Ein Maximum an Kompetenzen, Verantwortung und Aufgaben wird den »Produzenten« übertragen,
- offene und umfassende Mitsprache bzw. Information aller Beteiligten,
- viele Produktprozesse werden in Arbeitsgruppen und Teams effizienter erledigt,

- internes Kunden-/Lieferantenverhältnis im gesamten Wertschöpfungsprozeß,
- jeder Mitarbeiter bzw. jedes Team ist für Kosten, Verbesserung und Qualität verantwortlich.

Somit bekommt die Personalentwicklung im Unternehmen auch eine neue Zielsetzung:

- Neue Organisationsstrukturen setzen beim Mitarbeiter eine gesteigerte Qualifikation, Arbeitsautonomie, Verantwortung und Kontrolle des eigenen Verhaltens voraus.
- Selbständige Problemlösungs-Kompetenz, vorausschauendes Denken und wechselseitige Verpflichtung in den Teams sind die Grundlage für Planung und Entscheidung in Arbeitsgruppen.

HR: *Welche Aufmerksamkeit sollten Unternehmen diesen Veränderungen schenken?*

WR: Diese Veränderungsprozesse bewirken eine neue Unternehmenskultur. Es gilt, den Weg dorthin aktiv zu begleiten.

Veränderung bedeutet für viele Menschen erst einmal Verunsicherung. Verunsicherung, weil das bisherige Können, Wissen und das gewohnte Verhalten an Wert verliert und Neues von den Menschen erwartet wird, von dem der einzelne nicht weiß, welchen Erfolg und welche Zufriedenheit er damit erlangen wird. Veränderung bedeutet auch Spannungen zwischen den Menschen und den Bereichen des Unternehmens. Professionelle Prozeßbegleiter geben durch ihre Methodik die nötige Sicherheit, damit nicht unnötiger Energieverlust die Organisation schwächt und damit die Kontrolle zwischen den Menschen nicht eine spätere Zusammenarbeit verhindert. Prozeßbegleiter beraten Menschen in Leitungsfunktionen und auch Teams, damit die notwendigen Prozesse zielorientiert verlaufen können. Sie stellen methodisches Know-how zur Verfügung und moderieren in schwierigen Gesprächssituationen.

HR: *Welche Aufgaben übernehmen in diesem Prozeß die Führungskräfte?*

WS: Der permanente Wandel und immer neue Herausforderungen stellen an Führungskräfte neue Anforderungen. Gerade die Teamarbeit verlangt zum einen eine wirksame und klare Führung und zum anderen ein neues Verständnis: Die Führungskraft als Dienstleister, Berater ihrer Gruppe. Die Grundhaltung ist: »Was braucht meine Gruppe, um effizient, selbständig und eigenverantwortlich im Sinne ihrer Zielsetzung arbeiten zu können?« Dieses Spannungsverhältnis erfordert auch ein neues Herangehen an die Entwicklungsarbeit. Die Prinzipien der Arbeit müssen sich als Inhalte im Prozeß der Führungskräfteentwicklung wiederfinden:

- Die Teilnehmer sind gleichzeitig Mitglied und Berater der Gruppe.
- Die Gruppe gestaltet mit dem Moderator Inhalt und Form des Lernprozesses.
- Lernen findet in der ständigen Auseinandersetzung und Konfrontation mit dem Ziel der Arbeit und den anderen Teilnehmern statt.
- Leitgedanken sind: Was können die anderen von mir lernen – was will ich von anderen lernen?

- Wechselseitiger kooperativer Lern- und Arbeitsstil.
- Sich selbst steuernde Kleingruppen, die sich für die Sach- und Beziehungsebene wesentliches Wissen aneignen und im Plenum die anderen beraten.
- Selbst- und Fremdkontrolle als Voraussetzung für eigenverantwortliches Handeln.
- Offenheit, Achtung des anderen und Transparenz des Prozesses.

HR: *Sind Teamarbeit und Teamentwicklung noch der richtige Weg?*

WS: Im Team arbeiten Menschen zusammen, um eine bestimmte Aufgabe zu erledigen. Die inhaltliche Arbeit wird von den Einzelnen getan mit ihren ganz unterschiedlichen Fähigkeiten, Fertigkeiten, Interessen, Bedürfnissen und Charakteren. Spannungen, Konflikte und Schwierigkeiten im Team werden oft genug nicht gelöst bzw. der einzelne findet für sich einen Weg, damit fertig zu werden. Nur bedeutet das auch, daß die Effizienz des Teams nachläßt. Besprechungen werden länger, einmal erarbeitete Lösungen werden noch einmal in Frage gestellt, erste Reibereien bis hin zu Explosionen oder Rückzug kommen auf. In der Team-Entwicklung lernen die Teilnehmer, Konflikte und Hindernisse zwischen ihnen direkt anzusprechen und zu klären. Sie sehen und akzeptieren ihre persönlichen Eigenarten und erarbeiten gemeinsam Regeln und Formen für die künftige Zusammenarbeit.

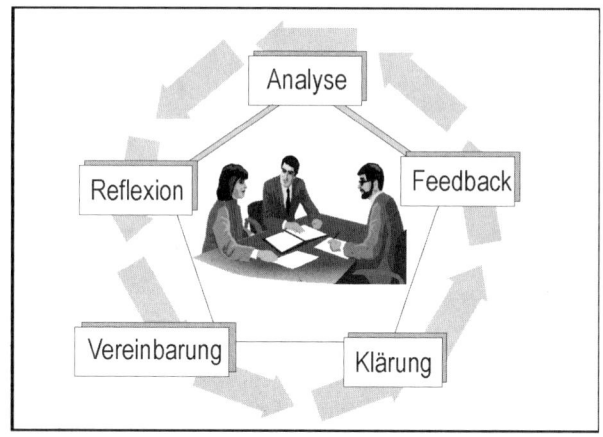

Abb. 8: Die Team-Entwicklung

HR: *Wolfgang, was hältst Du von der Idee dieses **Solutions**-Bandes?*

WS: Es gilt nun, von diesen grundsätzlichen Überlegungen den Bogen zu den vielen kleinen praktischen Schritten zu schlagen. Das vorliegende Buch ist in diesem Sinne ein »Füllhorn« für die praktische Personalarbeit. Ich möchte allen Lesern hierfür den Ausspruch von Johann Wolfgang von Goethe mit auf den Weg geben:

»Es ist nicht genug zu wissen, man muß es auch anwenden. Es ist nicht genug zu wollen, man muß es auch tun.«

HR: *Danke, Wolfgang. Ich werde alles daransetzen, Deine Anregungen in diesem Buch zu verwenden.*

Meine Erfahrungen im Personalmanagement

Oft wird vergessen, daß der Mitarbeiter unser wichtigster Produktionsfaktor ist. Die verschiedenen Führungsstile zu beurteilen und anzuwenden, ist oft nicht leicht. Da wird in den Unternehmenskulturen von kooperativen Führungsstilen gesprochen. Ist das denn immer anzuwenden? In vielen Amtsstuben und Firmenetagen sitzen Könner ihres Faches.
Was aber, wenn sich hier eine freizeitorientierte Schonhaltung breitmacht? Wenn 20 Prozent der Telefonate Terminvereinbarungen zum Tennis- und Golfspielen sind? Nicht, daß ich meinen Mitarbeitern dies nicht gönnen würde – nein, die Freizeitgestaltung gehört zum persönlichen Wohlbefinden genauso wie die Erfüllung in der Arbeit. Aber bei vielen Könnern fehlt einfach das Wollen.

Deshalb kann man nicht jeden Mitarbeiter nach einem einheitlichen Stil oder Konzept führen. Hierzu gibt es eine Formel:

Abb. 9: Die Formel für den Führungsstil

Sehen wir uns doch einmal das Schaubild genauer an:
Zunächst möchte ich auf die Formel Können x Wollen eingehen. Bei dem einen Menschen ist das Wollen ausgeprägt, jedoch fehlt es hier vielleicht an der Aus- und Weiterbildung. Es sind schon aus einfachen Arbeitern große Führungskräfte entstanden, weil sie sich mit Ehrgeiz, Engagement und Vorwärtsdrang ständig weitergebildet haben. Wichtig ist, dieses Wollen in den Menschen zu erkennen und zu fördern.
Da gibt es den anderen Typus. Der wurde von Schule zu Schule und Internat geschickt und gefördert. Er hat aber keinen Willen, hat genug zum Leben und nutzt sein Können nicht aus. Bei diesem Typus müssen wir den Willen fördern.
In der Praxis wird viel zu wenig gefördert und zu wenig an dem Motivationsthermometer gedreht. Beurteilen Sie doch einmal Ihre Mitarbeiter nach der Motivation.

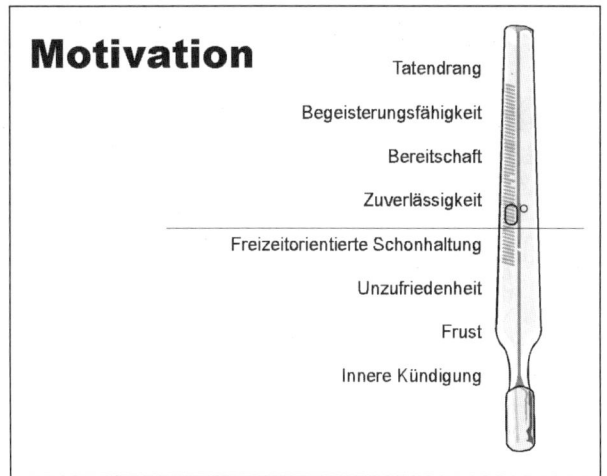

Abb. 10: Das Motivations-Thermometer

Wo gibt es Ansatzpunkte? Nur bei den Mitarbeitern selbst. Sie gehören heute mehr denn je in die neuen Unternehmenskulturen und das Management. Nutzen Sie das Thermometer, um Ihre Mitarbeiter einzustufen und ihre Schwachpunkte zu fördern.

Abb. 11: Freizeitorientierter Mitarbeitertyp

Wenn bei einem Ihrer Mitarbeiter ein Können von 80 Prozent, aber ein Wollen von nur 30 Prozent gegeben ist, kommen wir auf

Führungsstil = K 80 % x W 30 % = 24 %

Dieser Mitarbeiter muß direkt geführt werden. Diesem Mitarbeiter müssen Sie sagen, wann und wie er seine Aufgaben erledigen soll. Gut wäre eine Entwicklung von der Zielvorgabe zur Zielvereinbarung.

Abb. 12: Der beständige Mitarbeitertyp

Bei einem anderen Mitarbeiter sehen wir vielleicht einen Willen von 90 Prozent – er ist begeisterungsfähig. Auf der anderen Seite liegt jedoch ein Können von nur 60 Prozent vor. So ergibt sich aus meiner Formel:

Führungsstil = W 90 % x K 60 % = 54 %

Bei diesem Mitarbeiter sollten Sie es mit einem partnerschaftlichen und kooperativen Führungsstil versuchen. Fördern Sie ihn, indem Sie ihn weiterbilden und motivieren. Treffen Sie Zielvereinbarungen. Der Mitarbeiter ist sicherlich zuverlässig.

Abb. 13: Der »Macher«

Nun wollen wir noch den Mitarbeiter betrachten, der kann und will.

Führungsstil = W 90 % x K 90 % = 81 %

Lassen Sie diesen Mitarbeiter an der ganz langen Leine (»laissez-faire«), führen Sie ihn freundschaftlich, dann wird daraus ein Mitarbeiter, der fähig ist, die Geschicke des Unternehmens mit zu lenken. Firmentreue muß gefördert werden.

Die Praxis und der Führungsstil

Die Praxis zeigt mir jedoch oft das Gegenteil. Da wird an Stühlen gesägt, da wird Macht ausgenutzt und das Firmeninteresse in den Hintergrund gestellt. Auf der anderen Seite meinen Mitarbeiter mit enormer Fachkompetenz, die Firmen könnten die Gewinne am Markt so einfach erwirtschaften, daß sie nur das Nötigste tun müßten.

Dies ist meine persönliche Meinung. Ich kann keine Patentrezepte geben, jedoch sollten Sie die obigen Leitlinien einmal in Ihre Überlegungen und Aufgaben im Personalmanagement mit einbeziehen.

Die vorgestellten Softwaretools dienen lediglich Ihrer Unterstützung. Entscheiden, wen Sie einstellen, wie Sie führen, wie Ihr Personalmanagement aufgebaut ist, müssen Sie, wie gesagt, allein.

Einige Führungsinstrumente möchte ich Ihnen jedoch näherbringen:

Führen durch Leistungsanerkennung	Wenn Sie den Mitarbeiter loben, so nennen Sie Einzelleistungen. Begründen Sie den Leistungsanstieg, zeigen Sie die Auswirkungen.
Führen durch Beurteilen	20 Prozent der Zeit eines Beurteilungsgesprächs gelten der Rückschau, 80 Prozent der Vorschau. Vereinbaren Sie konkrete Ziele.
Führen durch Delegation	Wenn Sie eine Arbeit delegiert haben, lassen Sie den Mitarbeiter selbständig arbeiten, aber beobachten Sie ihn. Überwachen Sie den Arbeitsfortgang anhand von Stichproben, Analysen und Berichten.
Führen durch Attribuieren	Geben Sie dem Mitarbeiter, der Mißerfolge erlebt, Zuversicht. Überzeugen Sie ihn davon, daß er sein Leistungstief überwinden wird.
Führen als Austauschprozeß	Erweitern Sie die Handlungsfreiheit und Entscheidungsvollmacht des Mitarbeiters, wenn er es verdient. Gewähren Sie kleine Gefälligkeiten, wenn er Überdurchschnittliches leistet.
Führen durch Teamarbeit	Fordern Sie Ihre Mitarbeiter auf, Hand in Hand zu arbeiten, sich gegenseitig zu beraten und zu überprüfen. Rufen Sie, um ein wichtiges Problem zu lösen, einen Mitarbeiterausschuß ins Leben.
Führen durch Motivation	Hauptmotiv für den Mitarbeiter ist nicht das Einkommen, sondern die Arbeit selbst. Geben Sie dem Mitarbeiter das Gefühl der Autonomie. Wer sich frei und unabhängig fühlt, leistet mehr.
Führen durch Zielvereinbarung	Schließen Sie mit jedem Mitarbeiter einen »Vertrag« über Leistungen sowie über die persönliche Entwicklung. Anspruchsvolle Ziele stacheln den Ehrgeiz des Mitarbeiters an und fördern seine Identifikation mit dem Unternehmen.

Führen durch Kritik	Kritik ist kein Monolog. Beteiligen Sie den Mitarbeiter an der Tatsachenfindung. Kritisieren Sie nicht die Person, sondern die fehlerhafte Leistung.
Führen durch Flexibilität	Den einen Mitarbeiter müssen Sie antreiben und mitreißen, den anderen müssen Sie »moralisch« aufrüsten.
Führen durch Vorbild	Für den Mitarbeiter sind Sie ein Vorbild. Was Sie tun, wird mit dem Idealbild eines Chefs verglichen. Daher: Eigene Fehler zugeben! Keinen Sündenbock suchen!

Jedoch sei an dieser Stelle auch gesagt, daß nicht bei jedem Mitarbeiter ein vorgegebener Führungsstil angebracht ist und anschlägt. Sehen Sie die Führungsstile als kreative Werkzeuge für die Behandlung von Menschen an. Ich bin mir sicher: Sie als Leser, der sich zu diesem Thema Gedanken macht, haben die »richtige Nase« und werden erfolgsorientiert führen können. Ich wünsche Ihnen dabei viel Glück.

Unsere Beispielfirma

Fix & Schlau
- Zeitschriftenverlag -
99999 Verlagshausen

Abb. 14: Unsere Beispielfirma

Unsere Beispielfirma Fix & Schlau ist ein alteingesessener Zeitschriftenverlag aus dem süddeutschen Raum. Der Unternehmenszweig ist willkürlich gewählt, und die im *Solutions*-Buch beschriebenen Lösungen sind keineswegs branchenbezogen. Firma Fix & Schlau könnte genausogut Stahl produzieren, Gummibärchen verkaufen oder eine Gebäudereinigung betreiben.

Während des Lesens wird Ihnen sicherlich auffallen, daß Sie das ein oder andere Mal mit den Namen der Mitarbeiter konfrontiert werden. Die Namen sind bewußt so gewählt, denn wir haben uns schon ein bißchen an die Charaktere der entsprechenden Personen angelehnt, wobei wir natürlich maßlos übertrieben haben. Vielleicht trifft aber die eine oder andere Eigenart auch auf Ihre Mitarbeiter oder sogar auf Sie persönlich zu.

Der Geschäftsführer

Abb. 15: Geschäftsführer Schlau

Otto Schlau
geb. 1939
Hobbys: Golf spielen
Studium: Betriebswirtschaft
Lehre: Drucker beim Vater

Hat 1960 die Druckerei seines Vaters Otto Schlau sen. übernommen und dank seines verkäuferischen und organisatorischen Talents zu einem mittelständischen Unternehmen ausgebaut. Sein Führungsstil war bis vor fünf Jahren eher autoritär und wurde erst nach mehreren Managerkursen auf eine partnerschaftliche Basis umgestellt. Die Anregung hierzu gab ihm sein Schwiegersohn Karl Fix, der die Leitung des betriebswirtschaftlichen Bereiches hat.

Sein Motto ist: »Das richtige Ziel enscheidet über den Erfolg«.

Der zweite Geschäftsführer

Abb. 16: Herr Fix

Karl Fix
geb. 1965
Hobbys: Tennis spielen
Studium: Volkswirtschaftslehre

Wurde streng erzogen und besuchte das Internat in Salem am Bodensee. Das Volkswirtschaftsstudium hat er mit mäßigem Erfolg abgeschlossen. Sein Aussehen und Auftreten entspricht dem eines typischen Strahlemanns und Erfolgsmenschen. Sein Charme hat ihn weit gebracht.

Sein Motto ist: »Ich brauche kein Geld, ich liebe den Luxus«.

Der Chefcontroller

Abb. 17: Herr Cleverle

Peter Cleverle
geb. 1966
Hobbys: Sein PC und Excel
Studium: Volkswirtschaftslehre

Besuchte ebenfalls das Internat in Salem. Er ist ein ausgezeichneter Analytiker und war in der Schule immer ein aufmerksamer Schüler mit sehr guten Noten. Mit seinem Freund Karl Fix war er eng verbunden, wobei der Fix immer den Erfolg bei Frauen hatte und der Cleverle sich seinen Erfolg in seinen Aufgaben und am PC suchte. Hier macht ihm aber keiner mehr was vor.

Sein Motto ist: »Wissen bringt Erfolg«.

Die »Neue«

Die Personalleitung hat auf Geheiß des Herrn Schlau unsere Frau Susanne Kummer ab 01.01.1996 übernommen.

Abb. 18: Frau Kummer

Susanne Kummer
geb. 1965
Hobbys: Badminton, Kochen
Ausbildung/Studium: Pädagogik, Betriebswirtschaft

Frau Susanne Kummer hat Pädagogik studiert und, wie so viele Lehrer, keine Anstellung gefunden. Daher hat sie dann eine Weiterbildung zur Staatlich geprüften Betriebswirtin gemacht. Sie versteht mit Menschen umzugehen und hat es durch ihre frauliche und mütterliche Art leicht, die erhitzten männlichen Gemüter zu besänftigen. Ihre Aufgabe ist es, die Personalwirtschaft bei Fix & Schlau in geordnete Bahnen zu bringen.
Sie hat alle Aufgaben des Personalmanagements zu erfüllen, von der Personalplanung über die Personalverwaltung, Personalbeschaffung und -förderung bis zur Personalkostenentwicklung – und das alles mit MS Office.

Nun sind wir sehr gespannt, ob Frau Kummer dieses komplexe Problem lösen kann.

Die Produkte der Firma

Die heutige Produktreihe ist durch die Fernsehzeitschriften groß geworden. Hiermit konnte Schlau seine Produkte zu einer beachtlichen Palette an Zeitschriften ausbauen.

Abb. 19: Die Produktpalette der Fix & Schlau

Die Zielgruppen:

Die Zeitschrift für die Hausfrau
Die Zeitschrift für die emanzipierte Frau
Die Zeitschrift für den Fußball-Fan
Die Zeitschrift für den Tennis-Fan
Die Fernschzeitschrift für alle
Die Zeitschrift für den Goldfischzüchter
Die Zeitschrift für den Hobbyangler
Die Zeitschrift für den Amphibienfreund
Die Zeitschrift für den Bergwanderer
Die Zeitschrift für den Wrestling-Fan
Die Zeitschrift für den Excel-Profi

Die Vertriebsstruktur

Die Firma Fix & Schlau hat insgesamt vier Vertriebsniederlassungen für die Gebiete

Nord   Hamburg
Ost   Verlagshausen
Süd   München
West   Düsseldorf

Unsere Beispielfirma 37

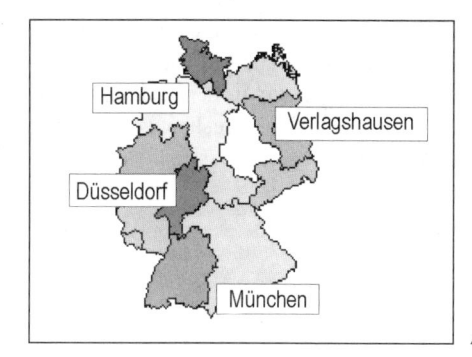

Abb. 20: Die Vertriebsniederlassungen der Fix & Schlau

Einführung in Microsoft Office Professional

Für unser Personalmanagement ist MS Office Professional die ideale Anwendungslösung. Es besteht aus einer Gruppe von Anwendungen, die so integriert sind, daß Sie sie wie ein einziges Programm verwenden können.

Abb. 21: Office Professional

Die Anwendungen des Office-Professional-Pakets

Office und Office Professional

Das Office-Standardpaket enthält Microsoft Word, Microsoft Excel, Microsoft PowerPoint und Microsoft Schedule+. Microsoft Office Professional wird zusätzlich noch mit dem Datenbankprogramm Microsoft Access geliefert.

Welche dieser komplexen Anwendungen Sie bei Ihrer Arbeit einsetzen, müssen Sie anhand der zu erledigenden Aufgabe entscheiden. Sie werden sehen, daß in dem vorliegenden Buch alle Office-Professional-Anwendungen bis auf Schedule+ (die wir in dem **Solutions**-Band »Selbstorganisation und Zeitmanagement mit Office« ausführlich besprechen werden) zum Einsatz kommen, um ein wirklich pragmatisches Personalmanagement zu realisieren.

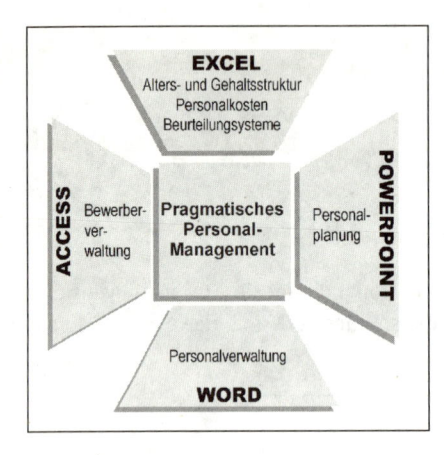

Abb. 22: Office und unser Personalmanagement

Wollen Sie professionell gestaltete Dokumente erstellen? Dann wird Word die richtige Lösung sein. Ich habe es für das Formularwesen der Personalverwaltung eingesetzt. Sie werden sehen, wie komfortabel sich alle Aufgaben durch Vorlagen und individuelles Anpassen der Menü- und Symbolleisten lösen lassen.

Für Berechnungen und die grafische Darstellung von Zahlen, wie unsere Alters- und Gehaltsstruktur, ist Excel das richtige. Auch eine Personalbeurteilung und ein MBO (Management By Objectives)-Entlohnungssystem lassen sich damit exzellent realisieren, nicht zuletzt durch die vielen Add-Ins (Zusatzprogramme), die mittlerweile für diese Anwendung erhältlich sind. Im vorliegenden Buch stelle ich Ihnen Portfolio 3.0, Profilius und TM1/Spreadsheet Connector, alle von der Firma M. I. S., Landwehrstraße 50 in 64293 Darmstadt, vor. Sie finden Demoversionen dieser Produkte auf der CD zum Buch. Diese Versionen bieten den vollen Programmumfang, Sie können die Daten aber nicht speichern und drukken.

Für die Verwaltung von Daten können Sie auf Access zurückgreifen. Auf der CD finden Sie eine komplette Bewerberverwaltung, die mit Access erstellt wurde. Sie können in Access schnell nach bestimmten Daten suchen und diese in professionell gestalteten Berichten zusammenfassen.

PowerPoint schließlich ist das optimale und leicht zu bedienende Tool für Ihre Präsentationen und alles, was eine visuelle Darstellung erfordert. Das Einbinden von Grafiken, Diagrammen und selbst Klang- und Multimedia-Effekten gestaltet sich zu einem reinen Vergnügen.

Aufgabengerechtes Zusammenstellen von Informationen

Das alles klingt ja schon recht gut. Das Besondere an Office ist aber, daß Sie Informationen aus allen Office-Anwendungen miteinander kombinieren können. Wir könnten zum Beispiel unsere Personalbeurteilung in Excel erstellen und diese dann in einen in Word erstellten Bericht einfügen. Damit nicht genug – wir könnten diesen Bericht an PowerPoint übergeben, um eine ansprechende Präsentation daraus herzustellen.
Und das Tüpfelchen auf dem i: Wir könnten nun die drei Dokumente zu einem einzigen Dokument verbinden, speichern und drucken.
Sicherlich fällt Ihnen auch das neue Office-Design auf. Wenn Sie es sich einmal genauer ansehen, wird Ihnen auffallen, daß alle Anwendungen über die gleichen Merkmale verfügen. Assistenten, Vorlagen und die erweiterte IntelliSense-Technologie tun ein übriges, um die Arbeit mit den Office-Programmen einheitlich und übersichtlich zu machen.

Auf der Suche nach einem Dokument

Die Suche nach einem bestimmten Dokument wird Ihnen im neuen Office besonders leichtgemacht. Sie können nun, was die Vergabe der Dateinamen angeht, munter drauflostippen, ohne sich an die alten DOS-Regeln (acht Zeichen, keine Sonderzeichen) halten zu müssen. Vergeben Sie ruhig gut erkennbare, zusammengesetzte Dateinamen, zum Beispiel NACHFOLGEPLANUNG LAGER/SICHERHEITSDIENST.PPT.
Auch die Suchfunktionen sind erweitert worden. Nehmen wir einmal an, Sie möchten alle Dateien zu einem bestimmten Thema sehen. Sie können dann nach einer Kombination von verschiedenen Dateimerkmalen suchen, um die Suche genau einzugrenzen, z. B. nach Thema: Personal, Autor: Susanne Kummer, Datum: zwischen dem 1.1.96 und 15.1.96.

Abb. 23: Effizientes Arbeiten mit der Shortcut-Leiste

Die Microsoft Office-Shortcut-Leiste werden Sie bald zu schätzen wissen.

Abb. 24: Die Shortcut-Leiste

Sie ist eine ideale Ergänzung zum Windows-95-Startmenü. Sie können damit schnell Dokumente und Anwendungen erstellen und öffnen.

▲ Klicken Sie auf *Start*, dann auf *Programme*.

▲ Wählen Sie die Office-Shortcut-Leiste aus.

▲ Legen Sie die Leiste einfach am Bildschirmrand, oder wo immer Sie sonst wollen, ab, indem Sie sie mit der linken Maustaste an die gewünschte Stelle schieben.

▲ Nun öffnen Sie Ihren Explorer, klicken auf die meistverwendeten Programme oder Dokumente und ziehen diese bei gedrückter Maustaste auf die Leiste.

Um das Aussehen der Shortcut-Leiste zu ändern, klicken Sie mit der rechten Maustaste auf die Leiste und dann auf *Anpassen*. Wählen Sie in der Registerkarte *Ansicht* die gewünschten Farb- und Schaltflächeneinstellungen.

Abb. 25: Anpassen der Farb- und Schaltflächeneinstellungen

Falls Sie die Leiste am Rand des Bildschirms abgelegt haben, können Sie nun per Mausklick stets schnell auf die entsprechenden Programme bzw. Dokumente zugreifen.
Wenn Sie sich Dokumente auf die Office-Shortcut-Leiste gelegt haben, können Sie diese per Mausklick öffnen, ohne vorher eine Anwendung zu starten. Diese wird beim Öffnen des Dokuments mitgestartet.

Unsere Beispielfirma 41

Mehr Zeit für das Wesentliche

Sie sehen schon jetzt, daß Sie mit geringen Vorarbeiten die Arbeit an Ihrem PC ungemein beschleunigen können.
Eine weitere Zeitersparnis ist die Arbeit mit Vorlagen und Assistenten. In allen Anwendungen finden Sie fertige Vorlagen. Es wird Ihnen aber auch ein leichtes sein, eigene Vorlagen zu erstellen. In der Solution »Personalverwaltung« werden Sie mehr darüber erfahren.

Einfügen, verknüpfen, einbetten...

Sie können nahezu alle Daten zwischen den einzelnen Office-Anwendungen austauschen, zum Beispiel, wenn Sie ein Diagramm aus einer Altersstrukturanalyse in einen Word-Personalbericht kopieren und mit ihm verknüpfen, um dieses Diagramm immer aktuell zu halten.

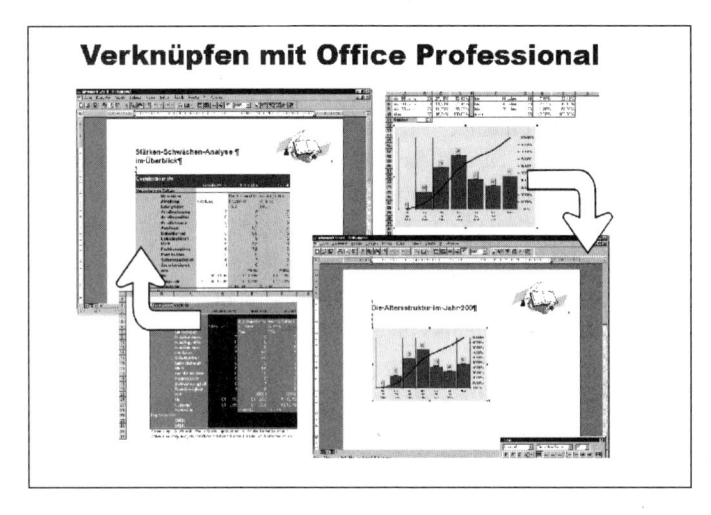

Abb. 26: Komfortables Verknüpfen

▲ Kopieren Sie beispielsweise in Excel die Zellen, die Sie mit Ihrem Word-Dokument verknüpfen möchten.

▲ Wählen Sie dann in Word den Befehl *Bearbeiten-Inhalte einfügen*. Sie sehen folgenden Dialog:

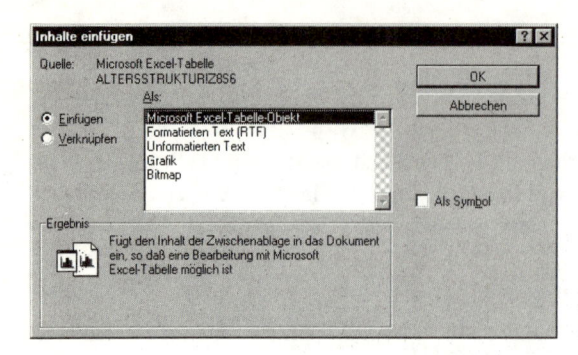

Abb. 27: Eine Excel-Tabelle in ein Word-Dokument einfügen

Bei jeder Änderung des Excel-Diagramms wird das Word-Dokument automatisch aktualisiert.

Manchem fällt es etwas schwer, zu durchschauen, wann Informationen kopiert, wann sie verknüpft oder wann sie eingebettet werden sollen. Dafür gibt es jedoch ganz einfache Regeln:

Einfügen Für Informationen, die nicht aktualisiert werden müssen.

Verknüpfen Für Informationen, die in mehreren Dokumenten oder in einer Office-Sammelmappe verwendet werden und die immer auf dem neuesten Stand sein sollen. Empfehlenswert ist, wenn Sie die Größe Ihrer Datei auf ein Minimum beschränken wollen, daß das verknüpfte Objekt nicht im Zieldokument, sondern nur im Quelldokument gespeichert wird.

Einbetten Für Informationen, z. B. Grafikobjekte oder Excel-Tabellen, die als Bestandteil des aktuellen Dokuments eingefügt werden sollen.

Schnelles Austauschen von Office-Informationen

Die Office-Anwendungen unterstützen den einfachen Austausch von Informationen mit anderen Anwendungen.

Nehmen wir zum Beispiel einmal eine PowerPoint-Folie, ...

Abb. 28: Eine PowerPoint-Folie...

... deren Text wir in einem Word-Dokument haben wollen.

▲ Klicken Sie nun in PowerPoint auf die Schaltfläche *Dokument erstellen* 🗎 Sie finden diese Schaltfläche auf der Symbolleiste *Standard*.

Word legt nun ein neues Dokument an und übernimmt den Text aus PowerPoint.

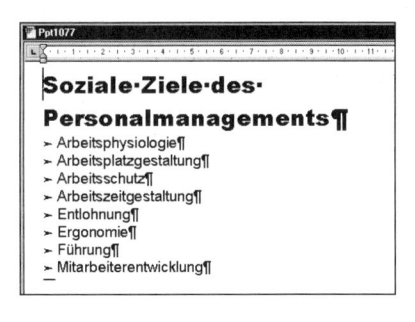

Abb. 29: ... und das daraus erstellte Word-Dokument

In Access funktioniert dies folgendermaßen:

▲ Klicken Sie auf die Schaltfläche *Office-Verknüpfungen*. Damit werden Datenbankinformationen in andere Anwendungen kopiert.

Eine andere Möglichkeit ist, aus einer Excel-Liste mit dem Befehl *Daten-Zu Microsoft Access konvertieren* eine Access-Datenbank zu erstellen.

Sie können neuerdings aber auch per Drag & Drop Daten kopieren, ohne ein einziges Menü anzuwählen.

▲ Öffnen Sie das Dokument, in das die Daten eingefügt werden sollen.

▲ Markieren Sie in der Quellanwendung die Informationen, die Sie kopieren möchten.

▲ Klicken Sie dann mit der linken Maustaste darauf, halten Sie die Maustaste gedrückt, und ziehen Sie die Markierung auf das Symbol der Zielanwendung in der Task-Leiste.

▲ Lassen Sie die Maustaste nicht los, bis die Zielanwendung geöffnet ist.

▲ Nun können Sie die Markierung an die gewünschte Stelle der Zielanwendung ziehen.

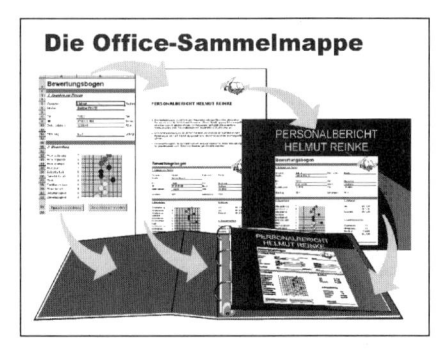

Abb. 30: Dokumente verwalten mit der Office-Sammelmappe

Stellen Sie sich einmal Ihren gut aufgeräumten Schreibtisch vor. Office hält einen elektronischen Schreibtisch für Sie bereit. Auf diesem können Sie zusammengehörige Dokumente in einer Sammelmappe ablegen.

Diese Dokumente werden als eine Datei angesehen und können auch so gedruckt oder verschoben werden.

Wir könnten zum Beispiel alle Dokumente, die wir für die Personalverwaltung benötigen, in einer Sammelmappe *PERSONALVERWALTUNG* erstellen und ablegen.

- Klicken Sie auf die Schaltfläche *Ein neues Dokument beginnen* auf der Office-Shortcut-Leiste.

- Es öffnet sich der Dialog *Neu*.

- Zur weiteren Vereinfachung könnten Sie hier eine Sammelmappen-Vorlage verwenden, indem Sie das Register *Sammelmappe* aktivieren.

Beachten Sie, daß Sie Access-Datenbankinformationen nicht als Sammelmappenbereich hinzufügen können. Sie können dieses Problem jedoch umgehen, indem Sie, wie oben beschrieben, die Daten in ein Excel-Dokument einfügen und dann als Sammelmappen-Bereich speichern.

Auch für den Fall, daß Sie einen Sammelmappenbereich gesondert speichern möchten, gibt es eine Lösung: Ziehen Sie den Bereich aus dem linken Ausschnitt z. B. auf den Desktop.

Nun habe ich Ihnen eine kleine Einführung in die Office-Philosophie gegeben. Ich möchte Sie nicht länger mit der Theorie langweilen und beginne nun mit den Lösungen, die unsere Frau Kummer schaffen soll – unseren Solutions.

Solution 1: Die Personalplanung

Abb. 31: Unsere erste Aufgabe

Das Problem

Unsere Frau Susanne Kummer hat dem Geschäftsführer, Herrn Schlau, ihre theoretischen Vorstellungen mitgeteilt, und dieser hat natürlich die Gelegenheit beim Schopf gepackt und bittet Frau Kummer, sie möge gleich an die Arbeit gehen.
Ein Organigramm mit dem Stellenplan und einen Stellenbesetzungsplan für sein Unternehmen hat sich der Chef schon lange gewünscht. Natürlich sollen diese Pläne dem Firmen-CI (Corporate Identity) gerecht werden.
Exemplarisch für den Mitarbeiter Kurt Habenichts, einen begnadeten Drucker, möchte Herr Schlau eine Laufbahnplanung sehen. Nebenbei hätte er gern für die Auszubildende Ingrid Cleverle, deren Vater er verpflichtet ist, eine Laufbahn- und Entwicklungsplanung. Natürlich ist das noch nicht alles. Herr Schlau möchte auch gleich sehen, wer wessen Stelle nach der Rente einnimmt.
Das alles soll binnen einer Woche in Form eines Word-Dokuments vorliegen. Da kommt unsere Frau Kummer aber ganz schön ins Schwitzen. Theorie und Praxis liegen doch recht weit auseinander. Gottlob hat sie einen leistungsstarken PC und Office 95, und überdies hat sie sich im Studium ausführlich mit diesen Programmen beschäftigt.

Fassen wir das Problem zusammen:

- Wie erstelle ich einen Stellenplan?
- Wie erstelle ich einen Stellenbesetzungsplan?
- Wie erstelle ich eine Laufbahnplanung?
- Wie binde ich das in einem Word-Dokument zusammen?

Ein Wort voraus

Wenn wir uns mit der Personalplanung befassen, dürfen wir nie vergessen, daß wir dabei nicht nur dem Unternehmen, sondern auch den Mitarbeitern und außerdem der Gesellschaft verpflichtet sind. Dies unterscheidet die Personalplanung von anderen Planungen, beispielsweise im Materialbereich. Denn unsere Mitarbeiter sind selbständige Individuen, die ihre eigenen Bedürfnisse und Wünsche haben.

Wir sehen schon hier, daß die Personalplanung ein recht komplexer Aufgabenbereich ist. Bedenken Sie immer, wenn Sie in diesem Bereich tätig sind: Sie nehmen Einfluß auf das Leben Ihrer Mitarbeiter und deren Angehörigen. Gehen Sie mit Umsicht an diese Aufgabe.

Aufgaben

Wir müssen in diesem Kapitel zwischen Kollektiv- und Individualplanung unterscheiden. Sie sollten diese beiden Bereiche unabhängig voneinander betrachten. Die Kollektivplanung befaßt sich mit der Belegschaft als Gesamtheit und in diesem Sinne mit Planungseinheiten wie Kostenanfall, Stundenwerten, Kopfzahlen, Mannjahren usw.

Die Individualplanung hingegen betrachtet den einzelnen Mitarbeiter und dessen Entwicklung, Fortbildung usw. Hier sind beispielsweise Nachfolgepläne, Laufbahnplanungen relevant. Beziehen Sie Ihre Mitarbeiter in diese Art der Planung mit ein!

Einige Planungseinheiten beziehen sich sowohl auf die Individualplanung als auch auf die Kollektivplanung. Insbesondere gilt das für die Personalkostenplanung, der ich eine eigene Solution am Ende dieses Buches gewidmet habe.

Konflikte

Keine Planung ist risikofrei. Gerade die Personalplanung kann einigen Zündstoff liefern. Denken Sie nur an Maßnahmen wie Kurzarbeit oder Kündigungen. Oberstes Ziel Ihrer Personalplanung ist daher, Konflikte weitgehend zu entschärfen. Wie bereits im vorigen Absatz angesprochen, sollten Sie daher nach Möglichkeit die Beteiligten bzw. Betroffenen in Ihre Planung mit einbeziehen.

Wie Sie sehen, dürfen Sie die Personalplanung nicht auf die leichte Schulter nehmen. Führen Sie sie verantwortungsbewußt durch, und sie wird einen großen Beitrag zur Erreichung des Unternehmenszieles und der Mitarbeiterzufriedenheit leisten. Sie werden feststellen, daß bei sorgfältiger Planung viele Probleme vermieden werden können.

Unternehmensbedürfnisse contra Mitarbeiterbedürfnisse?

Auf der einen Seite stehen die Unternehmensbedürfnisse. Hier kommt es darauf an, daß die vorhandenen Stellen mit möglichst qualifizierten Mitarbeitern besetzt sind. Um dies zu erreichen, sollte die Belegschaft entsprechend gefördert und geschult werden. Eine weitere Maßnahme kann die Einstellung neuer Mitarbeiter sein.

Andererseits sind die Mitarbeiterbedürfnisse zu sehen. Viele Mitarbeiter sind mit ihrer Aufgabe im Unternehmen nicht zufrieden und streben eine bessere Position an. Stellen Sie

Solution 1: Die Personalplanung   47

Ihren Mitarbeitern diese Möglichkeit in Aussicht. Das wird sie motivieren und ihnen helfen, dem Unternehmen die Treue zu halten.

Formen der Individualplanung

In dieser Solution stelle ich Ihnen einige Möglichkeiten vor, zum Beispiel eine Laufbahnplanung, ein Nachfolgeplan usw. Wir können folgende Formen der Individualplanung unterscheiden:

- Die Laufbahnplanung
- Die Besetzungsplanung
- Die Entwicklungsplanung
- Die Einarbeitungsplanung

Sie können sich die Individualplanung ganz entscheidend durch das Anlegen von Stellenbeschreibungen vereinfachen. In Stellenbeschreibungen finden wir die Stellenbezeichnung mit der Stellennummer, die hierarchische Einordnung der Stelle, Stellenaufgaben, -ziele, -befugnisse und -verantwortung.

Das ist die Lösung

Der Stellenplan als Organigramm

Sie finden den hier vorgestellten Stellenplan auf der CD zum Buch:

Ordner: \PERSONAL\BEISPIEL
Datei: SOLU1.PPT

Um den Personalbedarf darzustellen, wird oft ein Stellenplan erstellt, der die benötigten Stellen ausweist. Frau Susanne Kummer entscheidet sich, den Stellenplan in MS PowerPoint darzustellen, da dieses Tool sich für Visualisierungen besonders gut eignet.
PowerPoint enthält eine spezielle Anwendung, die das Erstellen von Organisationsdiagrammen einfach macht: MS Organisationsdiagramm 2.0.

- Öffnen Sie zunächst eine neue Präsentationsvorlage mit einem Ihnen zusagenden Präsentationslayout.

Tip: Die meisten Präsentationslayouts sind farbig angelegt. Wenn Sie den Stellenplan allerdings auf einem Schwarz-Weiß-Drucker ausgeben möchten, sollten Sie die Farben Ihrer Folie diesen Anforderungen anpassen.
Wählen Sie den Befehl *Format-Folienfarbskala*. Hier werden Ihnen nun drei oder vier Farbkombinationen angeboten.

▲ Wählen Sie ein Graustufen-Design aus.

▲ Wählen Sie nun das Folienlayout *Organisationsdiagramm* aus, und bestätigen Sie mit *Zuweisen*.

▲ Klicken Sie auf den Titel-Platzhalter, und schreiben Sie *Stellenplan*.

Erstellen eines Organigramms

▲ Doppelklicken Sie auf den Organigramm-Platzhalter. Nun öffnet sich das Programm *MS Organisationdiagramm 2.0*.

Wenn Sie die Fehlermeldung *Kann Quellanwendung nicht starten?* erhalten, ist dieses Zusatzprogramm nicht installiert, und Sie müssen das Office-95-Setup-Programm erneut ausführen.

▲ Starten Sie SETUP.EXE von der Office-CD, oder öffnen Sie die Systemsteuerung und Software. Hier finden Sie die Karte *Installieren/Deinstallieren*, und ein Doppelklick auf den Eintrag *Microsoft Office* öffnet das Installationsprogramm. Klicken Sie im ersten Dialogfeld auf die Schaltfläche *Hinzufügen/Entfernen*.

Im folgenden Dialog wählen Sie *Office-Hilfsmittel* und klicken dann auf *Option ändern*. Nun erscheint der Dialog *Office-Hilfsmittel*. Aktivieren Sie hier die Checkbox *Organisationsdiagramm*, und starten Sie die Installation mit *OK*.

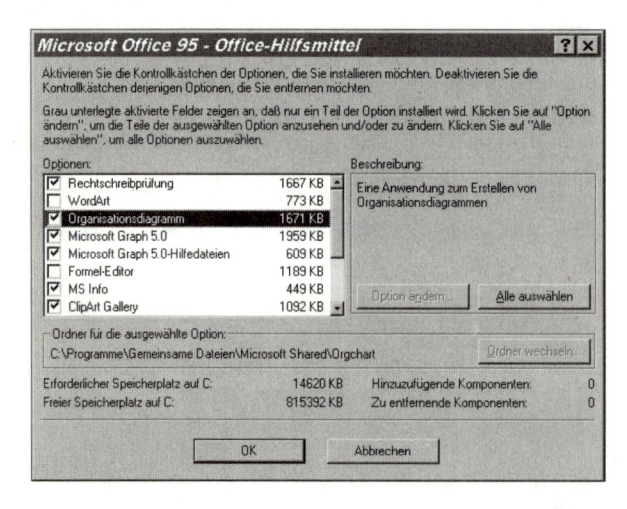

Abb. 32: MS Organisationsdiagramm installieren

So, nun steht auch Ihnen das MS Organisationsdiagramm 2.0 zur Verfügung. Kehren wir also zurück zu unserer Aufgabe.

Zum besseren Arbeiten schalten Sie die Anwendung *Organisationsdiagramm* in den Vollbild-Modus.

Solution 1: Die Personalplanung 49

Sie sehen ein Diagramm mit vier Feldern. Sie können die Beschriftungen der Abschnitte in jedem Feld mit Informationen über die betreffenden Personen überschreiben und weitere Felder nach Bedarf hinzufügen. Die Felder haben zwar bestimmte Abschnittsbeschriftungen, doch können Sie in jeden Abschnitt beliebige Informationen eingeben. Die vorhandenen Beschriftungen haben lediglich die Funktion von Platzhaltern.

- Klicken Sie auf den Diagrammtitel, und löschen Sie ihn.
- Klicken Sie nun in das erste Feld. Markieren Sie den Text *Hier Namen eingeben,* und überschreiben Sie ihn mit *Geschäftsführung.*
- Löschen Sie die übrigen Zeilen.

Nun sind in unserem Organigramm standardmäßig drei sogenannte Mitarbeiter-Felder angelegt. Da wir aber fünf Abteilungen haben, die Betriebswirtschaft, die Produktion, den Vertrieb, das Personalwesen und die EDV, müssen wir zwei weitere Mitarbeiter-Felder einfügen.

- Klicken Sie daher zweimal auf die Schaltfläche *Mitarbeiter* aus der Symbolleiste.

Abb. 33: Die MS-Organisationsdiagramm-Symbolleiste

- Der Mauszeiger verwandelt sich in ein kleines Mitarbeiter-Feld. Klicken Sie damit auf das oberste, das Manager-Feld. Schon werden zwei weitere Mitarbeiter-Felder angefügt.
- Füllen Sie die fünf Felder nun mit *Leiter Betriebswirtschaft, Produktionsleiter, Vertriebsleiter, Leiter Personalwesen* und *EDV-Leiter* aus, wie Sie es oben gelernt haben.

Nun wollen wir aber noch den *Assistenten* der Geschäftsleitung berücksichtigen.

- Klicken Sie auf das Symbol *Assistent* und dann wiederum auf das Manager-Feld. Tippen Sie *Assistent der Geschäftsleitung* ein.

Die Produktion benötigt vier Drucker und einen Drucktechniker.

- Fangen wir mit dem Drucktechniker an: Klicken Sie auf das Assistent-Symbol und dann auf das Feld Produktion.
- Die Drucker: Klicken Sie viermal auf das Mitarbeiter-Symbol und dann auf das Drucktechniker-Feld. Beschriften Sie die Felder mit *Drucker 1, Drucker 2* usw.

Nun, das ist doch ganz einfach, nicht? Ihr Organigramm sieht jetzt wahrscheinlich folgendermaßen aus:

Abb. 34: Der aktuelle Stand unseres Stellenplans

Tja, aber damit hätten wir schon das erste Problem: Die Produktion kommt der Betriebswirtschaft in die Quere! Wie lösen wir das?

- Wählen Sie den Befehl *Bearbeiten-Markieren-Unterste Ebene*.
- Alternativ können Sie ein Drucker-Feld anklicken und dann den Befehl *Bearbeiten-Markieren-Gruppe* wählen.
- Nun sind die Drucker markiert.
- Wählen Sie den Befehl *Format,* und klicken Sie auf das rechte Symbol der zweiten Reihe.

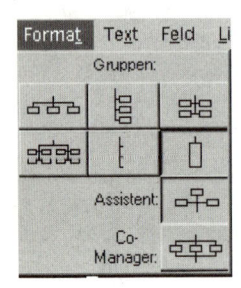

Abb. 35: Die Felder anordnen

Jetzt sind die Drucker untereinander angeordnet.
Mit den nun erworbenen Kenntnissen dürfte es Ihnen ein leichtes sein, den abgebildeten Stellenplan zu erstellen:

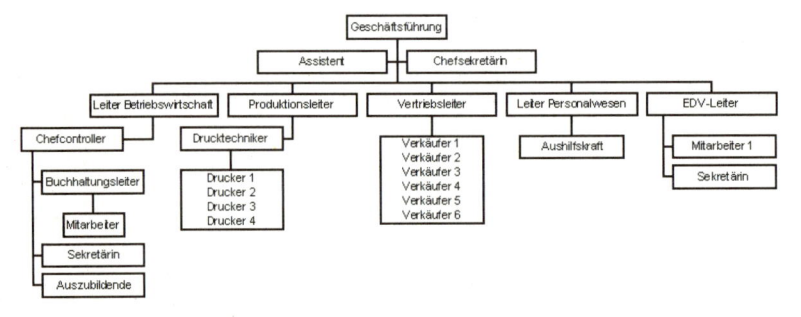

Abb. 36: Unser Stellenplan

Solution 1: Die Personalplanung   51

Ja, das sieht doch schon ganz gut aus. Wir wollen unser Diagramm aber noch etwas formatieren und übersichtlicher gestalten. Zunächst möchten wir die Geschäftsleitung auffälliger darstellen.
- Klicken Sie das Feld *Geschäftsführung* an.
- Öffnen Sie nun das Menü *Feld*.

```
Feld   Linie   Diagramm
  Farbe...
  Schatten           ▶
  Rahmenart          ▶
  Rahmenfarbe...
  Rahmenlinienart    ▶
```
Abb. 37: Felder formatieren

Nun können Sie nach Herzenslust Ihr markiertes Feld formatieren. Wählen Sie beispielsweise *Rahmenart*, können Sie dem Feld einen stärkeren oder doppelten Rahmen zuweisen. Klicken Sie danach auf den Hintergrund des Diagramms, damit Sie die Wirkung Ihrer Änderung besser begutachten können.
Über den Menüpunkt *Rahmenfarbe* können Sie Rahmen auch noch entsprechend einfärben. Auch die Feldfläche läßt sich formatieren, indem Sie den Menüpunkt *Farbe...* aktivieren.
Über den Befehl *Schatten* fügen Sie einen Feldschatten hinzu. Aus gestalterischen Gründen empfiehlt es sich hier jedoch, zuvor den Befehl *Bearbeiten-Markieren-Alles* zu wählen. Experimentieren Sie mit der Wirkung der verschiedenen Schattentypen.
Nun möchten Sie vielleicht auch das Aussehen der Verbindungslinien ändern. Wählen Sie hierzu das Menü *Linie*.
Hier können Sie Art, Stärke und Farbe der Verbindungslinien festlegen. Wenn Sie allen Verbindungslinien das gleiche Format zuweisen wollen, wählen Sie *Bearbeiten-Markieren-Verbindungslinien*.
Sie könnten nun auch die Farbe des Diagrammhintergrunds ändern. Klicken Sie im Menü *Diagramm* auf *Hintergrundfarbe* (ALT, G, H) und dann im Dialogfeld *Farbe* auf die gewünschte Farbe.
Über das Menü *Text* schließlich können Sie die Feldbeschriftungen formatieren.

Tip: Der Befehl *Layout kopieren* (Menü *Bearbeiten*) erstellt eine Kopie des Feldrahmens, des Feldschattens und der Feldfarbe sowie eine Kopie der Schriftarten des aktuellen Feldes und überträgt sie in die Zwischenablage. Anschließend können Sie dieses Layout in andere Felder Ihres Diagramms einfügen, um ihnen das gleiche Layout zuzuweisen.

Wenn Ihnen das Design Ihres Stellenplans zusagt, wählen Sie *Datei-Beenden und zurückkehren zu*.

So sieht Ihre Folie nun aus:

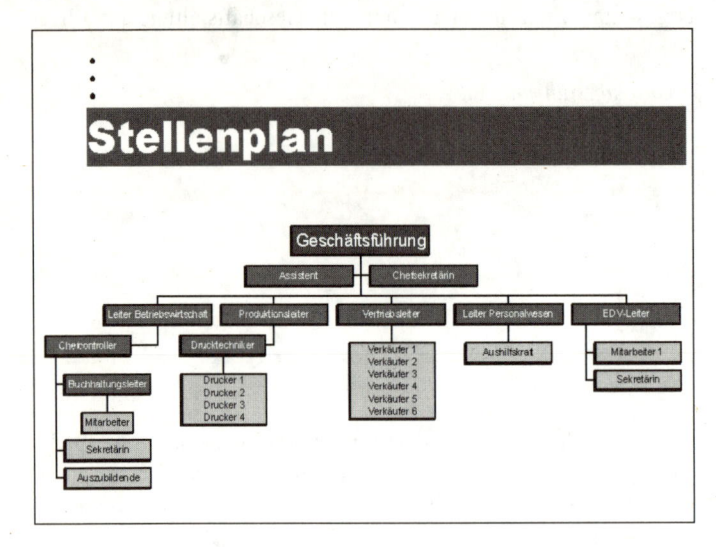

Abb. 38: Der Stellenplan der Fix & Schlau

Sie sehen, wie einfach und angenehm es ist, mit MS Organisationsdiagramm 2.0 zu arbeiten. Leider würde es den Rahmen dieser Solution sprengen, wenn ich Ihnen alle Funktionen des Programms zeigen würde. Wenden Sie sich bitte für weitere Hilfestellungen an die sehr ausführliche Online-Hilfe.

Wir wollen nun aber unseren Stellenplan mit Leben füllen und einen Stellenbesetzungsplan erstellen.

Wer übernimmt welche Aufgabe – der Stellenbesetzungsplan

In diesem werden die verfügbaren Stellen unseren Mitarbeitern zugeordnet. Ein wichtiges Kriterium für diese grundlegende Form der Planung ist die Aktualität. Überprüfen Sie die Pläne also regelmäßig, und geben Sie, wenn nötig, Änderungen ein.

Der Stellenbesetzungsplan kann als Gesamtstellenbesetzungsplan, in dem alle Stellen des Unternehmens zugeordnet werden, als Leitungsstellenplan, der nur die Führungsstellen zeigt, und als Projektmitarbeiterplan, der für die Durchführung wesentlicher Projekte erstellt wird, ausgearbeitet werden.

Der Stellenbesetzungsplan mit MS Organisationsdiagramm 2.0

▲ Öffnen Sie Ihren Stellenplan, und wählen Sie den Befehl *Einfügen-Neue Folie*.

▲ Wählen Sie dieses Mal das AutoLayout *Leere Folie* aus. Nun wird eine neue Folie hinter der ersten angelegt. Sie hat genau das gleiche Präsentationslayout wie diese.

▲ Klicken Sie nun auf den oberen Pfeil der rechten Bildlaufleiste, um wieder zur ersten Folie mit dem Stellenplan zu wechseln.

Solution 1: Die Personalplanung 53

- Wählen Sie nun den Befehl *Bearbeiten-Alles Markieren,* und klicken Sie dann auf die *Kopieren*-Schaltfläche.
- Wechseln Sie wieder zur zweiten Folie, und klicken Sie auf die *Einfügen*-Schaltfläche.
- Doppelklicken Sie auf das Organigramm, um MS Organisationsdiagramm zu öffnen.
- Nun klicken Sie zweimal (kein Doppelklick!) auf das Feld *Geschäftsführer.*
- Markieren Sie den Titel,...

Abb. 39: Eingabe in bereits bestehendes Feld

- ...und geben Sie ein:
Otto Schlau
- Genauso verfahren Sie dann mit den übrigen Feldern. So sicht unser Stellenbesetzungsplan dann aus:

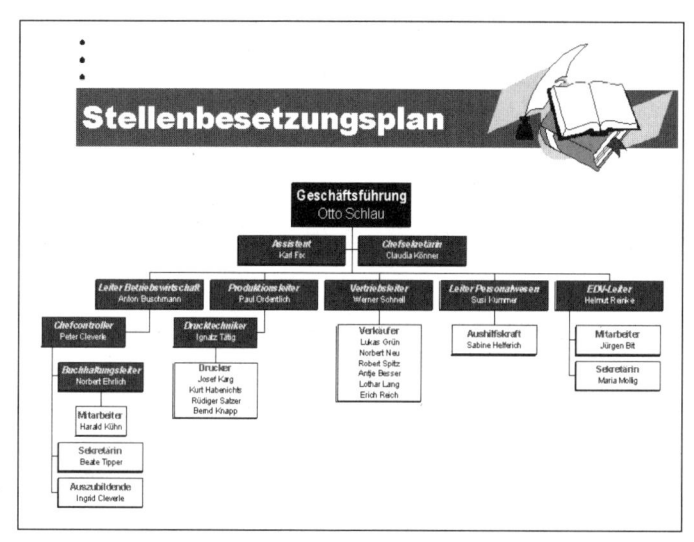

Abb. 40: Der Stellenbesetzungsplan

Die Laufbahnplanung als Gantt-Diagramm

In der Laufbahnplanung wollen wir unseren Mitarbeitern zeigen, welche Position sie erreichen werden, wenn sie sich entsprechend weiterbilden, die nötigen Erfahrungen sammeln und eine gute Bewertung erhalten (zum Thema Mitarbeiterbeurteilung lesen Sie bitte die Solution 5).

Ein solcher Laufbahnplan ist ein starker Motivator. Überlegen Sie aber vorher gut, denn die Nichteinhaltung eines Laufbahnplans ist für Ihren Mitarbeiter sehr frustrierend.

Wir werden nun mit Frau Kummer in PowerPoint eine Laufbahnplanung für die Auszubildende Ingrid Cleverle erstellen.

- Fügen Sie Ihrer Datei eine neue Folie hinzu.
- Wählen Sie das AutoLayout *Diagramm* aus.
- Klicken Sie auf *OK*, und Sie erhalten eine neue, leere Folie.
- Klicken Sie nun auf den Titel, und tragen Sie
  Laufbahnplanung Frau Ingrid Cleverle
  Auszubildende als Verlagskauffrau
  ein. Formatieren Sie den Titel entsprechend.
- Doppelklicken Sie nun auf das Diagrammsymbol. Es öffnet sich die Anwendung MS Graph. Sie sehen nun das programmeigene Graph-Fenster, die zugehörigen Menüs und Befehle.

MS Graph ist eine eingebettete Anwendung zum Erstellen von Diagrammen, die über ein anderes Microsoft-Anwendungsprogramm, wie z. B. Microsoft Word oder, wie in unserer Aufgabe, MS PowerPoint gestartet wird. Mit Graph haben Sie die Möglichkeit, Diagramme direkt in Berichte, Präsentationen, Mitteilungsblätter oder andere Dokumente, die Sie in Ihrem Anwendungsprogramm erstellt haben, einzufügen.

Zunächst wollen wir die Tabelle ausfüllen.

Überschreiben Sie dazu die Beispielwerte einfach mit Ihren Daten. Im großen und ganzen geht das so, wie Sie es beipielsweise von Excel gewohnt sind.

Und so stellt sich der Herr Schlau den Werdegang der Nichte seines Mitarbeiters Cleverle vor:

	VORGESEHENE POSITION	A VON	B DAUER	C BIS
1	Ausbildung	01.10.1993		01.10.9696
2	Ausbildungsabschluß	20.09.1996		24.09.9696
3	Probezeit Abteilung Buchhaltung	02.10.1996		01.04.9797
4	Mitarbeiterin Abteilung Buchhaltung	02.04.1997		01.01.9898
5	Assistentin des Buchhaltungs-Leiters	01.01.1998		30.09.9999
6	IHK-Ausbildung Betriebswirtschaft	01.10.1999		30.09.0000
7	Assistentin des BWL-Leiters	01.10.2000		31.12.0202
8	Interner Wechsel des BWL-Leiters (Marketing-Leiter)	01.01.2003		
9	BWL-Leiterin	01.01.2003		

Abb. 41: Die Laufbahnplanung der Mitarbeiterin Cleverle

Solution 1: Die Personalplanung

▲ Füllen Sie die Graph-Tabelle entsprechend aus, und löschen Sie die Daten in den übrigen Zellen.

Nun brauchen wir noch die Dauer in Tagen. Da stehen wir aber schon vor einem Problem: MS Graph kann nicht rechnen. Wie lösen wir das?

▲ Markieren Sie den Bereich, und wählen Sie *Kopieren*.

▲ Wechseln Sie in Excel, und fügen Sie die Zellen ein. Verwenden Sie folgende Formel, um die Dauer zu berechnen:

	A	B	C	D
1	VORGESEHENE POSITION	VON	DAUER	BIS
2	Ausbildung	01.10.93	=D2-B2	01.10.96

Abb. 42: Berechnen der Dauer in Excel

Markieren Sie dann die Zelle mit der Formel, und klicken Sie auf das Ausfüllkästchen (das ist das kleine Quadrat rechts unten an der Markierung). Ziehen Sie dann mit gedrückter Maustaste die Formel nach unten bis zur Zelle C10.

Haben Sie die Formel verstanden? Hinter jedem Datum steht in Excel eine serielle Zahl, die durch das Zahlenformat *Datum* auf dem Bildschirm als Datum angezeigt wird. Darum können Sie mit einem Datum alle Rechenfunktionen durchführen.
So sieht die Tabelle nun aus:

	A	B	C	D
1	VORGESEHENE POSITION	VON	DAUER	BIS
2	Ausbildung	01.10.93	1096	01.10.96
3	Ausbildungsabschluß	20.09.96	4	24.09.96
4	Probezeit Abteilung Buchhaltung	02.10.96	181	01.04.97
5	Mitarbeiterin Abteilung Buchhaltung	02.04.97	274	01.01.98
6	Assistentin des Buchhaltungs-Leiters	01.01.98	637	30.09.99
7	IHK-Ausbildung Betriebswirtschaft	01.10.99	365	30.09.00
8	Assistentin des BWL-Leiters	01.10.00	821	31.12.02
9	Interner Wechsel des BWL-Leiters (Marketing-Leiter)	01.01.03	0	01.01.03
10	BWL-Leiterin	01.01.03	0	01.01.03

Abb. 43: Die Laufbahnplanung in Excel

▲ Markieren Sie nun die Zellen A1:D10, und klicken Sie auf die Schaltfläche *Kopieren*.

▲ Wechseln Sie dann in Graph, und fügen Sie die Zellen ein.

Nun möchten wir ein Ablaufdiagramm erstellen. Egal, ob in Excel oder in Graph: Zur Erstellung eines Ablaufdiagramms wird nur der Beginn (bei uns die Spalte A) und die Dauer (bei uns die Spalte B) benötigt. In Excel würden Sie die entsprechenden Bezüge einfach markieren, in Graph funktioniert das etwas anders:

▲ Markieren Sie die Spalte C, und wählen Sie den Befehl *Daten-Zeile/Spalte ausschließen...* .

Die Spalte C erscheint nun grau ausgeblendet.

▲ Wählen Sie dann den Befehl *Format-Diagrammtyp*.

▲ Wählen Sie das Balkendiagramm, und klicken Sie auf *Optionen*.

▲ Im Dialog *Balkengruppe formatieren* wählen Sie die zweite Variante und klicken auf *OK*.

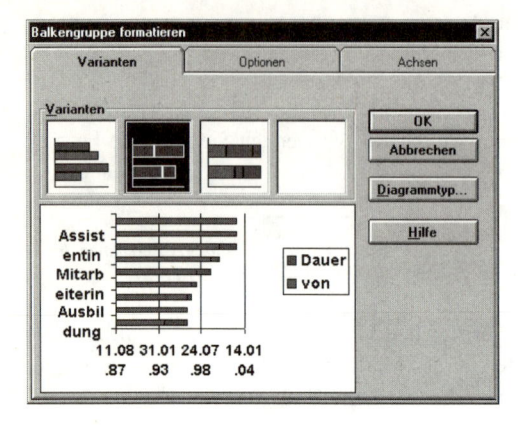

Abb. 44: Eine Diagrammvariante auswählen

▲ Dann öffnen Sie das Menü *Daten* und wählen den Befehl *Datenreihe in Spalten*.

Damit sind unsere Arbeiten an der Tabelle abgeschlossen.

▲ Schieben Sie Ihre Tabelle jetzt etwas zur Seite, um das daraus erstellte Diagramm zu begutachten, oder öffnen Sie das Menü *Ansicht*, und entfernen Sie das Häkchen vor *Tabelle*.

▲ Klicken Sie hier einmal auf die Datenreihe, die den Beginn bezeichnet, und wählen Sie den Befehl *Format-Markierte Datenreihen*.

▲ Nun öffnet sich der Dialog *Format*, der Ihnen wahrscheinlich schon von den Excel-Diagrammen her bekannt ist.

▲ Aktivieren Sie das Register *Muster*, und formatieren Sie die Datenreihe ohne Füllung und ohne Rahmen. Bestätigen Sie mit *OK*.

Schon haben wir einen Ablaufplan erstellt, den wir nun aber noch schön formatieren wollen. Es ist nicht nötig, etwas an den Farben des Diagramms zu ändern, da Graph bereits Farben verwendet, die dem ausgewählten Präsentationslayout entsprechen. Ändern Sie das Folienlayout, ändert sich auch die Farbskala des Diagramms.

Etwas anderes ist uns aber wichtig:

Wir möchten die Schriftart verkleinern, da nicht alle Beschriftungen dargestellt werden.

▲ Klicken Sie hierzu die X-Achse einmal an, um sie zu markieren.

▲ Wählen Sie dann den Befehl *Format-Markierte Achse*. Nun können Sie in dem Register *Schriftart* die Schriftgröße einstellen.

▲ Markieren Sie nun die Y-Achse, und wählen Sie wiederum den Befehl *Format-Markierte Achse*. Aktivieren Sie aber dieses Mal das Register *Skalierung*.

Solution 1: Die Personalplanung 57

Wir möchten nämlich, daß die Laufbahnplanung erst mit dem 1. Januar 1994 beginnt und mit dem 1. Januar 2003 endet.

▲ Überschreiben Sie dazu einfach den Kleinstwert mit dem Datum 1.1.1994 und den Höchstwert mit 1.1.2003. Das ist kein Problem, denn auch für Graph gilt: Ein eingegebenes Datum wird von Ihrem Computer als serielle Zahl aufgefaßt. Füllen Sie den Dialog also wie folgt aus:

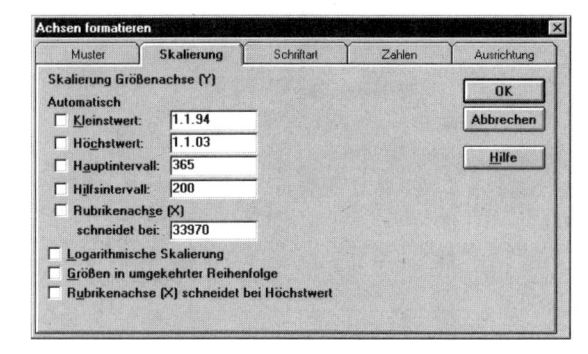

Abb. 45: Skalieren des Diagramms

▲ Bestätigen Sie mit *OK*, und Ihr Laufbahnplan sieht folgendermaßen aus:

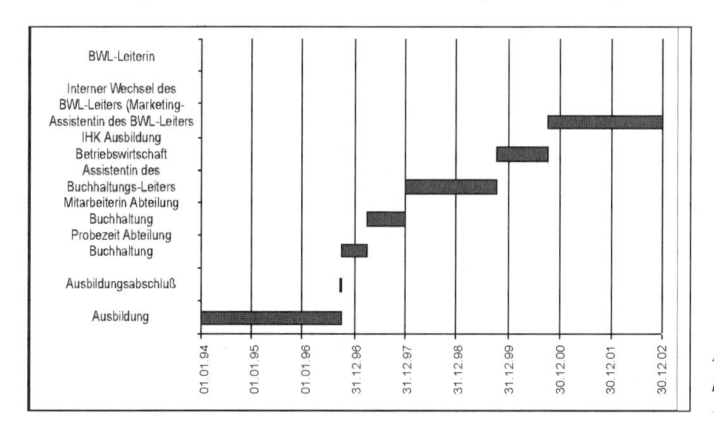

Abb. 46: Der Laufbahnplan, noch ohne Formatierung

Wir haben einige Ereignisse in der Laufbahnplanung unserer Auszubildenden, die zum einen Beachtung verdienen, sich zum anderen durch eine sehr kurze Dauer auszeichnen. Man spricht hier in der Projektplanung von Meilensteinen.
Bei uns handelt es sich um den Ausbildungsabschluß, die Beförderung zur betriebswirtschaftlichen Leiterin und die Veränderung des Herrn Cleverle zum Marketing-Leiter. Diese Meilensteine möchten wir nun besonders hervorheben.

▲ Holen Sie sich zu diesem Zweck die *Zeichnen*-Symbolleiste auf den Bildschirm, indem Sie den Befehl *Ansicht-Symbolleisten* wählen.

Hiermit stehen Ihnen nun Elemente zur Verfügung, mit denen Sie die Meilensteine darstellen können. Die fertige Laufbahnplanung sieht nach der endgültigen Formatierung und der Rückkehr zu MS PowerPoint folgendermaßen aus:

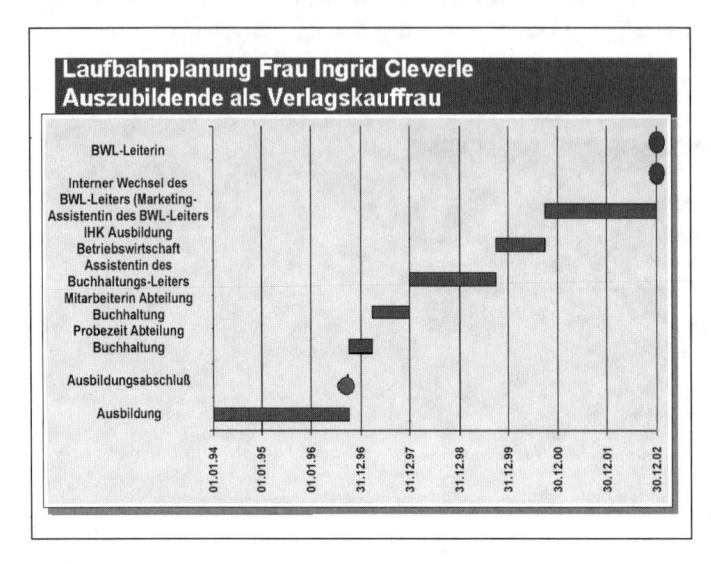

Abb. 47: Der fertige Laufbahnplan

Erstellen Sie für alle Ihre Mitarbeiter eine solche Laufbahnplanung, und besprechen Sie diese mit den Mitarbeitern. Sie ist ein starker Motivator.

Die Nachfolgeplanung als Netzplandiagramm

Legen Sie der Nachfolgeplanung Mitarbeiterbeurteilung und Stellenbeschreibung zugrunde, und überdenken Sie alle möglichen Alternativen für die Besetzung der Stelle. Berücksichtigen Sie dabei Kriterien wie Persönlichkeit, Ausbildung, Erfahrung usw.

Naturgemäß können wir in der Nachfolgeplanung nur bereits festgelegte Veränderungen aufzeigen. Verzichten Sie auf die Darstellung möglicher Veränderungen.

Das Fazit aus der Nachfolgeplanung ist die Besetzungsentscheidung. Lassen Sie diese vom zuständigen Vorgesetzten durchführen.

Erstellen des Nachfolgeplans in PowerPoint

Viele Projektmanager sind mit PERT- oder Netzplandiagrammen vertraut, die zum Darstellen von Vorgängen und Beziehungen der zwischen ihnen bestehenden Beziehungen verwendet werden. Auch für die Darstellung unseres Nachfolgeplans eignet sich diese Planungsdarstellung hervorragend.

Frau Susanne Kummer soll sich nun zweier bei unserer Fix & Schlau bisher etwas stiefmütterlich behandelter Funktionsbereiche annehmen: des Sicherheitsdienstes und des Lagers.

Solution 1: Die Personalplanung 59

Gerade in diesen Bereichen will man in der nächsten Zeit einige Änderungen in der Besetzung vornehmen, und genau diese soll Frau Kummer nun grafisch darstellen.
Sie macht sich an die Arbeit und erstellt auch den Nachfolgeplan in PowerPoint:

Abb. 48: Der Nachfolgeplan

- Öffnen Sie die Datei SOLU1.PPT, und fügen Sie eine weitere Folie hinzu.
- Wählen Sie das AutoFormat *Nur Titel*, und bestätigen Sie dann mit *OK*.

Für die Erstellung von Netzplandiagrammen gibt es im Office-Paket kein spezielles Tool. Das Generieren eines solchen Schaubilds ist aber trotzdem kein Problem, da PowerPoint sehr komfortable Zeichenwerkzeuge hierfür bietet.

- Holen Sie sich diese Zeichenwerkzeuge auf den Bildschirm, indem Sie den Befehl *Ansicht-Symbolleisten* wählen. Aktivieren Sie hier *Zeichnen* und *Zeichnen+*.

Die folgenden Symbolleisten erscheinen auf Ihrem Bildschirm:

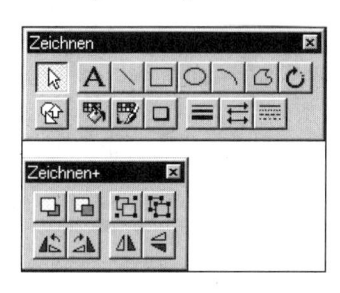

Abb. 49: Die Symbolleisten Zeichnen und Zeichnen+

- Zunächst klicken wir auf das Textwerkzeug. Dies ist die zweite Schaltfläche auf der Symbolleiste *Zeichnen*.
- Schreiben Sie untereinander an den linken Rand Ihres Blattes *Kantine* und *Sicherheitsdienst*. Weisen Sie dem Text über *Format-Schriftart* die gewünschte Größe, Farbe und Schriftart zu.
- Markieren Sie dann beide Textobjekte, indem Sie das erste anklicken, dann die Umschalt -Taste gedrückt halten und auch das zweite anklicken.

- Wählen Sie nun den Befehl *Format-Farben und Linien*.
- Wählen Sie nun einen weißen Füllbereich und eine schwarze Linie aus.

Dann wählen Sie den Befehl *Format-Schatten*. Klicken Sie hier auf *Automatisch*.

- Wählen Sie den Befehl *Zeichnen-Drehen/Kippen-Nach links drehen* und ordnen Sie die beiden Textobjekte schön an, entweder durch Greifen und Ziehen mit der Maus oder mit Hilfe der Pfeiltasten. Aktivieren Sie dazu die Funktion *Am Raster ausrichten* im Menü *Zeichnen*, dann haben Sie's leichter.

- Klicken Sie nun auf die Schaltfläche *AutoFormen* links in der unteren Reihe. Nun öffnet sich die gleichnamige Symbolleiste, der Sie die verschiedensten Zeichnungselemente durch Anklicken des gewünschten Symbols und *Aufziehen* auf der Folie entnehmen können.

- Wählen Sie nun die Schaltfläche A*bgerundetes Rechteck*, wie auf dem nächsten Bild dargestellt,...

Abb. 50: Die Schaltfläche Abgerundetes Rechteck

... und zeichnen Sie ein Rechteck in entsprechender Größe.

- Nun können Sie ihm über den Befehl *Format-Farben und Linien* das gewünschte Aussehen verleihen. Wenn Sie einen Schatten hinzufügen möchten, wählen Sie den Befehl *Format-Schatten*.

- Wenn Sie mit dem Aussehen des Elements zufrieden sind, markieren Sie es und wählen den Befehl *Bearbeiten-Duplizieren*. Duplizieren Sie die Form siebenmal, und ziehen Sie sie mit der Maus an die entsprechenden Stellen.

- Nun können Sie die einzelnen Elemente entsprechend beschriften. Die Schrift formatieren Sie über *Format-Schriftart*.

Nun fehlen nur noch die Pfeile. Auch deren Erstellung und Anordnung ist mit PowerPoint ein Kinderspiel.

- Wählen Sie das Linienwerkzeug aus der *Zeichnen*-Symbolleiste.

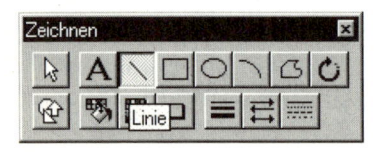

Abb. 51: Die Schaltfläche Linie

- Ziehen Sie nun mit der Maus eine gerade Linie.

Solution 1: Die Personalplanung

▲ Dann klicken Sie auf das Pfeilspitzen-Werkzeug ⇅. (Dies funktioniert nur, wenn Sie die soeben gezeichnete Linie markiert haben).

▲ Es öffnet sich ein Flyout-Menü, aus dem Sie die gewünschte Pfeilform auswählen können.

▲ Wenn Sie den markierten Pfeil nun an einem der beiden quadratischen Ziehpunkte greifen, können Sie ihn durch Ziehen mit der Maus drehen bzw. verlängern oder verkürzen.

So, damit haben wir unser Netzplandiagramm auch schon erstellt.
Sie sehen, wie extrem einfach es ist, mit PowerPoint zu arbeiten. Wenn Sie etwas Übung darin haben, wird Ihnen niemand glauben, in wie kurzer Zeit Sie die umfangreichsten Grafiken und Schaubilder erstellen.

PowerPoint-Folien in ein Word für Windows-Dokument einbinden

Sie finden das hier vorgestellte Word-für-Windows-Dokument auf der CD zum Buch:

Ordner: \PERSONAL\BEISPIEL
Datei: SOLU1.DOC

Die Folien unserer Frau Kummer sind doch recht ansehnlich geworden, das muß selbst Herr Schlau zugeben. Da er jedoch, wie wir bereits bemerkt haben, schwer zufriedenzustellen ist, möchte er nun die ganze Planung in einem Word für Windows-Dokument sehen, und zwar mit Inhaltsverzeichnis und allem, was dazugehört. So etwas kann unsere Frau Kummer jedoch nicht erschrecken. Da sie sich in Office gut auskennt, weiß sie, daß so etwas ganz schnell erledigt werden kann...

▲ Öffnen Sie als erstes unsere Datei SOLU1.PPT.

▲ Wählen Sie nun den Befehl *Extras-Buch erstellen*.

Es öffnet sich folgender Dialog:

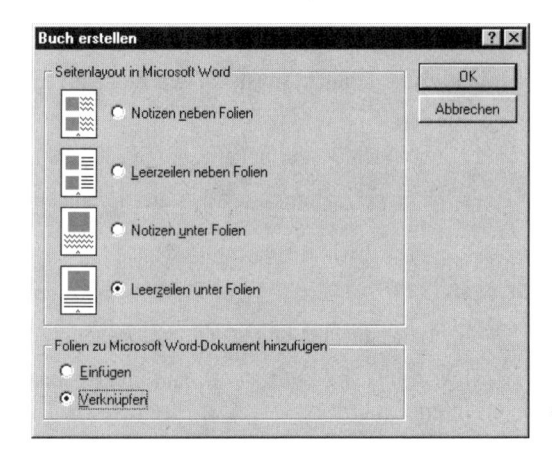

Abb. 52: PowerPoint-Folien mit einem neuen Word-Dokument verknüpfen

PowerPoint wird nun die vier Folien, die in unserer Datei enthalten sind, in ein Word-Dokument einbinden. Wir können uns in dem Dialog *Buch erstellen* ein Layout für dieses Dokument aussuchen.

▲ Für unser Beispiel wählen wir einmal, wie abgebildet, *Leerzeilen unter Folien*.
▲ Da wir unsere PowerPoint-Folien eventuell aus Word heraus bearbeiten möchten, aktivieren wir außerdem *Verknüpfen*.
▲ Klicken Sie dann auf *OK*.

Sie sehen, daß sich nun Word öffnet und die Folien in ein neues Dokument eingefügt werden.

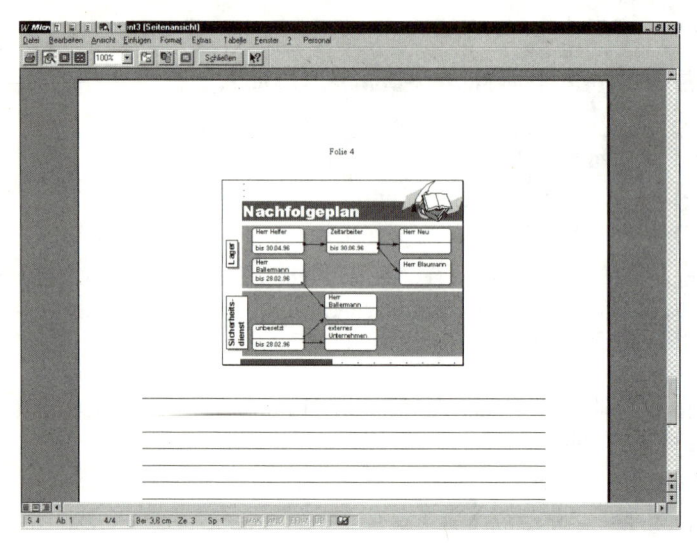

Abb. 53: Das neue Word-Dokument

▲ Sie können nun die Zeilen unter der Folie herauslöschen und Text eingeben.
▲ Geben Sie auch den Überschriften sinnvolle Bezeichnungen.
▲ Wenn Sie einmal auf die eingefügte Folie klicken, können Sie sie an den Ziehpunkten auf die gewünschte Größe bringen.
▲ Doppelklicken Sie auf die Folie, und Sie befinden sich wieder in der Datei SOLU1.PPT.

Unsere nächste Aufgabe ist das Anlegen eines Inhaltsverzeichnisses. Auch hier nimmt Ihnen Word die Arbeit ab.

Inhaltsverzeichnis – kein Problem für uns!

Damit das Inhaltsverzeichnis Sinn macht, wollen wir zunächst Seitenzahlen eingeben.

▲ Wählen Sie dazu in Word den Befehl *Ansicht-Kopf- und Fußzeile*. Daraufhin erscheint die Symbolleiste *Kopf- und Fußzeile* auf Ihrem Bildschirm.

Solution 1: Die Personalplanung 63

Abb. 54: *Die Symbolleiste Kopf- und Fußzeile*

Sie befinden sich nun in der Kopfzeile. Wir wollen aber unsere Seitenzahlen am Ende des Blattes stehen haben.

- Also klicken wir auf die linke Schaltfläche der Symbolleiste, um in die Fußzeile zu gelangen.
- Klicken Sie dann auf das fünfte Symbol, *Seitenzahlen*.
- Klicken Sie dann auf *Schließen,* um die Fußzeile zu verlassen.

Um ein Inhaltsverzeichnis erstellen zu können, müssen Sie nun zunächst allen Überschriften Formatvorlagen zuweisen. Gehen Sie folgendermaßen vor:

- Stellen Sie Ihren Mauszeiger in die Überschrift der ersten Seite.
- Öffnen Sie dann die vorhandenen Formatvorlagen. Orientieren Sie sich an der nächsten Abbildung.

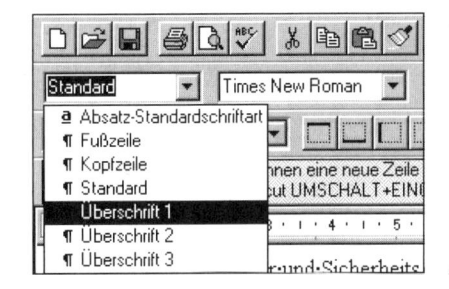

Abb. 55: *Eine Formatvorlage auswählen*

- Nun wählen Sie *Überschrift 1* aus.
- Klicken Sie auf die nächste Überschrift, und drücken Sie die F4 -Taste, um den Vorgang zu wiederholen.
- Verfahren Sie ebenso mit den beiden anderen Überschriften.

So, nun haben wir alle Vorbereitungen zum Erstellen eines Inhaltsverzeichnisses getroffen. Der Rest geht ganz schnell:

- Stellen Sie den Cursor an den Anfang Ihres Dokuments, und geben Sie eine Leerzeile ein.
- Wählen Sie den Befehl *Einfügen-Index und Verzeichnisse.*
- Klicken Sie dann auf die Registerkarte *Inhaltsverzeichnis.*

Sie sehen folgenden Dialog:

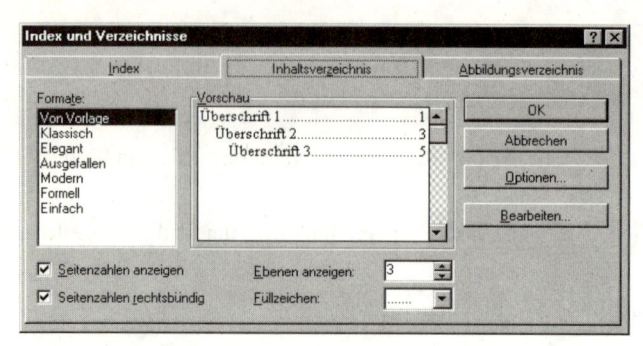

Abb. 56: Ein Inhaltsverzeichnis erstellen

In der Kategorie *Formate* können Sie sich nun ein Layout für das Inhaltsverzeichnis auswählen. Wenn Sie *Von Vorlage* auswählen, können Sie über die Schaltfläche *Bearbeiten* die Schriftformate selbst einstellen.

Wenn Sie sich diese Mühe nicht machen wollen, können Sie unter sechs fertig gestalteten Verzeichnis-Designs auswählen.

▲ Wir entscheiden uns einmal für *Klassisch* und klicken dann auf *OK*.

Schon erstellt Word für Windows unser Inhaltsverzeichnis.

▲ Fügen Sie noch mit der Tastenkombination [Strg]-[Eingabe] einen Seitenwechsel ein, und wir sind schon fertig.

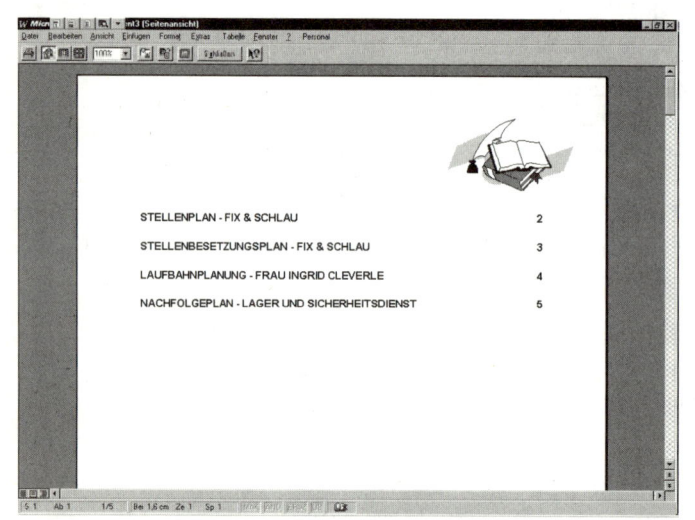

Abb. 57: Das Inhaltsverzeichnis

Tip: Wenn Sie weitere Überschriften hinzufügen, aktualisiert sich das Inhaltsverzeichnis nicht automatisch. Klicken Sie auf [F9], um eine Aktualisierung herbeizuführen.

Solution 2: Die Personalverwaltung und ihre Formulare

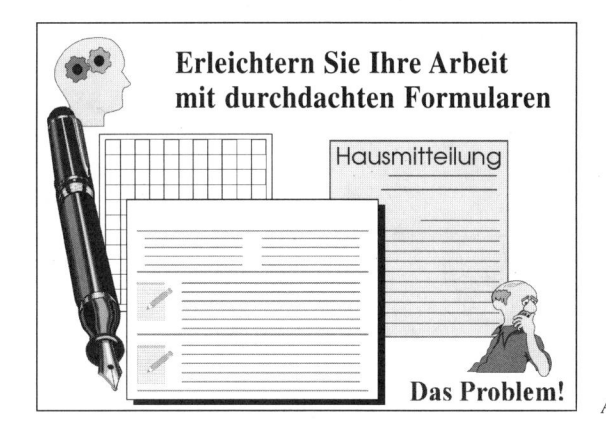

Abb. 58: Unser Problem

Das Problem

Nachdem unsere Frau Susanne Kummer am Freitag ihre Lösung dem Chef, Herrn Schlau, vorgestellt hat, ist dieser überrascht. Er erkennt sofort die Fähigkeiten seiner neuen Mitarbeiterin, und, nach der Maslow-Kategorie »Lob und Anerkennung« handelnd, lädt er sie gleich zum Mittagessen beim Italiener ein – natürlich mit Hintergedanken: Er will ihr Wissen noch stärker für seine Firma nutzen.

Beim gemütlichen Essen kommt er so ganz nebenbei auf *die* Idee und sagt zu Frau Kummer: »Was halten Sie denn davon, wenn wir unser Personalwesen und die zugehörigen Formulare alle einheitlich erstellen, um auf Knopfdruck eine Stellenbeschreibung zu erhalten und die gesamten Zeugnisse, Arbeitsverträge, Hausmitteilungen und all diesen aufwendigen Schreibkram auf PC zu erfassen? Natürlich benutzerdefiniert und leicht bedienbar?«

Frau Kummer antwortet, vom guten italienischen Wein beflügelt und von der Idee begeistert: »Bis wann wollen Sie denn das realisieren?« Trocken wie der Wein kommt die Antwort von Herrn Schlau: »Bis nächsten Freitag.« Frau Susanne Kummer bleiben fast die Spaghetti im Halse stecken. Der Termin ist eng, und zurück im Büro macht sie sich sofort an die Arbeit.

Fassen wir das Problem zusammen:

- Wie erstelle ich eine Stellenbeschreibung?
- Wie erstelle ich Zeugnisse mit Textbausteinen?
- Wie erstelle ich einen Arbeitsvertrag?

▲ Wie erstelle ich eine Hausmitteilung?
▲ Wie führe ich diese Arbeiten benutzerdefiniert durch?
▲ Wie schreibe ich WordBASIC-Makros?

Ein Wort voraus: Aufgaben der Personalverwaltung

Abb. 59: Die wichtigsten Aufgaben der Personalverwaltung

Die Personalverwaltung hat ein recht umfangreiches Aufgabengebiet. Zum einen haben wir hier die Information über die einzelnen Mitarbeiter. Daneben müssen vielfältige Abwicklungs-, Melde- und Abrechnungsaufgaben wahrgenommen werden.
Oberstes Gebot hierbei ist die Aktualität, Fehlerfreiheit und Transparenz der Daten.

Der Datenschutz

Das ist alles schön und gut, wir dürfen jedoch niemals vergessen, daß eines der wichtigsten Erfordernisse, wenn wir mit personenbezogenen Daten umgehen, der Schutz dieser Daten ist. Klare Richtlinien hierfür gibt das Bundesdatenschutzgesetz (BDSG), das sich auf elektronisch gespeicherte Daten bezieht.

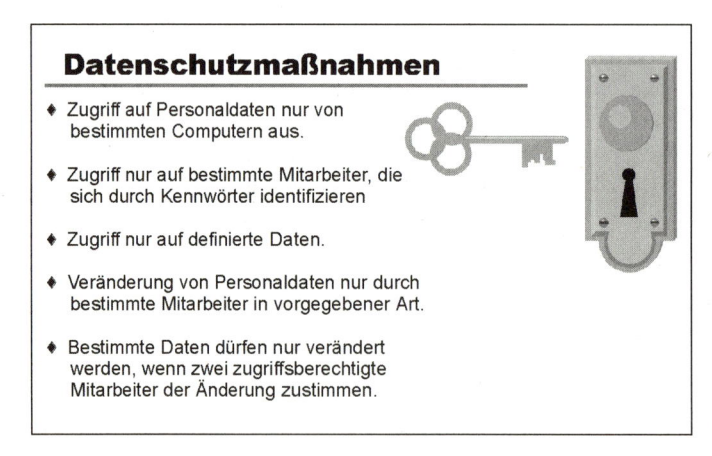

Abb. 60: Beachten Sie diese Datenschutzmaßnahmen

Das ist die Lösung (Solution)

Unsere erste Aufgabe soll sein, einen Personalbogen für die Personalakte zu erstellen. Diese lösen wir am besten mit einer Excel-Mustervorlage.

Erstellen einer Mustervorlage für den Personalbogen mit Excel

Sie finden den hier vorgestellten Personalbogen auf der CD zum Buch:

Ordner: \PERSONAL\BEISPIEL
Datei: PERSBOG.XLS

Beginnen Sie, indem Sie eine neue Arbeitsmappe erstellen und einem Arbeitsblatt den Namen *Personalbogen* geben.

- Dazu doppelklicken Sie auf das entsprechende Blattregister, woraufhin sich der Dialog *Blatt umbenennen* öffnet. Tragen Sie hier den Namen ein, und klicken Sie auf OK.

- Entfernen Sie die übrigen Arbeitsblätter. Gehen Sie dazu folgendermaßen vor: Klicken Sie mit der linken Maustaste auf das erste zu löschende Arbeitsblatt. Halten Sie nun die [Umschalt]-Taste gedrückt, und klicken Sie auf den Bildlaufpfeil, bis Sie bei dem letzten Tabellenregister angelangt sind. Klicken Sie nun auch dieses an. Wenn Sie nun die Shift-Taste loslassen und mit der rechten Maustaste klicken, öffnet sich ein Kontextmenü, aus dem Sie *Löschen* auswählen.

Sollten Sie jedoch die Datei PERSBOG.XLS geöffnet haben, sehen Sie folgendes Formular:

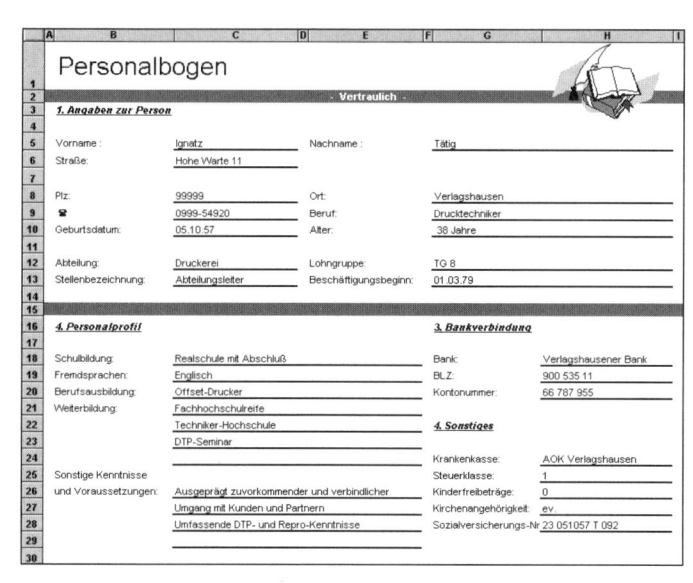

Abb. 61: Der Personalbogen

Ich möchte in diesem Kapitel die Formatierung nicht weiter erklären, vielmehr auf einige Besonderheiten dieses Formulars eingehen.
Als erstes möchte ich Ihnen die Formel erklären, mit der ich das Alter berechnet habe:

	C	D
10	Alter:	=(JETZT()-B10)/365
11		

Abb. 62: Die Formel zur Altersberechnung

In der Zelle B10 steht das Geburtsdatum.
Mit der Funktion JETZT() wird immer das aktuelle Datum und die Uhrzeit berechnet, sofern in Ihrem Rechner das richtige Systemdatum eingestellt ist. Wenn wir nun den Wert durch 365 dividieren, so haben wir das Alter in Jahren.
Nun wollen wir natürlich in unserer Zelle das Alter im Format »46 Jahre« stehen haben und nicht 45,8976543.
Um diese Aufgabe zu lösen, gibt es viele Möglichkeiten. Eine möchte ich Ihnen hier erklären. Es ist vielleicht nicht die eleganteste, aber sicher eine der einfachsten.
Wählen Sie den Befehl *Format-Zellen*, Register *Zahlen*. Geben Sie das unten abgebildete Zahlenformat an. Es sagt uns: Wenn eine Zahl in der Zelle steht, dann zeige diese in Schwarz und als Ganzzahl. Schreibe dahinter den Text *Jahre*.
Achten Sie bitte darauf, daß der Text »Jahre« in Anführungszeichen und die Bezeichnung der Farbe in eckiger Klammer steht. Die öffnende eckige Klammer bekommen Sie, indem Sie die ⌈Alt Gr⌉-Taste und dann die Taste ⌈8⌉ drücken, die schließende eckige Klammer mit den Tasten ⌈Alt Gr⌉ und ⌈9⌉.

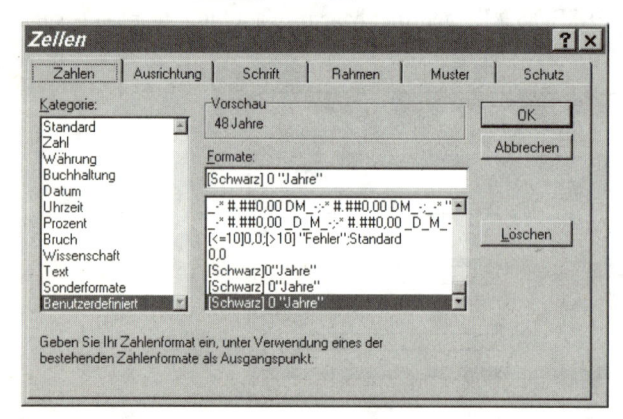

Abb. 63: Ein benutzerdefiniertes Zahlenformat generieren

So, jetzt gibt es nur noch eines zu tun: Wir möchten die Formeln vor ungewollter Veränderung schützen. Auch diese Aufgabe ist mit unserem Excel ganz einfach zu lösen.
Gehen Sie folgendermaßen vor:

▲ Markieren Sie das gesamte Arbeitsblatt, indem Sie auf die Schaltfläche links neben den Spaltenköpfen klicken, und wählen Sie den Befehl *Format-Zellen*.

Solution 2: Die Personalverwaltung und ihre Formulare 69

- Klicken Sie das Register *Schutz* an.
- In der folgenden Dialogbox deaktivieren Sie das Kontrollkästchen *Gesperrt*, um den Zellschutz für alle Zellen aufzuheben.
- Markieren Sie nun alle Zellen, die nicht überschrieben werden sollen.
- Wählen Sie wieder den Befehl *Format-Zellen* und aktivieren im Register **Schutz** das Kontrollkästchen *Gesperrt*.
- Wählen Sie dann den Befehl *Extras-Dokument schützen* und anschließend den Unterbefehl *Blatt* aus.

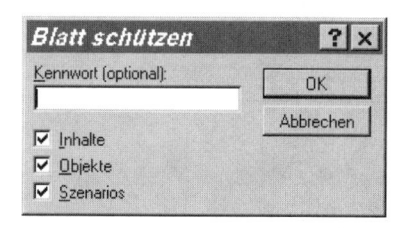

Abb. 64: Extras-Dokument schützen-Blatt

Die Formeln Ihres Arbeitsblatts sind nun geschützt, und wenn jemand versuchen sollte, die geschützten Zellen zu überschreiben, verhindert Excel dies und gibt folgende Warnmeldung aus:

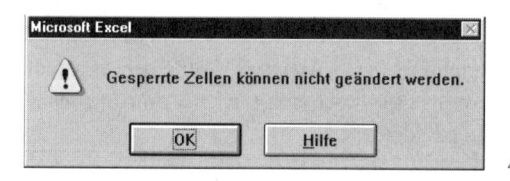

Abb. 65: Warnmeldung

Nun wollen wir die Datei als Mustervorlage abspeichern.

- Klicken Sie im Menü *Datei* auf *Speichern unter*.
- Geben Sie im Feld *Dateiname* den Namen der Mustervorlage ein.
- Klicken Sie im Feld *Speichern in* auf den Ordner VORLAGEN. Dieser befindet sich in dem Verzeichnis, in dem Office bzw. Microsoft Excel installiert wurde. Wir haben einen Ordner *Personal* im Verzeichnis *Office95-Vorlagen* angelegt. Legen auch Sie einen Ordner in dem Verzeichnis, das die Vorlagen enthält, an, und speichern Sie Ihre Datei dort.
- Klicken Sie nun im Feld *Dateityp* auf *Mustervorlage*.

Wenn Sie der Vorlage einen Namen gegeben haben, klicken Sie auf *Speichern*.

Daten in einer Datenbank erfassen und archivieren

Nun haben wir unsere Vorlage erstellt und wollen die Daten, die wir eingeben, mit Hilfe des Vorlagenassistenten in einer Datenbank speichern. Excel für Windows 95 (Excel 7.0) stellt dafür den Vorlagen-Assistenten zur Verfügung.

Wählen Sie den Befehl *Datei-Neu*. Hier erscheint nun, sofern Sie in dem Vorlagenverzeichnis einen Ordner Personal angelegt und die Datei in diesem gespeichert haben, der abgebildete Dialog mit dem Register PERSONAL:

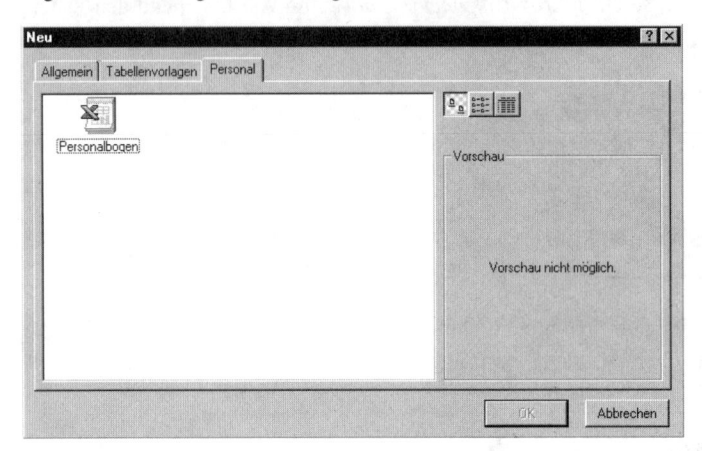

Abb. 66: Der Personalbogen als Vorlage im Register Personal

- Wählen Sie aus dem Menü *Daten* den Befehl *Vorlagen-Assistent*. Sollte der Assistent nicht zur Verfügung stehen, müssen Sie mit Hilfe des Befehls *Extras-Add-In-Manager...* sicherstellen, daß er mit dem Öffnen geladen wird.
- Klicken Sie die entsprechenden Add-Ins an:

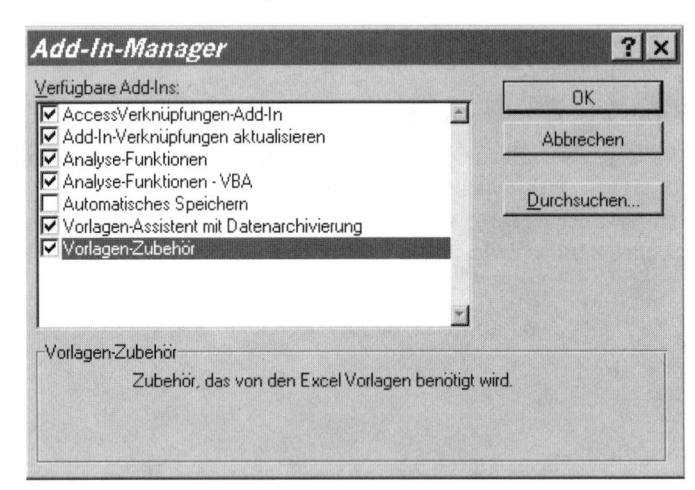

Abb. 67: Aktivieren der Add-Ins Vorlagen-Assistent und Vorlagen-Zubehör

Solution 2: Die Personalverwaltung und ihre Formulare 71

Der Vorlagen-Assistent mit Datenarchivierung erstellt eine Vorlage, die als Formular zur Dateneingabe in einer Datenbank verwendet werden kann. Jedesmal, wenn eine neue Arbeitsmappe aus der Vorlage erstellt wird, kopiert Microsoft Excel automatisch die in den Arbeitsmappen eingegebenen Daten in eine mit der Vorlage verbundene Datenbank.
Alle geöffneten Arbeitsmappen sind in der Liste aufgeführt. Wird die gewünschte Arbeitsmappe nicht angezeigt, klicken Sie auf *Abbrechen*, öffnen Sie die entsprechende Arbeitsmappe, und klicken Sie dann im Menü *Daten* auf *Vorlagen-Assistent*.

▲ Der Vorlagen-Assistent meldet sich mit dem Schritt 1 von 5.

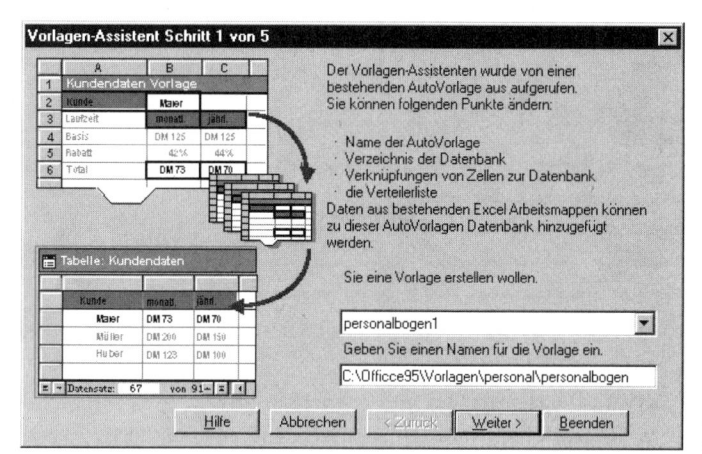

Abb. 68: Der erste Schritt des Vorlagen-Assistenten

▲ Geben Sie der Vorlage den Namen PERSONALBOGEN.

▲ Nachdem Sie auf die Schaltfläche *Weiter* geklickt haben, erscheint der abgebildete Dialog:

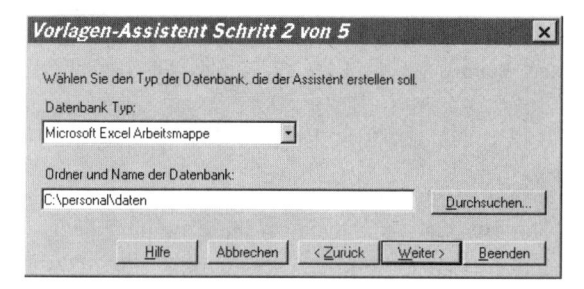

Abb. 69: Auswählen des Datenbank-Typen

Wenn Sie in einer auf der neuen Vorlage basierenden Arbeitsmappe Daten eingeben, kopiert Microsoft Excel die Daten automatisch in die Datenbank, die Sie in diesem Schritt festlegen. Sie können entweder eine neue oder eine bereits vorhandene Datenbank festlegen.

Das Feld *Datenbanktyp* zeigt die auf Ihrem System installierten und registrierten Datenbank-Konvertierungsprogramme an. Klicken Sie auf den Datenbanktyp, den Sie verwenden möchten. Sie können natürlich die Daten auch in eine Access- oder dBase-Datenbank zurückschreiben.

▲ Um eine neue Datenbank zu erstellen, geben Sie einen Pfad und einen Dateinamen ein (hier C:\PERSONAL\DATEN). Das Verzeichnis muß natürlich angelegt sein.

▲ Wenn Sie einen Schritt weitergehen, öffnet sich das nächste Dialogfenster.

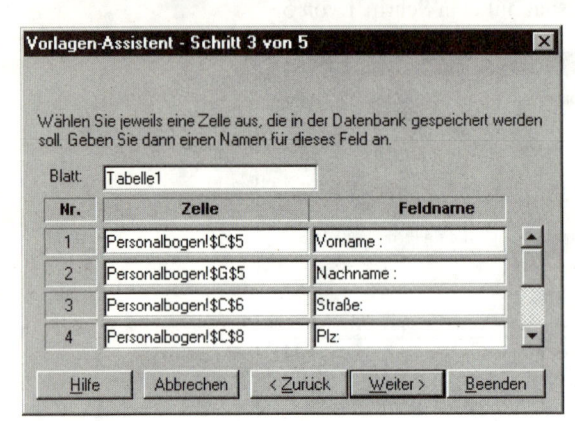

Abb. 70: Festlegen der Datenbank-Felder

▲ In diesem Schritt geben Sie jede Zelle an, aus der Sie Daten kopieren möchten, und ordnen dann die Zellen den entsprechenden Feldern in der Datenbank zu. Durch die Eingabe von Daten in jeder neuen Arbeitsmappe wird jeweils ein neuer Datensatz in der Datenbank erstellt.

Blatt gibt das Blatt bzw. die Tabelle in der Datenbank an, in der Feldnamen definiert sind. Wenn Sie eine neue Datenbank erstellen, können Sie einen neuen Namen eingeben. Wenn Sie eine bereits vorhandene Datenbank mit mehreren Blättern oder Tabellen verwenden, klicken Sie auf das gewünschte Element. Bei uns Tabelle 1, da wir ja eine neue Datenbank anlegen möchten.

Nr. gibt das Feld (die Spalte) an, in das (bzw. die) Daten aus der festgelegten Zelle kopiert werden.

Zelle gibt die Tabellenzelle an, aus der Daten kopiert werden sollen. Um einen Zellbezug einzugeben, klicken Sie zunächst auf das Feld *Zelle* und dann auf die Zelle im Tabellenblatt. Sie müssen einen absoluten Bezug zu einer einzelnen Zelle eingeben. Sie können Zellbezüge aus mehreren Tabellenblättern eingeben, müssen dann jedoch den Blattnamen (z.B. Tabelle1!$B$3) angeben, wenn eine Arbeitsmappe mehrere Tabellenblätter enthält.

Feldname gibt das Datenbankfeld an, in das Daten aus der festgelegten Zelle kopiert werden. Wenn Sie eine neue Datenbank erstellen und sich die festgelegte Zelle unterhalb oder rechts von einer Beschriftung befindet, klicken Sie auf das Feld *Feldname*, um die Be-

Solution 2: Die Personalverwaltung und ihre Formulare

schriftung als Feldnamen einzugeben, oder geben Sie einen anderen Namen ein. Der Feldname muß den Konventionen für Feldnamen in der verwendeten Datenbank entsprechen. Haben Sie eine bereits vorhandene Datenbank gewählt, werden die Feldnamen aus der Datenbank automatisch angezeigt; diese Namen können nicht geändert werden.

- Klicken Sie auf *Weiter*.

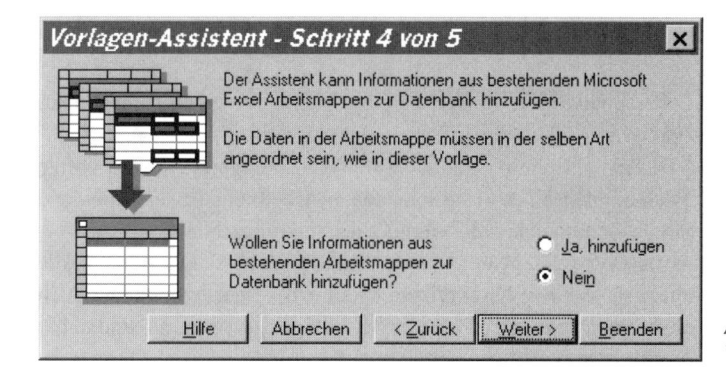

Abb. 71: Der Schritt 4 des Vorlagen-Assistenten

- Wählen Sie wiederum *Weiter*.

Nun meldet sich der Schritt 5 von 5, der Ihnen mitteilt, daß nun Vorlage und Datenbank erstellt worden sind.

- Den Schritt 5 können Sie mit *Beenden* übergehen, da wir die Datei nicht verschicken wollen. Jetzt können Sie die Personaldaten eingeben.

Die Daten sind nun in der Datei DATEN.XLS gespeichert.
Immer wenn Sie nun eine neue, auf der Vorlage PERSONALBOGEN basierende Datei erstellen, werden Sie beim Speichern gefragt, ob Sie einen neuen Eintrag in Ihrer Datenbank erstellen möchten.

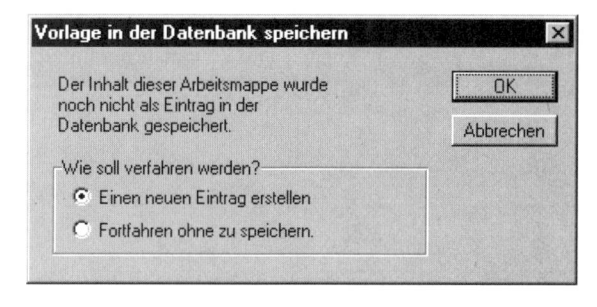

Abb. 72: Meldung beim Speichern eines neuen Dokuments

- Aktivieren Sie *Einen neuen Eintrag erstellen*.

Wenn Sie nun die Datei DATEN.XLS öffnen, sehen Sie, daß der neue Eintrag in diese Datei aufgenommen wurde.

	A	B	C	D	E	F	G	H
1	Vorname :	Nachname :	Straße:	Plz:	Ort:	☎	Beruf:	Geburtsdatu
2	Ignatz	Tätig	Hohe Warte 11	99999	Verlagshau	0999-54920	Drucktechniker	05.10.57
3	Werner	Schnell	Krummer Pfad 30	99999	Verlagshau	0999-45328	Vertriebsleiter	13.09.50
4	Susanne	Kummer	Gewinnerstraße 5	99999	Verlagshau	0999-59888	Betriebswirtin	11.10.65

Abb. 73: Ein Ausschnitt aus der Datenbank DATEN.XLS

Die Zeugnisse

Nachdem wir unsere erste Personalvorlage in Excel erstellt haben, wollen wir uns einmal an Word für Windows wagen.

Die Zeugnisformulierung ist bekanntlich kein einfaches Thema. Zeugnisse sind wichtige Dokumente, die für das Fortkommen eines ausgeschiedenen Arbeitnehmers entscheidend sind. Andererseits darf man natürlich auch den Zeugnisleser nicht täuschen.

Falls das Arbeitsverhältnis im Unfrieden beendet wurde, kann es auch schwierig sein, die Qualitäten des Arbeitnehmers sachlich zu beschreiben. Vielleicht ist der Arbeitgeber auch persönlich dadurch betroffen, einen schwer ersetzbaren Mitarbeiter zu verlieren, und daher nicht imstande, gerechte Formulierungen zu finden.

Eine gute Entscheidung ist daher auf jeden Fall eine regelmäßige Mitarbeiterbewertung als Zeugnisgrundlage. Diese muß natürlich über einen längeren Zeitraum hin erfolgen. Dies hat den entscheidenden Vorteil, daß augenblickliche Stimmungen oder der Zeitmangel des Zeugnisausstellers nicht so sehr ins Gewicht fallen.

Genaues zum Thema »Beurteilungen« finden Sie in unserer Solution 5.

Die Zeugnisprogrammierung

Außerdem ist es sinnvoll, das Zeugniswesen durch Texthandbücher und -bausteine zu systematisieren, denn nicht jeder kennt die »Geheimsprache«, nach der Zeugnisse ausgestellt und gelesen werden.

Passenderweise hat Ende letzter Woche der Drucktechniker Ignatz Tätig gekündigt und um ein Zeugnis gebeten, da er im Februar 1996 nach Bayern ziehen möchte. Unsere Frau Kummer nimmt das gleich zum Anlaß, die von Herrn Schlau gewünschte Zeugnisprogrammierung zu erstellen. Zunächst einmal das Zeugnis des Herrn Tätig:

Solution 2: Die Personalverwaltung und ihre Formulare 75

Fix & Schlau
Zeitschriftenverlag
99999 Verlagshausen

ZEUGNIS

Name:	Ignatz Tätig
Geburtstag:	5. Oktober 1957
Geburtsort:	Verlagshausen
Firmenzugehörigkeit:	1. März 1979 bis 31. Januar 1996
Berufsbezeichnung:	Drucktechniker
Abteilung:	Druckerei
Art der Tätigkeiten:	ab 1. März 1979 als Nachwuchsdrucker in der Druckerei,
	ab 1. Januar 1995 nach Fachhochschulreife und Technikerschule als Leiter der Druckerei

Herr Tätig kam nach seiner Druckerlehre als Anfänger zu uns und bekam Gelegenheit, die bei uns angewandten Druckverfahren (Offset- und Siebdruck) in verschiedenen Bereichen kennenzulernen. Er vervollständigte seine Ausbildung durch einen Besuch der Techniker-Abendschule und konnte deshalb als Abteilungsleiter übernommen werden.

- Auftragsterminplanung
- Einsatzplanung für die Mitarbeiter / Auftragsabwicklung
- Materialdisposition
- Kalkulations- und Angebotserstellung
- Kundenberatung und -pflege
- Qualitätssicherung

Durch sein engagiertes und durch große Einsatzfreude gekennzeichnetes Arbeiten gelang es ihm, die ihm gestellten Aufgaben zu unserer vollsten Zufriedenheit zu lösen. Besonders ausgezeichnet hat er sich durch seine selbständige und zielorientierte Arbeitsweise.

Herr Tätig verfügt über ausgezeichnete fachliche Kompetenz. Herr Tätig zeigt sich unseren Kunden gegenüber immer sehr freundlich und zuvorkommend. Seine schnelle Auffassungsgabe, Belastbarkeit und Flexibilität machten ihn zu einem wertvollen Mitarbeiter.

Seine Führung und charakterliche Haltung waren stets tadellos. Durch seine Hilfsbereitschaft und sein Interesse an allen Betriebsabläufen war er bei Vorgesetzten und Kollegen im Hause anerkannt und geschätzt.

Herr Tätig verläßt unser Unternehmen auf eigenen Wunsch. Wir danken ihm an dieser Stelle noch einmal für seine engagierte Mitarbeit und wünschen ihm alles Gute für seinen weiteren Lebensweg.

Verlagshausen, den 14.12.95

S. Kummer
....
Susi Kummer

Abb. 74: Das Zeugnis des Herrn Tätig

Zunächst wollen wir uns einmal eine Zeugnisvorlage erstellen.

Sie finden die hier vorgestellte Zeugnisvorlage auf der CD zum Buch:

Ordner: \PERSONAL\BEISPIEL
Datei: ZEUGNIS.DOT

Wählen Sie in Word für Windows den Befehl *Datei-Neu*. Sie sehen nun folgenden Dialog:

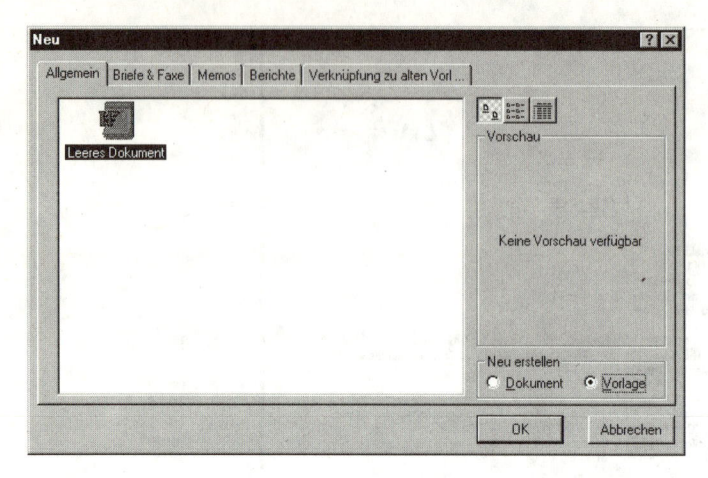

Abb. 75: Eine Vorlage erstellen

- Wählen Sie, wie abgebildet, im Register *Allgemein* die Vorlage *Leeres Dokument*, und aktivieren Sie die Checkbox *Vorlage*.
- Klicken Sie dann auf *OK*. Word für Windows öffnet nun ein neues, leeres Blatt.
- Öffnen Sie nun das Menü *Ansicht*, und aktivieren Sie *Layout*.
- Dann öffnen Sie noch einmal das Menü *Ansicht* und aktivieren *Kopf- und Fußzeile*. Die gleichnamige Symbolleiste wird eingeblendet.

Nun können Sie in die Kopfzeile Ihre Firmenbezeichnung und Ihr Firmenlogo einfügen.

- Für letzteres wählen Sie den Befehl *Einfügen-Grafik*. Nun suchen Sie sich die Grafik BUCH.WMF aus dem Office-Clipart-Verzeichnis heraus. Bestätigen Sie dann mit *OK*.
- Klicken Sie die Grafik an, und wählen Sie den Befehl *Einfügen-Positionsrahmen*.

Nun können Sie unser Firmenlogo auf dem Blatt frei verschieben und an der richtigen Stelle positionieren, wie das nächste Bild zeigt.

> **Tip:** Der Vorteil der Arbeit mit Kopf- und Fußzeile? Texte und Grafiken, die sich in der Kopf- oder Fußzeile befinden, erscheinen unverändert auf jedem neuen Blatt, das Sie an das Dokument anfügen.

Haben Sie die Arbeiten an der Kopfzeile abgeschlossen?

- Klicken Sie dann auf die Schaltfläche *Zwischen Kopf- und Fußzeile wechseln*. Dies ist die erste Schaltfläche Ihrer Symbolleiste *Kopf- und Fußzeile*.
- Nun befinden wir uns in der Fußzeile unserer neuen Vorlage. Klicken Sie auf die Schaltfläche *Seitenzahlen*. Dies ist die fünfte Schaltfläche der Symbolleiste.
- Danach klicken Sie auf die Schaltfläche *Schließen*. Nun werden Kopf- und Fußzeile wieder ausgeblendet und erscheinen grau unterlegt.

Solution 2: Die Personalverwaltung und ihre Formulare

Jetzt können wir darangehen, unser Zeugnisformular zu erstellen. Ich möchte Ihnen an diesem Beispiel exemplarisch und Schritt für Schritt erklären, wie Sie Formulare erstellen und damit umgehen können.

Tippen Sie zunächst folgendes:

```
                  Z·E·U·G·N·I·S¶
¶
¶
¶
Name:         →        ¶
Geburtstag:   →        ¶
Geburtsort:   →        ¶
Firmenzugehörigkeit: →¶
Berufsbezeichnung: →   ¶
Abteilung:    →        ¶
Art·der·Tätigkeiten: → ¶
¶
```

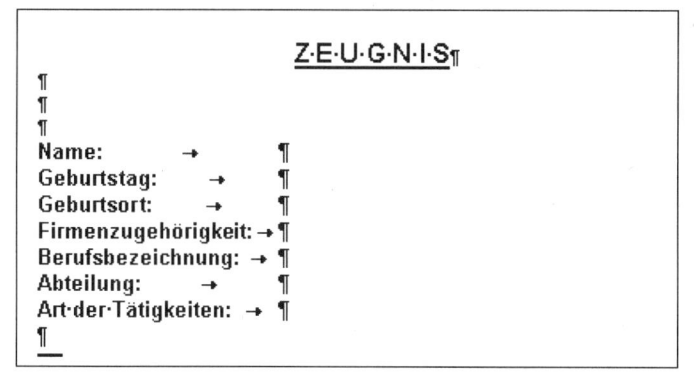

Abb. 76: Eingabe in das Zeugnisformular

Sie können für eine einheitliche Ausrichtung einen Tabulator setzen oder die untere Absatzmarke auf dem horizontalen Lineal mit der Maus fassen und nach rechts ziehen (`Umschalt` -Taste dazu drücken). Wenn Sie den Tabulator oder Einzug schon im ersten Absatz setzen, gilt er für alle neuen Absätze. Setzen Sie ihn nachträglich, müssen Sie alle Absätze markieren.

Abb. 77: Den Tabulator einrichten

Nun tippen Sie noch folgendes ein:

```
                  ZEUGNIS

Name:
Geburtstag:
Geburtsort:
Firmenzugehörigkeit:
Berufsbezeichnung:
Abteilung:
Art der Tätigkeiten:


Das Aufgabengebiet von  umfaßte schwerpunktmäßig folgende Bereiche:


Verlagshausen, den


................................
```

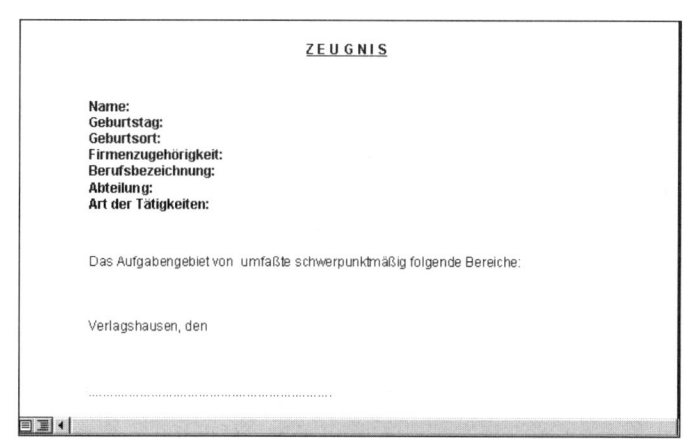

Abb. 78: Vervollständigen der Zeugnisvorlage

So, damit hätten wir einmal ein einfaches Zeugnisskelett erstellt. Wir wollen es aber bequemer haben. Hierfür gibt es in Word für Windows eine praktische Lösung:

▲ Stellen Sie zunächst Ihren Cursor dorthin, wo der Name eingegeben werden soll.

▲ Wählen Sie dann den Befehl *Einfügen-Formularfeld*.

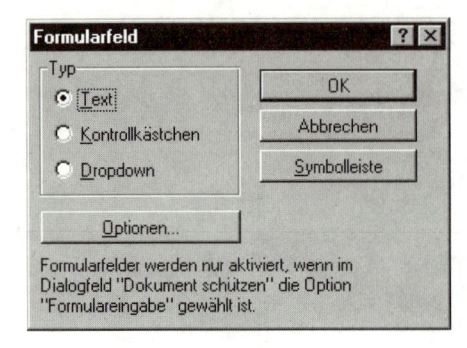

Abb. 79: Auswählen eines Text-Formularfeldes

Nun könnten Sie zwischen den drei Formularfeld-Typen auswählen.

▲ Da wir aber mehrere Formularfelder einfügen möchten, wollen wir es uns leichter machen und klicken daher auf die Schaltfläche *Symbolleiste*.

Nun erscheint zusätzlich die Symbolleiste *Formular*, die folgendermaßen aussieht:

Abb. 80: Die Symbolleiste Formular

Auf dieser Symbolleiste finden Sie alle Werkzeuge, die zum Erstellen von benutzerfreundlichen Formularen vonnöten sind.

▲ Wir klicken nun in unserem speziellen Fall auf das Symbol *Text-Formularfeld*. Das ist das erste Symbol der oberen Reihe.

▲ Verfahren Sie analog mit *Geburtstag, Geburtsort, Firmenzugehörigkeit, Berufsbezeichnung* und *Art der Tätigkeiten*.

Unser Formular sieht nun so aus:

Solution 2: Die Personalverwaltung und ihre Formulare 79

Abb. 81: Formular-Textfelder

Für den Punkt *Abteilung* denken wir uns etwas anderes aus. Da wir nur fünf Abteilungen haben, wollen wir hier mit einem Drop-down-Formularfeld arbeiten.

▲ Stellen Sie den Cursor an die Stelle, wo die Abteilung aufgeführt werden soll, und klicken Sie auf das Symbol *Drop-down-Formularfeld.* Dies ist das dritte Symbol der oberen Reihe.

▲ Nun wird das Formularfeld eingefügt. Doppelklicken Sie darauf. Es öffnet sich folgender Dialog:

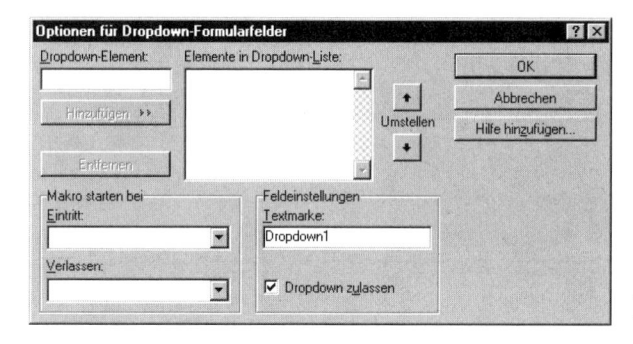

Abb. 82: Der Dialog zum Erstellen von Drop-down-Formularfeldern

▲ Tragen Sie unter Drop-down-Element nun unsere Abteilung *EDV* ein, und klicken Sie auf *Hinzufügen.*

▲ *EDV* erscheint nun in dem Feld *Elemente in der Drop-down-Liste.* Tippen Sie nun auch die übrigen vier Abteilungen ein, indem Sie nach jedem Eintrag auf *Hinzufügen* klicken.

So sollte unser Dialog nun aussehen:

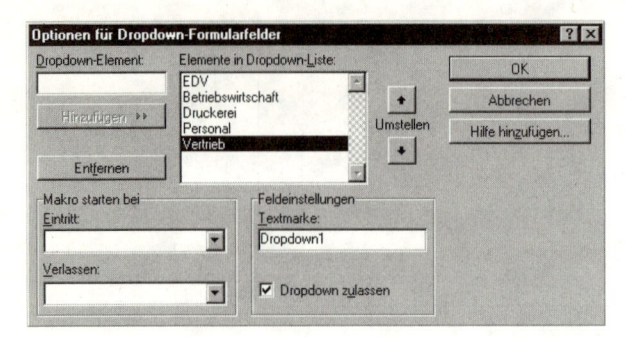

Abb. 83: Unsere Drop-down-Elemente

Das Feld sieht aber so gar nicht wie ein Drop-down-Feld aus? Nur noch einen kleinen Moment, gleich werden Sie sehen, wie's funktioniert.

▲ Fügen Sie die restlichen Text-Formularfelder wie folgt ein:

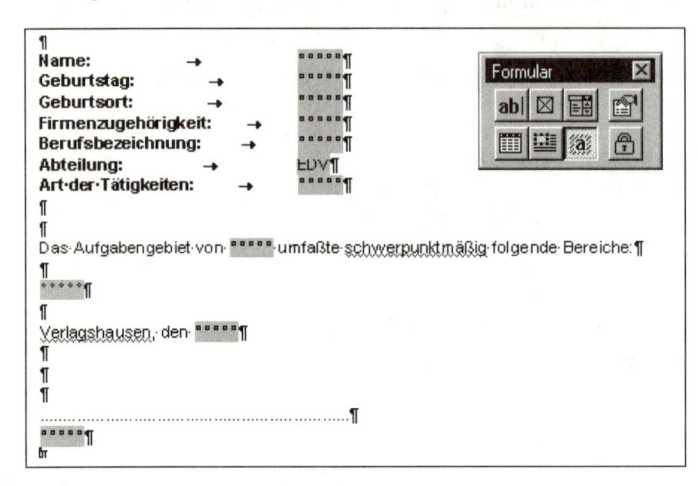

Abb. 84: Unser Zeugnisformular mit Formularfeldern

So, nun wollen wir unsere Vorlage so schützen, daß nur noch in die Formularfelder etwas eingegeben werden kann.

▲ Wählen Sie den Befehl *Extras-Dokument schützen*.

▲ Vergewissern Sie sich, daß, wie abgebildet, unter *Zulassen* die Checkbox *Formulareingabe* aktiviert ist. Sie können nun, wenn Sie möchten, ein Kennwort eingeben. Dann kann der Schutz nur mit der Eingabe des richtigen Kennwortes aufgehoben werden.

▲ Klicken Sie dann auf *OK*.

▲ Klicken Sie nun einmal auf das Drop-down-Feld *Abteilung*. Es sieht nun folgendermaßen aus:

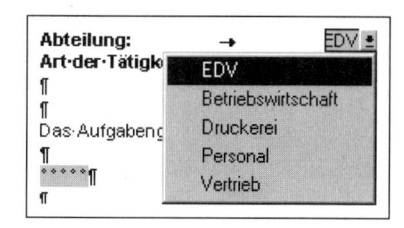

Solution 2: Die Personalverwaltung und ihre Formulare 81

Abb. 85: Das Drop-down-Feld Abteilung

Wir wollen das Zeugnis nun so abspeichern, daß wir es jederzeit als Vorlage abrufen können. Wie geht das?

- Wählen Sie den Befehl *Datei-Speichern*.
- Da Sie eine Vorlage erstellt haben, schlägt Word Ihnen selbsttätig vor, die neue Vorlage in dem Office-Vorlagenverzeichnis zu speichern. Wählen Sie hier den Unterordner *Personal*, den Sie ja bereits angelegt haben. Wenn nicht, können Sie es jetzt mit Klick auf das Ordner-Symbol *Neuen Ordner erstellen* tun.
- Wählen Sie jetzt den Befehl *Datei-Neu*. Sie sehen, es ist ein neues Register *Personal*, das die Vorlage *Zeugnis* enthält, angelegt worden.
- Wählen Sie die Zeugnisvorlage aus, und klicken Sie auf *OK*.

Wenn Sie nun mit dem neuen Dokument arbeiten möchten, merken Sie, daß Sie nur in die grau unterlegten Text-Formularfelder etwas eintippen können. Beim Drucken erscheinen die grauen Unterlegungen nicht.
Das ist doch schon eine schöne Arbeitserleichterung!
Nun gibt es aber, wie Sie sicherlich wissen, für Arbeitszeugnisse einen regelrechten »Code«. Mit diesem Code soll das Problem umgangen werden, daß – wie bereits oben angesprochen – einerseits dem Arbeitnehmer der weitere berufliche Lebensweg durch das Zeugnis nicht erschwert werden darf, andererseits doch bei der Wahrheit geblieben werden muß.
Daher nehmen viele Zeugnisschreiber ein Handbuch zur Hilfe, in dem die für bestimmte Leistungen üblichen Formulierungen genau beschrieben sind. Um es bequemer zu haben, wollen wir uns in unserem Word für Windows selber ein solches Handbuch erstellen.
Sehen Sie sich dazu einmal den folgenden Auszug aus einem Zeugnishandbuch an:

Bedeutung		Formulierung
Fachkenntnisse		
zufriedenstellend	30	Seine Fachkenntnisse waren zufriedenstellend.
gut	31	Seine Fachkenntnisse waren gut.
gut +	32	Seine Fachkenntnisse und seine Auffassungsgabe waren gut.
ausgezeichnet	33	Seine Fachkenntnisse waren ausgezeichnet.
ausgezeichnet +	34	Seine Fachkenntnisse und seine Auffassungsgabe waren ausgezeichnet.
Sonstiges		
Fortbildung	40	Er war immer bestrebt, sich weiterzubilden.

Diese Form der Bewertung wird nun natürlich auch für sämtliche anderen relevanten Kriterien angelegt, beispielsweise für das Verhalten gegenüber Mitarbeitern, für den Arbeitsstil, für das Verhalten gegenüber Kunden.

Mit der Grundlage eines solchen Texthandbuchs kann auch der ungeübte Zeugnisaussteller ein differenziertes, gerechtes und gut formuliertes Zeugnis ausstellen. Natürlich wird man bei der Beurteilung eines langjährigen oder hochqualifizierten Mitarbeiters lieber freie Formulierungen wählen, da bei einem solchen Mitarbeiter die angebotenen Textbausteine leicht zu allgemein gehalten sein können.

Wir legen einmal die oben abgebildete Tabelle zugrunde.

▲ Wählen Sie den Befehl *Datei-Öffnen*, und wählen Sie die soeben erstellte Vorlage ZEUGNIS.DOT aus, oder wählen Sie die Vorlage aus der Liste der zuletzt erstellten Dokumente. Sie finden diese Liste im vorletzten Abschnitt des Menüs *Datei*.

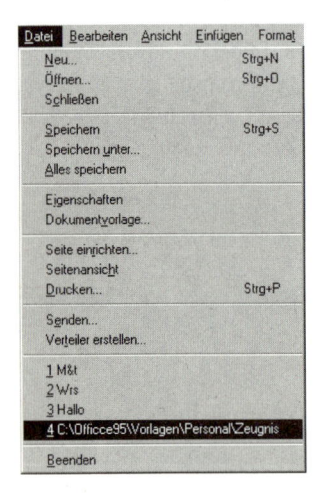

Abb. 86: Schnelles Öffnen unserer Zeugnisvorlage

Solution 2: Die Personalverwaltung und ihre Formulare 83

▲ Entfernen Sie den Schreibschutz, indem Sie *Extras-Dokumentschutz aufheben* wählen.
▲ Schreiben Sie nun den ersten Eintrag *Fachkenntnisse waren zufriedenstellend* irgendwo auf das Blatt. Lassen Sie das Wort *Seine* weg, da wir ja auch Mitarbeiterinnen beschäftigt haben. Diese Bezeichnung tippen Sie bei der Zeugniserstellung dann von Hand ein.
▲ Markieren Sie nun den gerade eingegebenen Eintrag, und wählen Sie den Befehl *Bearbeiten-AutoText*.
▲ Es öffnet sich der folgende Dialog:

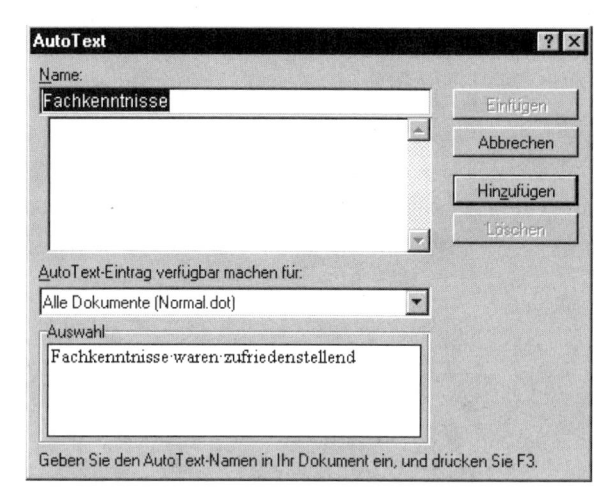

Abb. 87: Erstellen eines AutoText-Eintrags

▲ Sie sehen, Word übernimmt das erste Wort des Eintrags als Textbaustein-Name. Da wir aber mehrere Einträge zum Thema Fachkenntnisse erstellen möchten, überschreiben wir den Namen mit der Zahl *30*, wie in unserer Tabelle angegeben.
▲ Nun öffnen wir noch das Drop-down-Feld *AutoText-Eintrag verfügbar machen für*. Wählen Sie hier *Dokumente basierend auf Zeugnis* aus. Das bewirkt, daß die Textbausteine nur in Dokumenten verfügbar sind, die Sie über die Zeugnisvorlage erstellen.
▲ Klicken Sie abschließend auf *Hinzufügen*.

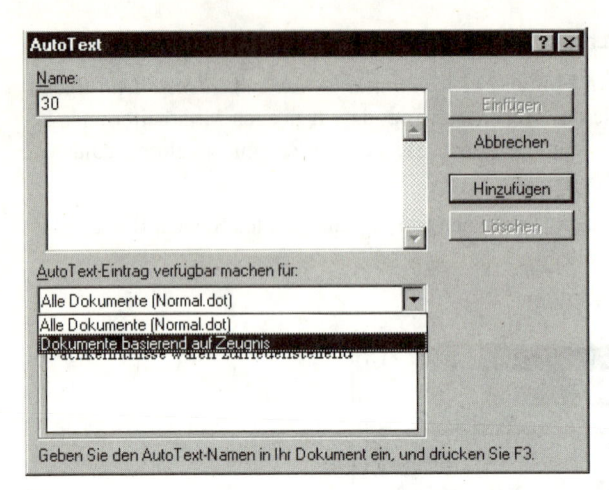

Abb. 88: Den AutoText für unsere Zeugnisvorlage verfügbar machen

Nun haben wir unseren ersten AutoText-Eintrag. Sie können ihn nun abrufen, indem Sie an der Stelle, wo Sie das Textelement einfügen möchten, *30* eintippen und dann die Taste F3 drücken.
Erstellen Sie nun auch die übrigen AutoText-Einträge zum Thema *Fachkenntnisse*.

Hinweis: Achten Sie beim Schließen des Dokumentes darauf, daß Word für Windows fragt, ob Sie die Änderungen in der ZEUGNIS.DOT speichern wollen. Erst wenn Sie diese Aufforderung mit *Ja* bestätig haben, werden die AutoText-Einträge auch in der ZEUGNIS.DOT gespeichert.

Auf diese Art können Sie sich ein komplettes Texthandbuch für die Erstellung von Zeugnissen anlegen. Wenn Sie nun ein Zeugnis erstellen müssen, rufen Sie dieses Handbuch auf bzw. drucken es sich aus, wählen die entsprechenden Textbausteinnummern und fügen diese in das Zeugnis ein.

Auf der CD finden Sie ein komplettes Texthandbuch für die Zeugnisformulierung, das Sie übernehmen oder ausbauen bzw. abändern können.

Ordner: \PERSONAL\BEISPIEL\FORMULARE
Datei: TEXTHAND.DOC

Tip: Beim Einfügen von Einträgen über die Taste F3 übernimmt Word auch die gespeicherten Formatierungen der Zeichen.
Möchten Sie den Eintrag unformatiert übernehmen, positionieren Sie die Einfügemarke im Dokument und rufen dann die Funktion *AutoText* über den Eintrag im Menü *Bearbeiten* auf.

Solution 2: Die Personalverwaltung und ihre Formulare

Etwas anderes können Sie gut verwenden, wenn Sie Formulare erstellen: WordBASIC-Makros.

Wie schreibe ich ein WordBASIC-Makro ?

Was ist ein Makro?

Wenn in Word für Windows immer wiederkehrende Arbeitsabläufe erforderlich sind, so ist es ratsam, diese zu automatisieren. Diese Aufgabe kann mit Hilfe eines Makros gelöst werden. Die einfachste Art der Makroerstellung ist die Aufzeichnung mit dem Makrorecorder. Man kann sich diesen wie einen Kassettenrecorder vorstellen, und wie dieser jeden Ton aufzeichnet, registriert der Makrorecorder alles, was der Anwender mit dem Programm macht. Wenn das Makro anschließend bearbeitet wird, stellt man fest, daß die einzelnen Aktionen in Befehle einer Programmiersprache namens WordBASIC umgewandelt wurden.

Ein kleiner Exkurs

In großen Texten, z. B. Arbeitsverträgen, muß öfters zwischen zwei Textstellen gewechselt werden. Hier sollen uns zwei Makros helfen. Das eine merkt sich die aktuelle Textstelle, und das andere steuert sie an.
Das geht so:

- Wählen Sie den Befehl *Extras-Makro*.
- Als Makronamen geben Sie *merke* ein.
- Nun wählen Sie *Aufzeichnen*. Es öffnet sich der Dialog *Makro aufzeichnen*.
- Klicken Sie auf *OK*.

Neben dem Mauszeiger ist nun eine kleine Musikcassette erschienen. Diese symbolisiert, daß Word für Windows gerade ein Makro aufzeichnet. Gleichzeit erscheint die Symbolleiste *Aufzeichnung* mit zwei Symbolen, die wie die Bedienelemente eines Kassettenrecorders aussehen.

- Wählen Sie jetzt *Bearbeiten-Textmarke,* und geben Sie als Namen der Textmarke *stand* ein.
- Wählen Sie dann *Hinzufügen*.
- Klicken Sie mit der Maus auf das Symbol *Beenden*. Dies ist die linke Schaltfläche der Symbolleiste, die aussieht wie eine Stopptaste.

Das Makro *merke* ist jetzt fertig.

- Das zweite Makro nehmen Sie wie das erste auf: Der Makroname lautet *springe*.

Während der Makroaufzeichnung führen Sie folgendes aus:

- Wählen Sie den Befehl *Bearbeiten-Gehe zu...*

▲ Es öffnet sich der gleichnamige Dialog. Markieren Sie unter *Gehe zu Element Textmarke* und unter *Textmarkennamen eingeben* stand.

▲ Klicken Sie anschließend auf die Schaltfläche *Gehe zu...*, dann auf *Schließen*.

▲ Nun beenden Sie die Makroaufnahme.

Wenn Sie sich nun die Makros mit dem Befehl *Extras-Makro-Bearbeiten* ansehen, sehen diese folgendermaßen aus:

```
Merke
Sub MAIN
    BearbeitenTextmarke .Name = "stand", .SortNach = 0, .Hinzufügen
End Sub

Springe
Sub MAIN
    BearbeitenGeheZu .Ziel = "stand"
End Sub
```

Einbinden der Makros in die Symbolleiste

▲ Wählen Sie *Ansicht-Symbolleisten-Anpassen,* und aktivieren Sie die Registerkarte *Symbolleisten*. Wählen Sie unter *Kategorien Makros* aus.

▲ Nun ziehen Sie mittels Drag & Drop das Makro *merke* auf eine freie Stelle auf dem Bildschirm. Eine neue Symbolleiste wird angelegt, und die Dialogbox *Benutzerdefinierte Schaltfläche* öffnet sich.

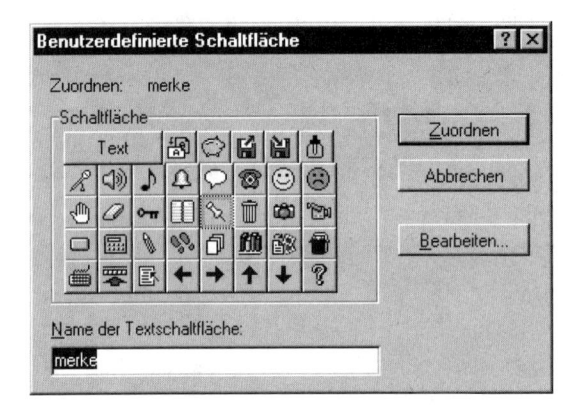

Abb. 89: Eine benutzerdefinierte Schaltfläche erstellen

▲ Zum Zuordnen eines Symbols zum Makro klicken Sie auf ein beliebiges Symbol des Auswahlfeldes und wählen *Zuordnen* und dann *Schließen*. Das so gewonnene Icon ziehen Sie nun auf die neue Symbbolleiste.

▲ Verfahren Sie in gleicher Weise mit dem *springe*-Makro.

Nun können Sie die Makros ausprobieren.

Solution 2: Die Personalverwaltung und ihre Formulare

Unsere Aufgabe: Eine benutzerdefinierte Hausmitteilung

Im vorigen Kapitel habe ich Ihnen erklärt, wie Sie diese Aufgabe mit Word für Windows 7.0 lösen. Ich weiß jedoch, daß es noch viele Anwender gibt, die mit Word für Windows 6.0 und Windows für Workgroups arbeiten – hier die Lösung unserer Aufgabe mit dieser Programmversion (die Vorgehensweise gilt natürlich auch für die neuere Version unter Windows 95).

Die Hausmitteilung erstellen

Sie finden die hier vorgestellte Word-für-Windows-Vorlage auf der CD zum Buch:

Ordner: \PERSONAL\BEISPIEL\FORMULARE
Datei: HAUSMIT.DOT

Als Beispiel erstellen wir einmal unsere Hausmitteilung in Word für Windows 6.0 und achten dabei auf unser Firmen-CI.

Um eine neue Vorlage, basierend auf einer vorhandenen Vorlage, zu erstellen, wählen Sie den Befehl *Datei-Neu* und markieren unter dem Listenfeld *Neu Vorlage*. Bestätigen Sie anschließend mit *OK*.

- Die Vorlage wird geöffnet. Dies sehen Sie auch in der Titelleiste, da hier jetzt nicht mehr *Dokument1*, sondern *Vorlage1* steht.

- Nehmen Sie nun Ihre Änderungen vor und speichern die Vorlage unter einem neuen Namen ab. Falls Sie die Vorlage unter dem gleichen Namen abspeichern wollen, werden Sie zuerst gefragt, ob Sie die vorhandene Datei ersetzen wollen.

Vorlage speichern

Wählen Sie den Befehl *Datei Speichern unter* und geben unter *Dateiname* den gewünschten Namen ein. Klicken Sie dann unter dem Listenfeld *Dateityp Dokumentenvorlage* an, falls im Feld *Dateiname* nicht schon standardmäßig *.DOT steht.

Wie Sie vielleicht schon bemerkt haben, können Sie beim Speichern einer Vorlage keine Verzeichnisse auswählen, da diese grau hinterlegt sind. Aus gutem Grund. Denn woher soll Word für Windows wissen, in welchem Verzeichnis es nach Vorlagen suchen soll? Sobald Sie also eine Vorlage speichern wollen, wird unter *Verzeichnisse* immer das Benutzer-Vorlagen-Verzeichnis vorgeschlagen.

Sollten Sie aus irgendeinem Grund einmal in einem anderen Verzeichnis speichern wollen, müssen Sie unter *Dateiname* den vollständigen Pfad eingeben, wie beispielsweise C:\WINWORD\VORLAGEN\BEISPIEL.DOT.

Einstellen der Vorlagen-Verzeichnisse

In Word für Windows 6.0 haben Sie die Möglichkeit, mit zwei Vorlagen-Verzeichnissen zu arbeiten, zum einen mit den Benutzer-Vorlagen und zum anderen mit den Arbeitsgruppen-Vorlagen.

Wie schon der Name sagt, sollten in dem Arbeitsgruppen-Vorlagen-Verzeichnis die Vorlagen gespeichert werden, die für alle Benutzer eines Netzwerks zur Verfügung stehen sollen. Das Benutzer-Vorlagen-Verzeichnis hingegen steht nur Ihnen zur Verfügung. Andere Benutzer haben hierfür keine Zugriffsrechte und können somit auch keine Ihrer Vorlagen verändern. Sie sollten hier deshalb auch kein Netzwerklaufwerk auswählen, sondern Ihre Festplatte.

- ▲ Um die Vorlagen-Verzeichnisse einzustellen, wählen Sie den Befehl *Extras-Optionen* und hier das Register *Dateiablage*.
- ▲ Klicken Sie nun unter *Dateiart* einmal *Benutzer-Vorlagen* an und betätigen die Schaltfläche *Ändern*. Es öffnet sich nun das Dialogfenster *Ablage bearbeiten*.

Wählen Sie nun unter *Verzeichnisse* und *Laufwerke* die gewünschten Einstellungen aus. Bestätigen Sie anschließend mit *OK*. Gehen Sie analog für das Arbeitsgruppen-Vorlagen-Verzeichnis vor.

Hinweis: Das Benutzer-Vorlagen-Verzeichnis hat immer Vorrang vor dem Arbeitsgruppen-Vorlagen-Verzeichnis. Wenn also eine Vorlage mit dem gleichen Namen in beiden Verzeichnissen vorkommt, gilt grundsätzlich die Vorlage, die im Benutzer-Vorlagen-Verzeichnis steht.

Arbeiten mit Textmarken

Nun müssen wir eine Textmarke definieren, und zwar dort, wo nachher unser Text stehen soll.

Diese können Sie mit dem Befehl *Bearbeiten-Textmarke* erstellen. Textmarken werden dazu verwendet, um markierten Text, Grafiken, Tabellen usw. zu kennzeichnen.

Geben Sie für den in Ihrem Dokument markierten Text einen Textmarkennamen an. Ein Textmarkenname muß mit einem Buchstaben beginnen. Der Name kann nur Buchstaben, Zahlen und das Unterstreichungszeichen (_) enthalten. Seine Länge darf 40 Zeichen nicht überschreiten, und das Leerzeichen darf nicht verwendet werden.

Globale AutoText-Einträge immer starten

Ein bißchen umständlich wäre es, Ihre Vorlagen jedesmal neu zu organisieren, wenn Sie Word für Windows starten. Diesen Aufwand können Sie umgehen, indem Sie folgendermaßen vorgehen:

Solution 2: Die Personalverwaltung und ihre Formulare 89

▲ Wählen Sie den Befehl *Extras-Optionen* und hier das Register *Dateiablage*.
▲ Klicken Sie dann unter *Dateiart AutoStart* an und betätigen die Schaltfläche *Ändern*.
▲ Suchen Sie nun Ihre HAUSMIT.DOT und bestätigen mit *OK*.

Wenn Sie nun Word für Windows starten, wird die HAUSMIT.DOT wie eine Art Bibliothek mitgestartet. Es ist nun nicht mehr nötig, Ihre Vorlagen nach jedem Start neu zu organisieren.

Nun noch ein Makro, um das Firmen-CI zu gewährleisten

Dieses Makro können Sie nicht aufzeichnen, Sie müssen es schreiben.

▲ Wählen Sie daher den Befehl Extras-Makro.
▲ Vergeben Sie den Namen *AutoNew*, und wählen Sie den Befehl *erstellen*.

Nun öffnet sich ein Blatt, auf dem Sie Ihr Makro schreiben können. Sie finden das *AutoNew*-Makro in der Datei HAUSMIT.DOT auf der Begleit-CD

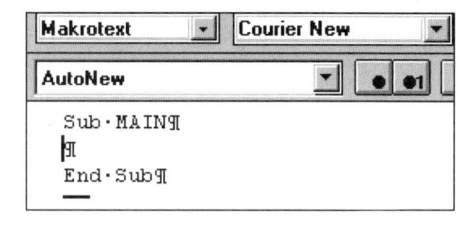

```
Sub MAIN

End Sub
```

Abb. 90: Das neue Makro

Führen Sie das Makro einmal aus. Sie sehen, daß nun eine Eingabemaske erstellt wurde. Das Makro spricht für sich selbst. Nur einige kurze Erklärungen: Mit *AutoNew* wird beim Starten das Makro aufgerufen und der benutzerdefinierte Dialog angezeigt. Die Dialogbox wird mit Variablen vorbelegt und nacher an der dafür definierten Textmarke eingefügt.
Wenn Sie für andere Vorlagen eine solche Eingabemaske erstellen möchten, öffnen Sie die entsprechende Vorlage und wählen den Befehl *Extras-Makro-Erstellen*. Nennen Sie das Makro jeweils *AutoNew*.
Dann können Sie das vorliegende Makro hineinkopieren und nach Ihren Wünschen abändern.
Wieder einmal würde es den Rahmen unseres Buches sprengen, wenn wir hier alle Formulare, die wir für unsere Personalverwaltung brauchen, genau beschreiben würden. Zum Glück haben wir ja unsere CD. Sie finden dort in dem Verzeichnis FORMULARE Formulare für die Stellenbeschreibung, den Arbeitsvertrag, die Hausmitteilung und die Arbeitsordnung, die Sie für Ihre Zwecke übernehmen bzw. modifizieren können. Alle Formulare sind auf die oben beschriebene Weise hergestellt worden.
Mit dem nun erworbenen Wissen sind Sie natürlich in der Lage, auch selber Formulare für Ihre Personalverwaltung zu erstellen.

Sie finden folgende Formulare auf der CD zum Buch:
Ordner: \PERSONAL\BEISPIEL\FORMULARE
Datei: Anstellungsvertrag: AVERTRAG.DOT
Arbeitsordnung: AORDNUNG.DOT
Stellenbeschreibung: STELLENB.DOT

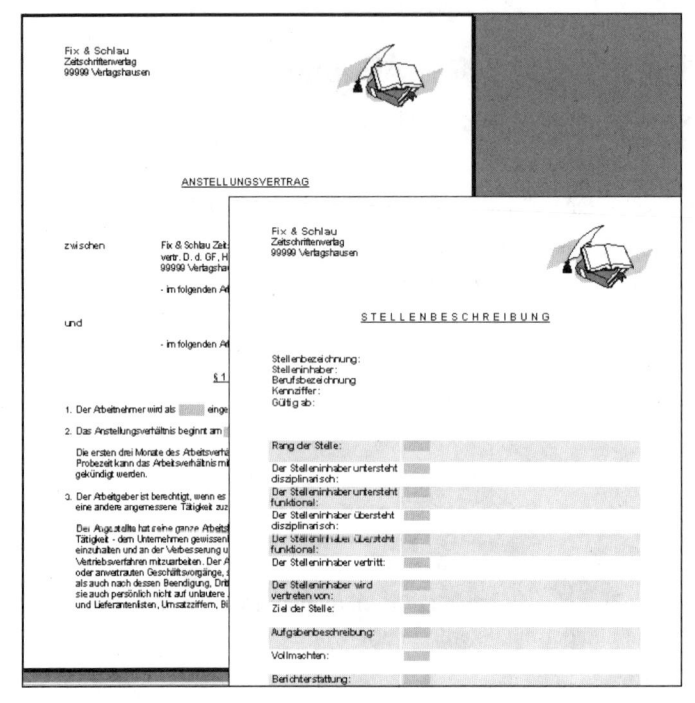

Abb. 91: Auch diese Formulare finden Sie auf der CD

Ein eigenes Menü

Natürlich könnten wir nun alle Vorlagen über *Datei-Neu*, Register *Personal* aufrufen. Herrn Schlau ist das aber noch nicht genug. Ihm ist das alles noch zu umständlich; er möchte die Vorlagen lieber per Knopfdruck oder per Menü aufrufen. Außerdem möchte er auch die Hausschrift der Fix & Schlau auf diese Weise zuweisen können. Um die Sache zu vervollständigen, soll sich »auf Knopfdruck« das Firmenlogo einfügen lassen.

Frau Kummer macht sich an die Arbeit. Sie möchte zunächst ein neues Menü *Personal* erstellen.

Zunächst müssen wir einige kleine Makros erstellen.

▲ Wie in unserem kleinen Exkurs beschrieben, wählen Sie zunächst den Befehl *Extras-Makro aufzeichnen...*

Solution 2: Die Personalverwaltung und ihre Formulare　　　　　　　　　　　　91

- Nennen Sie das Makro *Hausmitteilung*.
- Wählen Sie nun den Befehl *Datei-Neu*. Wechseln Sie in das Register *Personal*, und klicken Sie auf die Zeugnisvorlage.
- Sobald sich das neue Dokument geöffnet hat, können Sie das Makro beenden.

Nun haben wir ein Makro erstellt, das ein neues Dokument, basierend auf unserer Zeugnisvorlage, anlegt.

- Erstellen Sie nun für alle Personalvorlagen ein Makro.

Im nächsten Schritt werden wir für alle diese Makros einen Menüpunkt anlegen.

- Wählen Sie den Befehl *Extras-Anpassen*, und aktivieren Sie das Register *Menüs*.
- Klicken Sie auf die Schaltfläche *Menüleiste...*
- In dem Dialog *Menüleiste anpassen* vergeben Sie unter *Name in der Menüleiste* den Namen *Personal*.
- Unter *Position in der Menüleiste* können Sie bestimmen, an welcher Stelle das neue Menü *Personal* erscheinen soll.

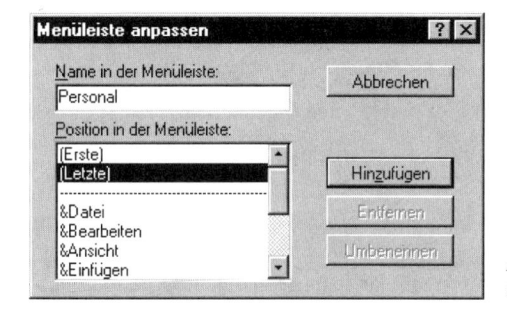

Abb. 92: So legen Sie fest, an welcher Stelle das neue Menü erscheinen soll

- Klicken Sie nun auf *Hinzufügen*, dann auf *Schließen*, damit Sie sich wieder in dem Dialog *Anpassen* befinden.

Nun können wir beginnen, die einzelnen Menüpunkte für unser Menü *Personal* festzulegen.

- Dazu wählen Sie unter *Kategorie Makros*. Daraufhin werden im rechten Feld alle vorhandenen Makros aufgelistet.
- Wählen Sie das Makro *Hausmitteilung*, und klicken Sie auf *Hinzufügen*.
- Wählen Sie nun das Makro *Zeugnis*. Unter *Position im Menü* können Sie festlegen, in welcher Reihenfolge die Menüpunkte angeordnet werden sollen.

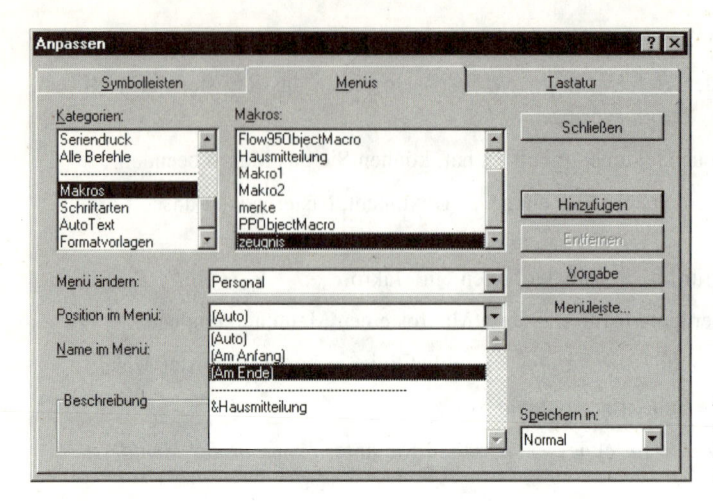

Abb. 93: So legen Sie fest, an welcher Stelle der neue Menüpunkt erscheinen soll

▲ Klicken Sie wieder auf *Hinzufügen*.

Wenn Sie alle Makros zugewiesen haben, möchten wir auch die Hausschrift als Menüpunkt zuweisen. Unsere Firma verwendet die Schrift Arial.

▲ Wählen Sie unter *Kategorie Schriftarten* und unter *Schriftarten Arial* aus.

▲ Geben Sie als *Name im Menü Hausschrift* ein, und klicken Sie auf *Hinzufügen*.

Um das Logo schnell einfügen zu können, schreiben wir wieder ein kleines Makro.

▲ Wählen Sie *Extras-Makro aufzeichnen*.

▲ Nennen Sie das Makro *Logo*.

▲ Wählen Sie nun den Befehl *Einfügen-Grafik*, und suchen Sie aus dem Office-Clipart-Verzeichnis die Grafik BUCH.WMF heraus.

▲ Klicken Sie dann auf *OK*, und beenden Sie das Makro.

▲ Fügen Sie auch das Makro *Logo* auf die beschriebene Weise Ihrer Menüleiste hinzu.

So sieht unser Menü *Personal* nun aus:

Abb. 94: Das neue Menü

Wenn Sie lieber mit Schaltflächen arbeiten, kreieren Sie nun eine Personal-Symbolleiste. Dies geht genauso einfach wie das Anlegen eines Menüs:
- Wählen Sie den Befehl *Ansicht-Symbolleisten...*
- Klicken Sie auf die Schaltfläche *Neu*.
- Es öffnet sich der Dialog *Neue Symbolleiste*. Tragen Sie den Namen *Personal* ein, und klicken Sie auf *OK*.

Nun sehen Sie den Dialog *Anpassen*. Gleichzeitig wird die neue, noch leere Symbolleiste links oben in Ihrem Word-Fenster angelegt.
- Wählen Sie nun unter Kategorie wieder *Makro* aus.
- Klicken Sie auf *Hausmitteilung,* und halten Sie die Maustaste gedrückt.
- Ziehen Sie nun den leeren Schaltflächenrahmen, der sich an der Maus gebildet hat, auf die neue Symbolleiste *Personal*.
- Lassen Sie die Maustaste dann los.

Nun öffnet sich der oben abgebildete Dialog *Benutzerdefinierte Schaltfläche*.
- Da wir eine Textschaltfläche erzeugen wollen, klicken wir auf *Zuordnen*.
- Verfahren Sie analog mit den übrigen Vorlagen-Makros.

Der Schaltfläche *Logo* wollen wir keinen Text, sondern ein Symbol zuweisen.
- Nachdem Sie das Makro auf die Symbolleiste gezogen haben, suchen Sie sich daher ein passendes Symbol aus, klicken darauf und dann auf *Zuweisen*.
- Wenn Sie mit Ihrer Symbolleiste zufrieden sind, klicken Sie auf *Schließen*.

So sieht die Symbolleiste *Personal* dann aus:

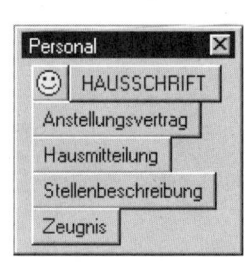

Abb. 95: Die neue Symbolleiste

Sie können sie nun über den Befehl *Ansicht-Symbolleisten* wie jede andere Symbolleiste verwalten.
So erstellen Sie sämtliche Vorlagen und können entscheiden, ob Sie Ihre Vorlagen nur textorientiert (Zeugnisse, Hausmitteilungen usw.) bearbeiten wollen (dann verwenden Sie Word für Windows), oder ob Sie Ihre Vorlagen rechenorientiert benötigen (Reiseabrechnung, Lohnkostenkalkulation). Dann ist Excel das richtige Programm. Und wenn

Sie die Daten speichern wollen, arbeiten Sie mit dem Vorlagenassistenten, der die Daten in eine interne Excel-Datenbank oder eine externe Access-Datenbank ausgibt.

Mit dem Menü- und dem Symbolleisteneditor können Sie Ihren Anwendungen schließlich ein professionelles Aussehen verleihen. Ich habe die Vorgehensweise für Word für Windows beschrieben, aber in Excel funktioniert sie ganz genauso.

Solution 3: Die Alters- und Gehaltsstruktur

Abb. 96: Unsere Aufgabe

Das Problem

Unsere Frau Susanne Kummer soll nun ein Tabellenblatt erstellen, aus dem der Chef, Herr Schlau, sofort sieht, wie die Altersstruktur und die Gehaltsstruktur der Mitarbeiter aussehen. Es soll so einfach zu bedienen sein, daß lediglich einmal im Jahr die Tarife eingegeben werden müssen. Das Personal soll auf komfortable Weise eingegeben oder gelöscht werden können, und die Tabelle soll eine schöne Grafik enthalten, aus der die Altersstruktur ersichtlich wird – auch im Jahr 2000.

Diese Aufgabe zu meistern, und zwar in Excel, so denkt Schlau, der ja schon durch die Höhen und Tiefen dieser Anwendung gegangen ist, wird sie wohl nicht schaffen. Eine Datenbank automatisch zu erweitern – das geht nicht, hat man Schlau gesagt. Aber Susanne Kummer, Excel-Expertin, hat in dem Seminar »Business Solutions« bei Helmut Reinke und Ignatz Schels gelernt, wie so etwas zu machen ist.

Fassen wir das Problem zusammen

- Wie errechne ich die Gehälter?
- Wie erstelle ich eine Altersstruktur?
- Wie legen wir einen Bereich dynamisch fest?

Das ist die Lösung

Sie finden die hier vorgestellte Lösung auf der CD zum Buch:

Ordner: \PERSONAL\BEISPIEL
Datei: Übungstabellen: GEHALT.XLS
fertige Lösungen: SOLU3.XLS

Unserer Frau Kummer liegen die Personaldaten in Excel vor, und zwar im Arbeitsblatt URDATEN.

Berechnung des Gehalts anhand der Tarifgruppe und des internen Firmenzuschlags

Die Firma Fix & Schlau hat ihre Mitarbeiter in Tarifgruppen eingeteilt und zahlt je nach Zugehörigkeit in der Firma einen Prozentaufschlag zum Tarifgehalt. Die Daten der Tarifgruppe liegen in dem gesonderten Arbeitsblatt TARIFGRUPPE und die Zuschlagsätze in dem Arbeitsblatt ZUSCHLAGLISTE vor.

Aus diesen Werten soll unsere Frau Kummer die Gehaltsstrukturberechnung sowie eine Altersstruktur erstellen. Nun, wie erledigen wir diese Aufgabe?

In dem Blatt URDATEN haben wir noch keine Berechnungen vorgenommen. Lediglich die Zahlenformate der Tarifgruppe, der Betriebszugehörigkeit und des Alters sind vorbereitet.

▲ Um das Zahlenformat für die Tarife festzulegen, aktivieren Sie zunächst das Arbeitsblatt TARIFGRUPPE und markieren dann die Zellen A4:A13.

▲ Wählen Sie den Befehl *Format-Zellen* und aktivieren das Register *Zahlen*.

▲ Wählen Sie unter *Kategorie Benutzerdefiniert*.

▲ Geben Sie dann folgendes benutzerdefiniertes Zahlenformat ein:

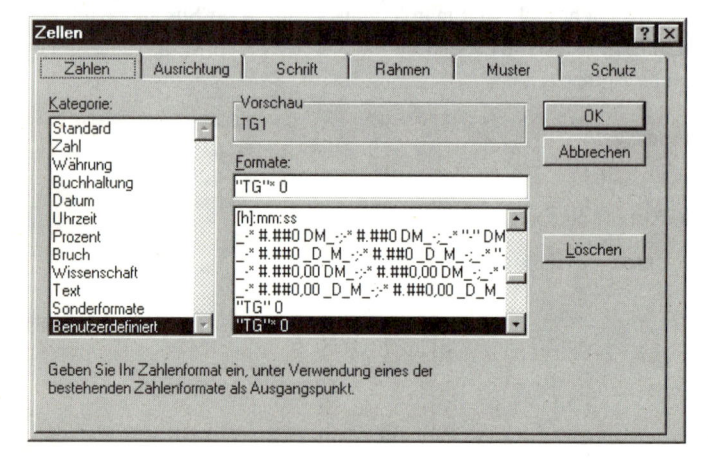

Abb. 97: Ein benutzerdefiniertes Zahlenformat

Solution 3: Die Alters- und Gehaltsstruktur

▲ Klicken Sie dann auf *OK*.

Das Zahlenformat für die Betriebszugehörigkeit legen Sie folgendermaßen fest:

▲ Aktivieren Sie das Tabellenblatt ZUSCHLAGLISTE, und markieren Sie die Zelle A4. Sie bekommt folgendes Format:

0 "Jahre"

▲ Nun markieren Sie die Zellen A5:A9.

▲ Weisen Sie dem Bereich folgendes Zahlenformat zu:

"bis"*0 "Jahre"

Nachdem wir diese Zahlenformate festgelegt haben, verstehen Sie sicherlich schon etwas vom Prinzip des benutzerdefinierten Zahlenformats: Zeichen, die Sie in »Gänsefüßchen« setzen, erscheinen unverändert in jeder Zelle. * füllt das nächste Zeichen, in unserem Fall das Leerzeichen, bis zur nächsten Ziffer aus.

Speichern Sie die Datei vorsichtshalber unter einem anderen Namen ab, damit Sie notfalls auf die Urdaten wieder zurückgreifen können.

Eine wichtige Vorarbeit – Namen vergeben!

In meinen Kursen predige ich immer wieder, mit Namen zu arbeiten. Dies möchte ich hier einmal als erstes tun.

▲ Ich gehe dazu in das Arbeitsblatt ZUSCHLAGSLISTE und gebe dem Bereich A4:B9 den Namen *Zuschlag*, indem ich den Bereich markiere und dann in das Namensfeld *Zuschlag* hineinschreibe.

ZUSCHLAG ▼	=
A	**B**
4	0 Jahre	0,0%
5	bis 3 Jahre	4,0%
6	bis 8 Jahre	10,0%
7	bis 12 Jahre	15,0%
8	bis 15 Jahre	11,0%
9	bis 25 Jahre	10,0%

Abb. 98: *Namen vergeben*

▲ Als nächstes geben wir auf die gleiche Weise den Zellen A4:B13 des Tabellenblattes TARIFGRUPPE den Namen *Tarif*.

Die Königs-Funktion von Excel: Bereich verschieben

Im folgenden möchte ich Ihnen etwas erklären, was sehr wichtig ist. Passen Sie gut auf, Sie können es immer wieder gebrauchen. Ich zeige Ihnen nun, wie Sie einen dynamischen Datenbankbereich festlegen. Hiermit setzen wir ein Sahnehäubchen obendrauf:

In Excel 4.0 gab es noch die Funktion *Datenbank festlegen*. Ab Excel 5.0 hat man diese Option einfach weggelassen, denn jetzt sucht sich Excel seinen Datenbankbereich (Liste) selbst. Dies hat einen Nachteil:
Markieren Sie einmal in einer Liste eine einzelne Zelle, und wählen Sie dann den Befehl *Daten-Sortieren*.
Wunderbar – Excel verwendet die gesamte Liste als Datenbank.
Fügen Sie nun jedoch eine Leerzeile in die Liste ein, sieht die Sache ganz anders aus: Excel sieht nur den Bereich bis zur Leerzeile als Datenbank an.
Wir können dieses Problem auf elegante Weise umgehen.
Gehen Sie dazu bitte folgendermaßen vor:

▲ Markieren Sie in Ihrem Tabellenblatt URDATEN die Zelle A1 und geben ihr den Namen *ANFANG*.

▲ Klicken Sie einmal auf den Spaltenkopf der Spalte A. Damit haben Sie die gesamte Spalte markiert. Geben Sie der Spalte A nun den Namen *Zeilen*.

▲ Nun markieren Sie die Zeile 1, indem Sie auf den Zeilenkopf 1 klicken, und geben der Zeile den Namen *Spalten*.

Zum besseren Verständnis schreiben Sie nun einmal in eine freie Zelle die Formeln

=ANZAHL2(spalten)
=ANZAHL2(zeilen)

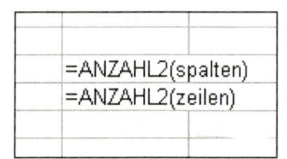

Abb. 99: Die Formeln...

Wenn Sie das Arbeitsblatt nicht verändert haben, müßten Sie nun folgendes Ergebnis erhalten:

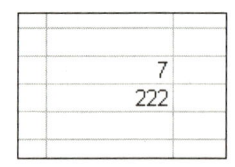

7
222

Abb. 100: ... und die dazugehörige Berechnung

Das bedeutet, daß mein Arbeitsblatt insgesamt 222 Zeilen und 7 Spalten hat. Diese beiden Zahlen werden in unserem nächsten Befehl eine gewichtige Rolle spielen.
Nun aber die Königin-Funktion von Excel, ein Schmankerl für jeden Excel-User: Die Funktion *Bereich verschieben*.

Solution 3: Die Alters- und Gehaltsstruktur

Die Syntax der Funktion lautet:

BEREICH.VERSCHIEBEN(Bezug; Zeilen; Spalten; Höhe; Breite)

Bezug ist der Bezug, der als Ausgangspunkt des Verschiebevorgangs dienen soll, bei uns die Zelle A1, der wir den Namen Anfang gegeben haben.

Zeilen ist die Anzahl der Zeilen, um die Sie die obere linke Eckzelle des Bereichs nach oben oder nach unten verschieben wollen. Bei uns ist das die Funktion ANZAHL2(ZEILEN), denn dort steht ja, wieviele Zeilen beschrieben sind.

Spalten ist die Anzahl der Spalten, um die Sie die obere linke Eckzelle des Bereichs nach links oder rechts verschieben wollen, bei uns die Funktion ANZAHL2(SPALTEN).

Jetzt wollen wir einen dynamischen Datenbank-Bereich festlegen.

▲ Hierzu rufen wir das Menü *Einfügen-Namen festlegen* auf. Füllen Sie den Dialog so aus:

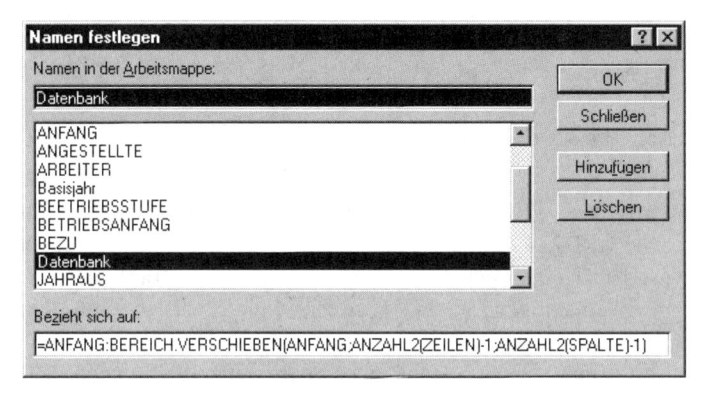

Abb. 101: Eine dynamische Datenbank festlegen

Dieser dynamische Name markiert immer den aktuellen Bereich und vergibt den Namen *Datenbank*.

=ANFANG:BEREICH.VERSCHIEBEN(ANFANG;ANZAHL2(ZEILEN)-1; ANZAHL2(SPALTE)-1)

Nun testen wir einmal, ob das stimmt. Rufen Sie den Befehl *Gehe zu* aus dem *Bearbeiten-*Menü auf. Es erscheint der gleichnamige Dialog. Tippen Sie in das Feld *Bezug* den Namen *Datenbank* ein.

▲ Klicken Sie dann auf *OK*.

Sie sehen, der Bereich der Datenbank wird ausgewählt, obwohl er nicht in der Namensliste steht.

Fügen Sie nun einmal am Ende der Datenbank eine Zeile hinzu und füllen Sie sie aus. Sie sehen, in unserer kleinen Testberechnung erscheint nun nicht mehr die Zeilenanzahl 222, sondern 223. Wählen Sie nun wiederum den Befehl *Bearbeiten-Gehe zu-Datenbank*.

Durch den dynamischen Bezug wird wieder die gesamte Liste, nun bis Zeile 224, ausgewählt.

Sie sehen: Egal, in welche Richtung Sie Ihre Tabelle ausweiten, Excel erkennt sie von nun an immer als Datenbank.

Super, diese Funktion, oder?

Die Gehaltsberechnung nach Tarifgruppen – ein leichtes mit dem SVERWEIS

Nun haben wir die Vorarbeit geleistet und wollen an die eigentliche Rechenarbeit gehen.

- Klicken Sie in die Zelle H1 Ihrer Tabelle URDATEN, und schreiben Sie *Gehalt* hinein.
- Klicken Sie nun auf die Zelle E1 und dann auf den Formatpinsel auf der Standard-Symbolleiste.

Abb. 102: Der Formatpinsel

- Wenn Sie nun wieder auf die Zelle H1 klicken, werden die Formate, also der Schriftschnitt und die Grauschattierung, aus der Zelle E1 übernommen.

Da wir die Tarife für die einzelnen Tarifgruppen ja bereits in der Tabelle TARIFGRUPPE erfaßt und in unserer Tabelle URDATEN eine Spalte mit der Tarifgruppe des jeweiligen Mitarbeiters haben, müßte es doch eigentlich eine Möglichkeit geben, die Tarife auf einfache Weise in die Spalte H einzufügen? Diese Möglichkeit bietet uns die Funktion SVERWEIS.

Die Funktion SVERWEIS prüft, ob die erste Spalte einer Matrix einen bestimmten Wert enthält, und liefert dann den Wert, der in der angegebenen Zelle steht (verwenden Sie WVERWEIS, wenn Ihre Vergleichswerte in einer Zeile stehen).

Die Syntax der Funktion lautet:

SVERWEIS(Suchkriterium; Matrix; Spaltenindex; Bereich_Verweis)

Suchkriterium   ist der Wert, nach dem Sie in der ersten Spalte der Matrix suchen. Suchkriterium kann ein Wert, ein Bezug oder eine Zeichenfolge (Text) sein.

Matrix   ist die Informationstabelle, in der Daten gesucht werden. Verwenden Sie einen Bezug auf einen Bereich oder einen Bereichsnamen, wie z.B. "Datenbank" oder "Liste".

Solution 3: Die Alters- und Gehaltsstruktur 101

Bereich_Verweis Ist Bereich_Verweis gleich WAHR, müssen die in der ersten Spalte von Matrix stehenden Werte in aufsteigender Reihenfolge angeordnet sein: ..., -2, -1, 0, 1, 2, ... , A-Z, FALSCH, WAHR, andernfalls liefert SVERWEIS eventuell ein falsches Ergebnis. Ist Bereich_Verweis gleich FALSCH, ist es nicht notwendig, daß die Werte sortiert vorliegen. Sie können die Werte in aufsteigende Reihenfolge bringen, indem Sie den Befehl Sortieren aus dem Menü Daten wählen und dann die Option "Aufsteigend" aktivieren. Die in der ersten Spalte von Matrix stehenden Werte dürfen Zeichenfolgen (Texte), Zahlen oder Wahrheitswerte sein. Zeichenfolgen (Texte), die sich nur bezüglich der Schreibweise (Klein-/Großbuchstaben) unterscheiden, werden als gleich angesehen.

Spaltenindex ist die Nummer der Spalte in der Mehrfachoperationsmatrix, aus der der übereinstimmende Wert geliefert werden soll. Ein Spaltenindex von 1 liefert den Wert, der in der ersten Spalte von Matrix steht; ein Spaltenindex von 2 liefert den Wert, der in der zweiten Spalte von Matrix steht usw. Ist Spaltenindex kleiner als 1, liefert SVERWEIS den Fehlerwert #WERT!, ist Spaltenindex größer als die Anzahl der zu Matrix gehörenden Spalten, liefert SVERWEIS den Fehlerwert #BEZUG!.

Bereich_Verweis ist ein Wahrheitswert, der angibt, wie die zu Matrix gehörenden Werte sortiert sind. Ist Bereich_Verweis gleich WAHR oder nicht angegeben, müssen die Werte, die die erste Spalte von Matrix bilden, in aufsteigender Reihenfolge vorliegen. Ist Bereich_Verweis gleich FALSCH, spielt es keine Rolle, in welcher Reihenfolge die zu Matrix gehörenden Werte angeordnet sind.

Hinweis: Kann die Funktion SVERWEIS den als Suchkriterium angegebenen Wert nicht finden, liefert sie den bezüglich Suchkriterium nächstkleineren Wert. Ist das Suchkriterium kleiner als der kleinste der Werte, die die erste Spalte von Matrix bilden, liefert SVERWEIS den Fehlerwert #NV.
Kann die Funktion SVERWEIS den als Suchkriterium angegebenen Wert nicht finden und ist Bereich_Verweis gleich FALSCH, liefert SVERWEIS den Fehlerwert #NV.

▲ In die Zelle H2 schreiben Sie nun die Formel
=SVERWEIS(C2;TARIF;2)

Im Klartext: Suche mir die Zahl 2 (das ist die Tarifgruppe) in der ersten Spalte meines Bereichs *TARIF,* und gib mir dann den Wert der zweiten Spalte aus dem Tariflohn.

- Kopieren Sie die Formel nach unten, indem Sie auf das Ausfüllkästchen der Zelle H2 klicken. Das Ausfüllkästchen ist das kleine Quadrat rechts unten an der markierten Zelle.

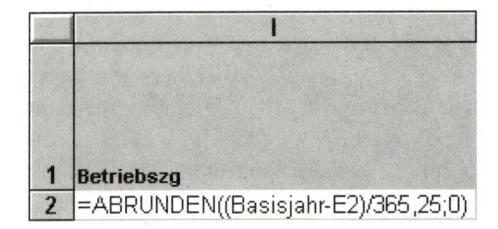

Errechnen der Betriebszugehörigkeit

Nun müssen wir noch die Betriebszugehörigkeit der Mitarbeiter ausrechnen, und zwar immer zum Ende eines Jahres.

- Hierzu wollen wir uns zunächst eine Hilfstabelle anlegen. Schreiben Sie folgendes hinein:

	A	B
1	Basisjahr	01.01.95

Abb. 103: Eintrag in die Hilfstabelle

- Dem Datum 01.01.95 geben wir den Namen BASISJAHR.
- Nun wechseln wir in unser Tabellenblatt URDATEN und beschriften die Zelle I1 mit *Betriebszugehörigkeit*.
- In der Zelle I2 berechnen wir das abgerundete Jahr der Betriebszugehörigkeit mit der Formel

	I
1	Betriebszg
2	=ABRUNDEN((Basisjahr-E2)/365,25;0)

Abb. 104: Berechnen der Betriebszugehörigkeit

Das sind die vollen Jahre, die der Mitarbeiter im Unternehmen Fix & Schlau tätig ist.

- Nun weisen wir noch das Zahlenformat *0»Jahre«* zu.
- Wieder ein Doppelklick auf das Ausfüllkästchen, und fertig ist auch dieser Schritt.
- Nun berechnen wir das Bruttogehalt mit der Formel:

	J
1	Bruttogehalt
2	=SVERWEIS(I2;ZUSCHLAG;2)*H2+H2

Abb. 105: Berechnen des Bruttogehalts

Solution 3: Die Alters- und Gehaltsstruktur 103

Diese Formel berechnet den (Zuschlagsatz*Gehalt)+Gehalt. Die Funktion SVERWEIS, mit der wir den Zuschlagsatz errechnen, verstehen Sie ja nun. Trotzdem noch einmal zur Verdeutlichung:
Unser Suchkriterium ist die Betriebszugehörigkeit, denn danach richtet sich der Zuschlag. Die Betriebszugehörigkeiten und die entsprechenden Zuschläge finden wir in der Tabelle Zuschlagliste. Wir haben dort den Bereich *ZUSCHLAG* genannt. Damit haben wir schon unsere Matrix, in der gesucht werden soll, und es soll der Wert der zweiten Spalte zurückgegeben werden.

▲ Ein Doppelklick nach unten, und schon ist auch dies erledigt.

▲ Formatieren Sie die neu angelegten Spalten so, wie Sie es vorher gelernt haben.

Nun wollen wir noch das Alter unserer Mitarbeiter – ebenfalls nach dem Basisjahr – berechnen, da es ja variabel sein soll.

▲ Verwenden Sie hierzu die Formel

	K
1	Alter
2	=ABRUNDEN((Basisjahr-D2)/365,25;0)

Abb. 106: Berechnen des Alters

Schauen Sie sich doch noch einmal mit dem Befehl *Bearbeiten-Gehe Zu* den Datenbank-Bereich an. Dieser wurde nun automatisch erweitert.

▲ Geben Sie dem Tabellenblatt den Namen PERSONALDATEN.

	A	B	C	D	E	F	G	H	I	J	K
	Personaldaten Fix & Schlau										
	-vertraulich-										
1	PNR	Name	Tarif	G-Datum	E-Datum	Aufgabe	Werk	Gehalt	Betriebszugel	Bruttogehalt	Alter
2	221	Eckert	TG	4	03.11.43	05.05.78	Monteur	München	2.589,00 DM	51 Jahre	3.236,25 DM	51 Jahre
3	220	Karg	TG	2	25.11.32	11.10.59	Drucker	Verlagshausen	2.212,00 DM	62 Jahre	2.765,00 DM	62 Jahre
4	219	Böckle	TG	1	19.11.46	27.07.73	Verkäufer	Hamburg	1.890,00 DM	48 Jahre	2.362,50 DM	48 Jahre
5	218	Grün	TG	8	27.02.43	05.05.79	Verkäufer	Verlagshausen	4.500,00 DM	51 Jahre	5.625,00 DM	51 Jahre
6	217	Ballermann	TG	5	24.02.61	07.11.92	Packer	Verlagshausen	3.052,00 DM	33 Jahre	3.815,00 DM	33 Jahre
7	216	Bäcker	TG	7	02.05.63	20.09.95	Drucker	München	3.980,00 DM	31 Jahre	4.975,00 DM	31 Jahre
8	215	Mauer	TG	8	22.01.43	03.01.80	Drucker	München	4.500,00 DM	51 Jahre	5.625,00 DM	51 Jahre
9	214	Sachse	TG	10	13.05.54	26.11.78	Kaufmann	Hamburg	5.200,00 DM	40 Jahre	6.500,00 DM	40 Jahre
10	213	Neu	TG	9	23.11.33	01.09.54	Drucker	Hamburg	4.812,00 DM	61 Jahre	6.015,00 DM	61 Jahre
11	212	Spitz	TG	10	15.01.52	24.01.83	Verkäufer	Verlagshausen	5.200,00 DM	42 Jahre	6.500,00 DM	42 Jahre
12	211	Walke	TG	2	09.02.35	23.06.70	Drucker	München	2.212,00 DM	59 Jahre	2.765,00 DM	59 Jahre
13	210	Kommer	TG	9	01.06.46	23.03.72	Kaufmann	Köln	4.812,00 DM	48 Jahre	6.015,00 DM	48 Jahre
14	209	Kempel	TG	6	29.09.59	03.05.85	Lagerist		3.542,00 DM	35 Jahre	4.427,50 DM	35 Jahre
15	208	Besser	TG	9	05.10.56	22.06.95	Verkäufer	München	4.812,00 DM	38 Jahre	6.015,00 DM	38 Jahre
16	207	Reinke	TG	9	12.10.47	12.09.85	Kaufmann	Verlagshausen	4.812,00 DM	47 Jahre	6.015,00 DM	47 Jahre
17	206	Kettenring-Jörg	TG	1	06.07.35	09.01.57	Drucker	Hamburg	1.890,00 DM	59 Jahre	2.362,50 DM	59 Jahre
18	205	Salzer	TG	9	19.10.50	02.05.77	Drucker	Verlagshausen	4.812,00 DM	44 Jahre	6.015,00 DM	44 Jahre
19	204	Knapp	TG	2	20.05.31	26.01.72	Drucker	Köln	2.212,00 DM	63 Jahre	2.765,00 DM	63 Jahre
20	203	Lang	TG	9	30.06.44	06.05.66	Verkäufer	Verlagshausen	4.812,00 DM	50 Jahre	6.015,00 DM	50 Jahre
21	202	Fischer	TG	6	18.07.49	09.12.89	Lagerist	Hamburg	3.542,00 DM	45 Jahre	4.427,50 DM	45 Jahre
22	201	Habenichts	TG	8	29.05.60	26.10.87	Drucker	München	4.500,00 DM	34 Jahre	5.625,00 DM	34 Jahre
23	200	Engels	TG	10	31.05.54	12.06.84	Verkäufer	München	5.200,00 DM	40 Jahre	6.500,00 DM	40 Jahre
24	199	Melskotte	TG	2	26.01.46	29.04.81	Drucker	München	2.212,00 DM	48 Jahre	2.765,00 DM	48 Jahre

Abb. 107: Die Tabelle PERSONALDATEN

Unsere Berechnung ist nun fertig. Wir müssen nur noch an die Auswertung gehen.

Die variable Altersstrukturanalyse

Um die Altersstruktur herauszufinden, bedienen wir uns der Funktion HÄUFIGKEIT.

▲ Erstellen Sie zunächst ein neues Tabellenblatt, das Sie ALTERSSTRUKTUR nennen.

▲ Geben Sie die folgenden Werte (aber nur die Zahlen!) ein:

	A	B
1	Alterstruktur	
2	Fix & Schla	
3	Altersstufe	Anzahl
4	bis 25 Jahre	
5	bis 35 Jahre	
6	bis 45 Jahre	
7	bis 55 Jahre	
8	bis 60 Jahre	
9	bis 63 Jahre	
10	älter	

Abb. 108: Eingabe in das Tabellenblatt ALTERSSTRUKTUR

▲ Passen Sie dann das Zahlenformat wie folgt an:

`"bis"0 "Jahre"`

Wie das genau geht, habe ich Ihnen ja schon oben beschrieben.

▲ Markieren Sie dann die Zellen A4:A9, und geben Sie ihnen den Namen ALTERSSTUFE.

Jetzt müssen wir noch den Bereich der Tabelle, in der das Alter steht, dynamisch machen. Wir wollen ja, daß die Daten automatisch angepaßt werden können, wenn ein neuer Mitarbeiter hinzukommt oder ein Mitarbeiter das Unternehmen verläßt.

▲ Deshalb gebe ich der Zelle K1 unseres Tabellenblattes PERSONALDATEN den Namen ALTERANFANG.

▲ Nun wähle ich den Befehl *Einfügen-Namen-Festlegen,* und dann gebe ich folgendes ein, um einen dynamischen Namen zu generieren:

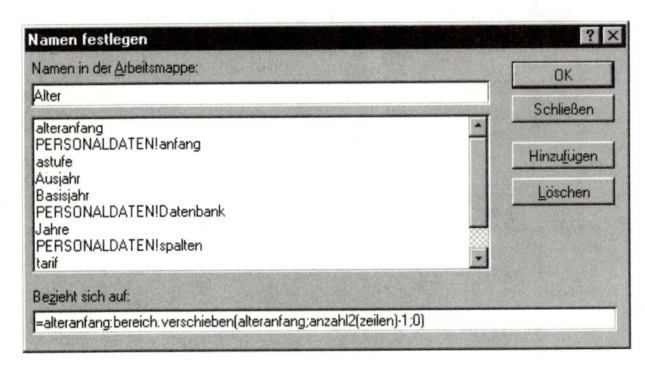

Abb. 109: Einen weiteren dynamischen Namen festlegen

Zum Test können Sie nun wieder den Befehl *Bearbeiten-Gehe* zu wählen und *Alter* eingeben. Sie sehen, die ausgefüllten Zellen der Spalte K werden markiert.

Die Funktion Häufigkeit

Nun setzen wir die Funktion HÄUFIGKEIT ein.
Die Funktion liefert eine Häufigkeitsverteilung als einspaltige Matrix. Für eine gegebene Wertemenge und eine gegebene Anzahl an Klassen (oder Intervallen) wird bei einer Häufigkeitsverteilung gezählt, wieviele Werte in die einzelnen Intervalle fallen.
Die Syntax der Funktion lautet:

HÄUFIGKEIT(Daten;Klassen)

wobei

Daten einer Matrix oder einem Bezug auf eine Wertemenge, deren Häufigkeiten Sie zählen möchten, entspricht (bei uns ist das der dynamische Name *ALTER*).

Klassen die als Matrix oder Bezug auf einen Zellbereich eingegebenen Intervallgrenzen, nach denen Sie die in Daten befindlichen Werte einordnen möchten, sind (bei uns der Bereich *ALTERSSTUFE*).

▲ Markieren Sie den Bereich B2:B8, geben Sie die Formel

=HÄUFIGKEIT(ALTER;ALTERSSTUFE)

ein, und drücken Sie nun unbedingt die Tastenkombination ⌈Strg⌉+⌈Shift⌉+⌈Enter⌉, um eine Array-Formel zu erstellen.

▲ Dann berechnen Sie die Gesamtanzahl der Mitarbeiter mit der Formel

=SUMME(B2:B8)

oder, indem Sie einfach auf die Summe-Schaltfläche Σ klicken.

Sie erhalten folgendes Ergebnis:

	A	B
1	Altersstufe	Anzahl
2	bis 25 Jahre	4
3	bis 35 Jahre	31
4	bis 45 Jahre	55
5	bis 55 Jahre	68
6	bis 60 Jahre	37
7	bis 63 Jahre	24
8	älter	2
9	**Gesamt**	221

Abb. 110: Berechnen der Mitarbeiteranzahl

Nun wollen wir noch den Prozent-Anteil und den kumulierten Anteil darstellen. Gehen Sie hierzu folgendermaßen vor:

▲ Berechnen Sie den %-Anteil mit den Formeln:

	A	B	C
1	Alterstruktur der Fi		
2	Fix & Schlau		
3	Altersstufe	Anzahl	% Anteil
4	bis 25 Jahre	0	=B4/$B$11
5	bis 35 Jahre	19	=B5/$B$11
6	bis 45 Jahre	46	=B6/$B$11
7	bis 55 Jahre	60	=B7/$B$11
8	bis 60 Jahre	32	=B8/$B$11
9	bis 63 Jahre	26	=B9/$B$11
10	älter	37	=B10/$B$11
11	Gesamt	220	

Abb. 111: Berechnen des Prozent-Anteils

Die absoluten Bezüge stellen Sie her, indem Sie nach Eingabe des Bezugs auf [F4] drücken.

▲ Formatieren Sie die Zellen im Prozentformat.

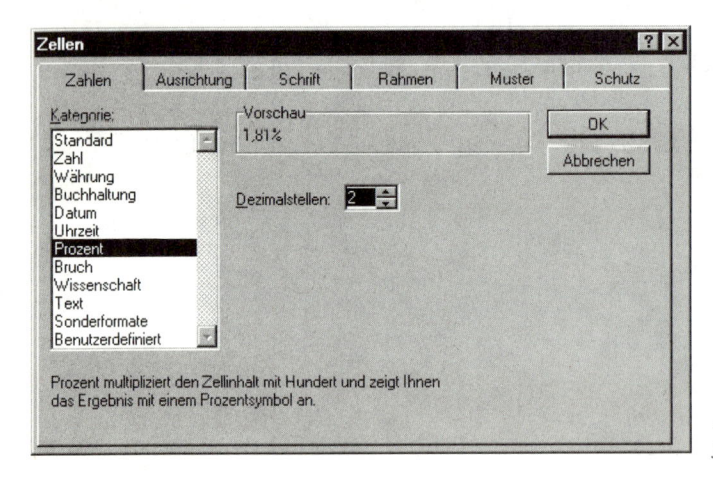

Abb. 112: Prozentformat festlegen

Sie erhalten folgendes Ergebnis:

Solution 3: Die Alters- und Gehaltsstruktur   107

	A	B	C
1	Alterstruktur der Fir		
2	Fix & Schlau		
3	Altersstufe	Anzahl	% Anteil
4	bis 25 Jahre	0	0,00%
5	bis 35 Jahre	19	8,64%
6	bis 45 Jahre	46	20,91%
7	bis 55 Jahre	60	27,27%
8	bis 60 Jahre	32	14,55%
9	bis 63 Jahre	26	11,82%
10	älter	37	16,82%
11	Gesamt	220	

Abb. 113: Unsere Altersstruktur

Nun wollen wir dazu noch eine Grafik erstellen, um die Altersstruktur im Jahr 1995 zu sehen.

- Markieren Sie dazu die Zellen A1:B8. Halten Sie dann die Shift-Taste gedrückt, und markieren Sie auch die Zellen D1:D8.
- Wählen Sie nun den Befehl *Einfügen-Diagramm-Auf dieses Blatt*.
- Es öffnet sich der Schritt 1 des Diagramm-Assistenten. Bestätigen Sie mit *OK*.
- Im zweiten Schritt wählen Sie den Diagrammtyp *Verbund* aus. Bestätigen Sie dann mit *Weiter*.
- Im Schritt 3 wählen Sie das AutoFormat 2.
- Der Schritt 4 sollte folgendermaßen aussehen:

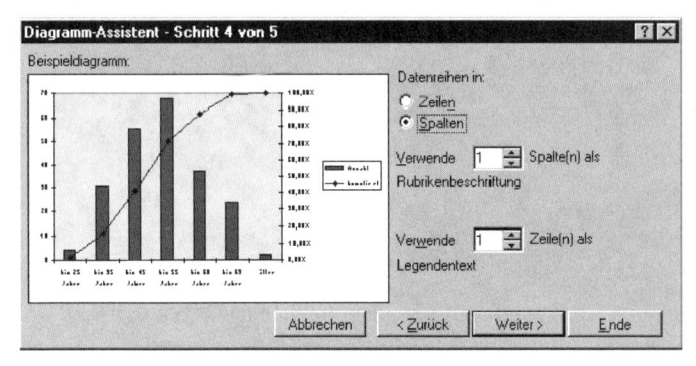

Abb. 114: Der Schritt 4 des Diagramm-Assistenten

- Fügen Sie im letzten Schritt Legende, Diagramm- und Achsentitel hinzu. Bestätigen Sie mit *Ende*.
- Formatieren Sie das Diagramm nach Ihren Wünschen (in den nächsten Kapiteln werden Sie mehr darüber lernen).

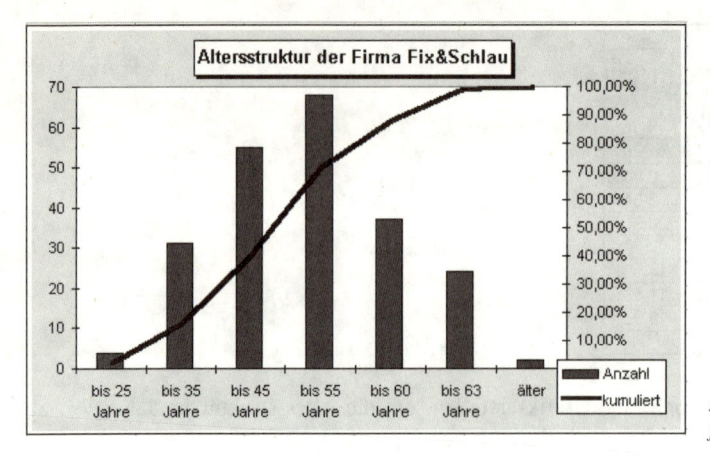

Abb. 115: Unser formatiertes Diagramm

Unsere Altersstruktur im Jahr 2000

Nun kommt der Clou: Wie wird unsere Struktur im Jahr 1997 aussehen? Oder im Jahr 2000? Können wir auch das in unserem Diagramm darstellen? Aber ja. Führen Sie dazu die folgenden Schritte aus:

▲ Öffnen Sie zunächst Ihre Hilfstabelle, und erweitern Sie sie wie folgt:

	A	B
1	Basisjahr	01.01.95
2	Ausgabe Jahre	1
3	1	1995
4	2	1996
5	3	1997
6	4	1998
7	5	1999
8	6	2000
9	7	2001
10	8	2002

Abb. 116: Die Hilfstabelle

▲ Markieren Sie dann die Zelle B2, und geben Sie ihr den Namen *JAHRAUS*.

▲ Markieren Sie die Zellen A3:B10, und geben Sie dem Bereich den Namen *JAHRE*.

▲ In unsere Zelle *BASISJAHR* (B1) geben wir nun folgende Formel ein:

=SVERWEIS(JAHRAUS;JAHRE;2)

Die Sache ist klar: Geben wir nun beispielsweise in die Zelle *JAHRAUS* die Zahl 8 ein, so verändert sich unser Basisjahr in 2002 usw. Wozu uns das nützlich sein wird, werden Sie gleich sehen. Vorher jedoch etwas anderes: Wir haben nun doch recht viele Namen vergeben, und leicht könnte man den Überblick verlieren (wenn Sie allerdings nicht mit Namen

Solution 3: Die Alters- und Gehaltsstruktur 109

gearbeitet hätten, dann wäre das zweifellos schon längst passiert). Anstatt zu Bleistift und Papier zu greifen, um sich die Namen und die dazugehörigen Bezüge aufzunotieren, probieren Sie doch einmal den folgenden Tip aus:

Tip: Um sich alle in einer Datei vorhandenen Namen auflisten zu lassen, wählen Sie den Befehl *Einfügen-Namen-Einfügen*. Klicken Sie dann auf die Schaltfläche *Liste einfügen*.

	G	H	I	J	K	L	M	N
14	Alter	=ALTERANFANG:BEREICH.VERSCHIEBEN(ALTERANFANG;ANZAHL2(ZEILEN);0)						
15	ALTERANFAN(	=PERSONALDATEN!$K$1						
16	Altersstufe	=ALTERSSTRUKTUR!$A$4:$A$9						
17	ANFANG	=PERSONALDATEN!$A$1						
18	ANGESTELLTE	=Hilfstabelle!$H$1:$H$2						
19	ARBEITER	=Hilfstabelle!$G$1:$G$2						
20	Basisjahr	=ZUSCHLAGSLISTE!$B$12						
21	BEETRIEBSST	=ALTERSSTRUKTUR!$F$4:$F$9						
22	BETRIEBSANF	=PERSONALDATEN!$I$1						
23	BEZU	=BETRIEBSANFANG:BEREICH.VERSCHIEBEN(BETRIEBSANFANG;ANZAHL2(ZEILEN);0)						
24	Datenbank	=ANFANG:BEREICH.VERSCHIEBEN(ANFANG;ANZAHL2(ZEILEN)-1;ANZAHL2(SPALTE)-1)						
25	JAHRAUS	=ZUSCHLAGSLISTE!$B$13						
26	JAHRE	=ZUSCHLAGSLISTE!$D$12:$D$19						
27	JAHRESLISTE	=ZUSCHLAGSLISTE!$C$12:$D$19						
28	JAHRLISTE2	=ZUSCHLAGSLISTE!$C$12:$D$19						
29	SPALTE	=PERSONALDATEN!$1:$1						
30	TARIF	=TARIFGRUPPE!$A$4:$B$13						
31	ZEILEN	=PERSONALDATEN!$A:$A						
32	ZUSCHLAG	=ZUSCHLAGSLISTE!$A$4:$B$9						

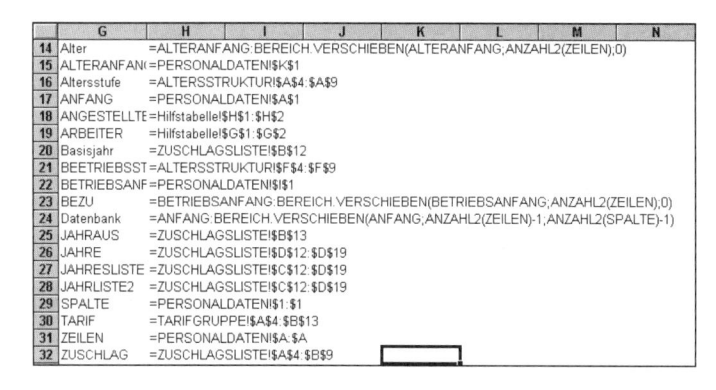

Abb. 117: Namen auflisten

Arbeiten mit Dialogen – ganz einfach

▲ Wählen Sie den Befehl *Ansicht-Symbolleisten,* und aktivieren Sie die Dialog-Symbolleiste.

▲ Klicken Sie nun auf die Schaltfläche Drop-down.

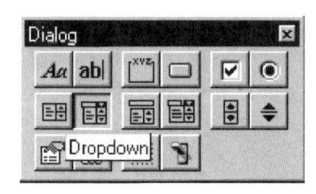

Abb. 118: Die Schaltfläche Drop-down

▲ Ziehen Sie nun ein Drop-down-Feld auf.

Tip: Halten Sie während des Aufziehens die [Alt]-Taste gedrückt, dann wird das Dialogfeld genau an die Zellgröße angepaßt.

▲ Klicken Sie mit der rechten Maustaste auf das Drop-down-Feld, woraufhin sich ein Kontextmenü öffnet.

▲ Wählen Sie aus diesem Kontextmenü den Befehl *Objekt formatieren...* .

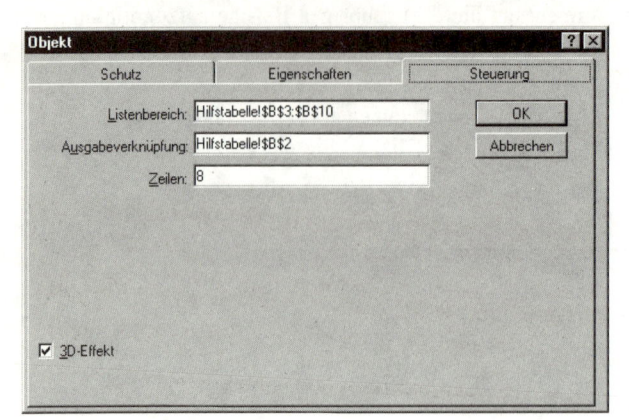

▲ Es öffnet sich der Dialog *Objekt*, den Sie wie folgt formatieren:

Abb. 119: Der Dialog Objekt

Zur Erklärung: Der Zellbezug im Feld *Listenbereich* gibt die Werte an, die Sie nachher aus dem Drop-down-Feld auswählen können. Bei uns sind das die Jahre 1995 bis 2002.
Über das Feld *Ausgabeverknüpfung* verknüpfen Sie den Wert des markierten Elements mit einer Zelle, bei uns ist das unsere Zelle *JAHRAUS*.
Schon fertig. Wenn Sie jetzt einmal auf den Pfeil des Drop-down-Feldes klicken, können Sie die gewünschte Jahreszahl auswählen, und gleichzeitig ändern sich Tabellenblatt und Diagramm.

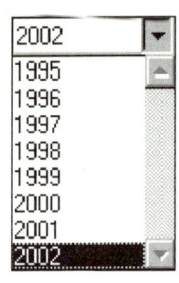

Abb. 120: Unser Drop-down-Feld

Die Betriebszugehörigkeit – unser Motivationsbarometer

Neben dem Alter unserer Mitarbeiter wollen wir natürlich auch sehen, wie es sich denn mit der Betriebszugehörigkeit zu der Firma Fix & Schlau verhält. Im vorigen Kapitel habe ich Ihnen ja schon erklärt, wie man mit der Funktion HÄUFIGKEIT eine solche Struktur aufbaut. Genauso habe ich das nun mit der Betriebszugehörigkeit gemacht.

Solution 3: Die Alters- und Gehaltsstruktur 111

▲ Erweitern Sie also die Tabelle im Arbeitsblatt ALTERSSTRUKTUR folgendermaßen:

	F	G	H	I
1	Betriebszugehörigkeit	Anzahl	% Anteil	kumuliert
2	bis	5 Jahre		
3	bis	8 Jahre		
4	bis	10 Jahre		
5	bis	15 Jahre		
6	bis	20 Jahre		
7	bis	25 Jahre		
8	mehr			

Abb. 121: Das Arbeitsblatt ALTERSSTRUKTUR

▲ Markieren Sie dann die Zellen F4:F10, und geben Sie ihnen den Namen *BETRIEBS-STUFE*.

▲ Und wieder legen wir einen dynamischen Namen fest: Wechseln Sie in die Tabelle URDATEN, und geben Sie der Zelle I1 den Namen *BETRIEBSANFANG*.

▲ Wählen Sie nun den Befehl *Einfügen-Namen-Festlegen*.

▲ Legen Sie den Namen *BEZU* fest, und geben Sie in das Feld *Bezieht sich auf* folgendes ein:

=BETRIEBSANFANG:BEREICH.VERSCHIEBEN(BETRIEBSANFANG;ANZAHL2(ZEILEN);0)

▲ Geben Sie nun in die Zellen G2:G8 eine Arrayformel ein:

{=HÄUFIGKEIT(BEZU;BETRIEBSSTUFE)}.

Wichtig: Abschließend die Tastenkomination [Strg]+[Umschalt]+[Eingabe] drücken.

▲ Geben Sie dann in die übrigen Spalten folgende Formeln ein:

	F	G	H	I
1	Betriebszugehörigkeit	Anzahl	% Anteil	kumuliert
2	bis 5 Jahre	36	=G2/$B$9	=H2
3	bis 8 Jahre	27	=G3/$B$9	=I2+H3
4	bis 10 Jahre	11	=G4/$B$9	=I3+H4
5	bis 15 Jahre	28	=G5/$B$9	=I4+H5
6	bis 20 Jahre	26	=G6/$B$9	=I5+H6
7	bis 25 Jahre	41	=G7/$B$9	=I6+H7
8	mehr	52	=G8/$B$9	=I7+H8

Abb. 122: Die Formeln

So sieht unsere Tabelle nach der Formatierung aus:

	A	B	C	D	E	F	G	H	I
1		Alterstruktur der Firma							
2		Fix & Schlau						Basisjahr	01.01.2000
3		Altersstufe	Anzahl	% Anteil	kumuliert	Betriebszugehörigkeit		Anzahl	% Anteil	kumuliert
4	bis 25 Jahre	0	0,00%	0,00%	bis	5 Jahre	19	8,60%	8,60%
5	bis 35 Jahre	19	8,60%	8,60%	bis	8 Jahre	8	3,62%	12,22%
6	bis 45 Jahre	46	20,81%	29,41%	bis	10 Jahre	9	4,07%	16,29%
7	bis 55 Jahre	60	27,15%	56,56%	bis	15 Jahre	38	17,19%	33,48%
8	bis 60 Jahre	33	14,93%	71,49%	bis	20 Jahre	28	12,67%	46,15%
9	bis 63 Jahre	26	11,76%	83,26%	bis	25 Jahre	26	11,76%	57,92%
10	älter	37	16,74%	100,00%	mehr		93	42,08%	100,00%
11	Gesamt	221							

Abb. 123: Unsere fertige Tabelle

Als nächstes will ich Ihnen zeigen, wie Sie ein »Betriebszugehörigkeitsbarometer« als Kreisdiagramm erstellen.

▲ Markieren Sie die Zellen F3:G10.

▲ Wählen Sie dann den Befehl *Einfügen-Diagramm-Auf dieses Blatt*.

Der Mauszeiger verwandelt sich nun in ein Kreuz mit einem kleinen Diagramm daneben.

▲ Ziehen Sie auf Ihrem Tabellenblatt ein Rechteck in der gewünschten Diagrammgröße auf.

▲ Sobald Sie die Maustaste loslassen, öffnet sich der Diagramm-Manager. Zunächst erscheint der Schritt 1 auf dem Bildschirm.

▲ Übergehen Sie diesen mit *Weiter*, da wir den Zellbereich ja schon vorher ausgewählt haben.

▲ Im Schritt 2 werden Sie aufgefordert, einen Diagrammtyp auszuwählen. Wählen Sie das Kreisdiagramm.

▲ Bestätigen Sie mit *Weiter*.

▲ Wählen Sie im Schritt 3 das AutoFormat 7 aus, und klicken Sie auf *Weiter*.

▲ Bestätigen Sie den Schritt 4 mit *Ende*.

So, nun erscheint Ihr Diagramm auf dem Tabellenblatt.

▲ Doppelklicken Sie nun auf das Diagramm, um es zu öffnen.

▲ Markieren Sie dann den Diagrammtitel, und überschreiben Sie ihn mit *% verteilte Betriebszugehörigkeit*.

▲ Indem Sie nun die einzelnen Diagrammelemente anklicken und dann den Befehl *Format-Markierte* öffnen, können Sie den Elementen verschiedene Farben, Muster und Linien zuweisen.

Solution 3: Die Alters- und Gehaltsstruktur 113

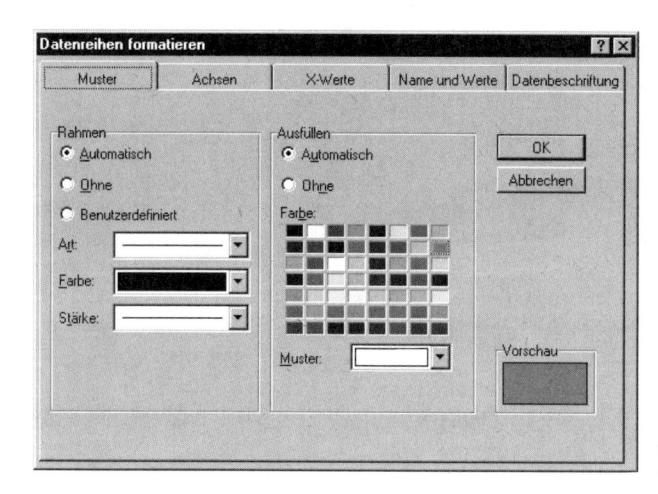

Abb. 124: Formatieren der Datenreihen

So sieht mein Diagramm nach der Formatierung aus:

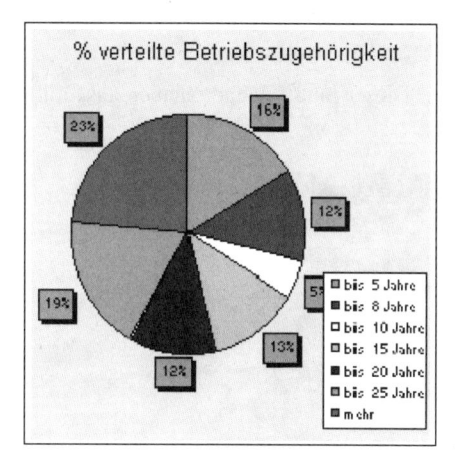

Abb. 125: Das fertige Kreisdiagramm

Nun wollen wir ein Flächendiagramm haben, das die kumulierte Betriebszugehörigkeit in Prozent darstellt.

- Markieren Sie dazu die Zellen F3:F10. Drücken Sie dann die [Umschalt]-Taste, und halten Sie diese gedrückt, während Sie nun auch die Zellen I3:I10 markieren.
- Wählen Sie den nun schon bekannten Befehl *Einfügen-Diagramm-Auf dieses Blatt*.
- Im Schritt 2 wählen Sie den Diagrammtyp *Flächendiagramm* und im Schritt 3 das AutoFormat 1 aus.
- Der Schritt 4 des Diagramm-Assistenten sollte folgendermaßen aussehen:

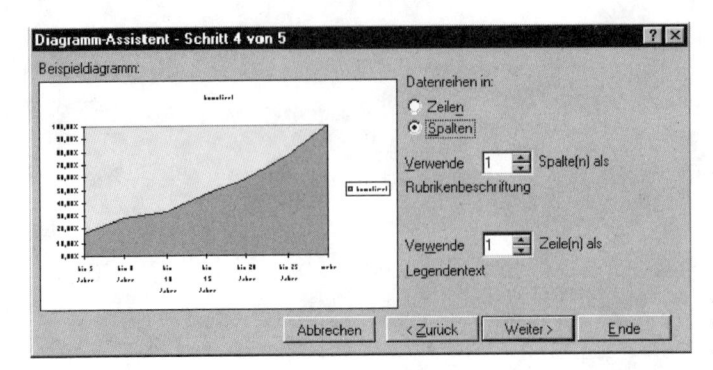

Abb. 126: Der Schritt 4 des Diagramm-Assistenten

Dieses Diagramm müssen wir auf eine besondere Art formatieren, um ihm Aussagekraft zu verleihen.

▲ Doppelklicken Sie auf das Diagramm, und klicken Sie dann auf die Y-Achse, um Sie zu markieren.

▲ Wählen Sie dann den Befehl *Format-Markierte Achse,* und aktivieren Sie das Register *Skalierung.*

▲ Es öffnet sich der Dialog *Achsen formatieren.* Dieser muß folgendermaßen ausgefüllt werden:

Abb. 127: Achsen skalieren

▲ Markieren Sie dann die X-Achse, die nun die Y-Achse in der Mitte schneidet, und wählen Sie wiederum den Befehl *Format-Markierte Achse.*

▲ Im Register *Muster* aktivieren Sie die Checkbox *Achsennah* unter Teilstrichbeschriftungen.

Nun können Sie auch dieses Diagramm wieder nach Ihren Wünschen formatieren. So könnte es danach aussehen:

Solution 3: Die Alters- und Gehaltsstruktur 115

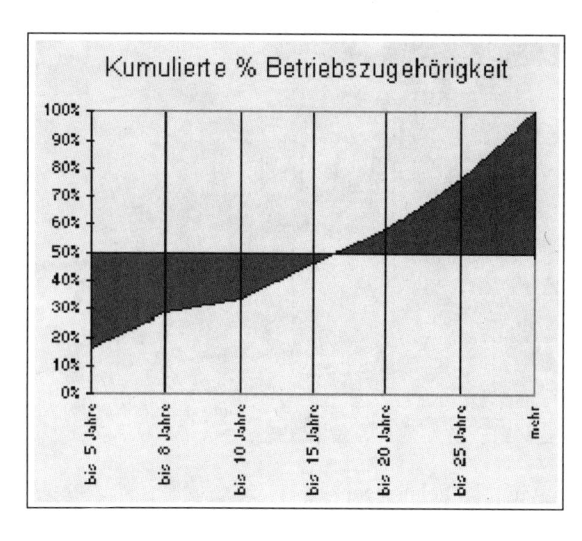

Abb. 128: Die kumulierte Betriebszugehörigkeit im Flächendiagramm

Diagramme auf der Dialogbox

So, nun wissen wir ständig, wie alt unsere Mitarbeiter sind und wie lange sie bei uns arbeiten. All diese Informationen sind für uns sehr wichtig. Wir können nun auch noch simulieren, wie die Sache im Jahr 2000 oder 2010 oder 2020 usw. aussieht.
Zu diesem Zweck wollen wir die beiden Diagramme auf ein Dialogblatt legen. Und das geht folgendermaßen:

▲ Wählen Sie zunächst den Befehl *Einfügen-Makro-Dialog*.

Es öffnet sich ein neues Dialogblatt mit einem leeren Dialogfeld.

▲ Wechseln Sie nun in das Tabellenblatt mit dem Altersstrukturdiagramm, und markieren Sie es.

▲ Kopieren Sie es dann, und wechseln Sie in das Dialogblatt. Wählen Sie den Befehl *Bearbeiten-Einfügen*.

▲ Ziehen Sie das Diagramm in das Dialogfeld.

▲ Markieren Sie dann das Dialogfeld und geben ihm die passende Größe, indem Sie es an den Ziehpunkten greifen und in die gewünschte Richtung ziehen.

▲ Nennen Sie das Dialogblatt ALTERSHISTOGRAMM.

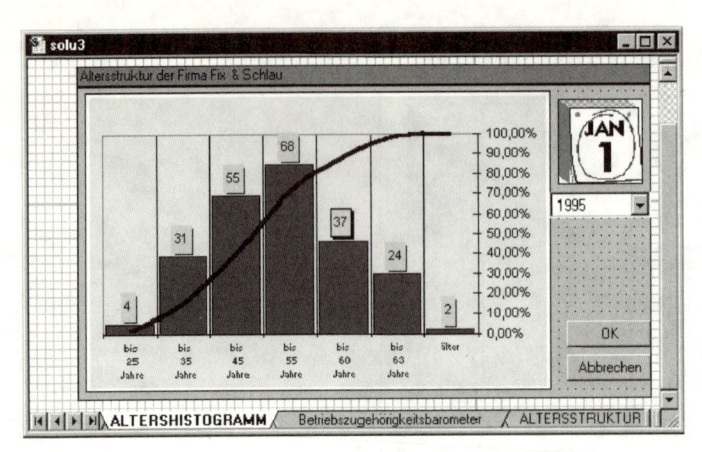

Abb. 129: Das Dialogblatt ALTERSHISTOGRAMM

▲ Legen Sie ein weiteres Dialogblatt an, und nennen Sie es BETRIEBSZUGEHÖRIGKEITSBAROMETER.

▲ Kopieren Sie zuerst das Kreisdiagramm, und fügen Sie es in das Dialogblatt ein. Verfahren Sie ebenso mit dem Flächendiagramm.

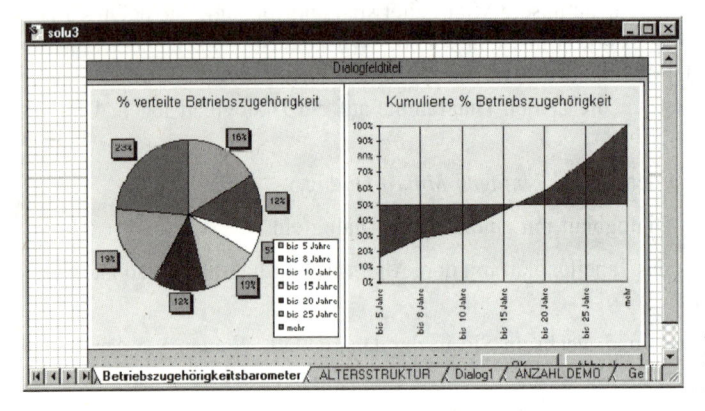

Abb. 130: Das Dialogblatt BETRIEBSZUGEHÖRIGKEITSBAROMETER

Nun benötigen wir noch zwei Makros, um die Dialogboxen von unserem Tabellenblatt aus zu starten. Excel stellt dazu die Makrosprache VBA zur Verfügung. Sie müssen nur vorher die Sprachversion überprüfen. Wählen Sie *Extras/Optionen*, und stellen Sie auf der Registerkarte *Modul Allgemein* die Standardeinstellung auf *Deutsch*, wenn Sie in dieser Sprache programmieren wollen.

▲ Wählen Sie den Befehl *Einfügen-Makro-Visual Basic Modul*, und tippen Sie folgende Makros ab:

Solution 3: Die Alters- und Gehaltsstruktur

```
Sub DIALOGALTER()
    DialogblattListe("ALTERSHISTOGRAMM").Zeigen
Ende Sub

Sub DIALOGBEZU()
    DialogblattListe("BETRIEBSZUGEHÖRIGKEITSBAROMETER").Zeigen
Ende Sub
```

- Nun wechseln Sie wieder in Ihr Tabellenblatt ALTERSSTRUKTUR.
- Wählen Sie den Befehl *Ansicht-Symbolleisten*, und aktivieren Sie die Symbolleiste *Dialog*.
- Klicken Sie auf die Schaltfläche *Befehlsschaltfläche*, und ziehen Sie dann mit der Maus eine Schaltfläche auf Ihrem Tabellenblatt auf.

Abb. 131: Die Schaltfläche Befehlsschaltfläche

Sobald Sie die Maustaste loslassen, öffnet sich der Dialog *Zuweisen*.

- Klicken Sie auf das Makro DIALOGALTER, und bestätigen Sie mit *OK*.
- Markieren Sie nun die Beschriftung *Schaltfläche 1*, und überschreiben Sie sie mit *Altersstruktur*.

Wenn Sie nun einmal probehalber auf die Schaltfläche klicken, erscheint ein Dialog mit unserem Diagramm der Altersstruktur.

- Generieren Sie nun eine weitere Befehlsschaltfläche, und weisen Sie ihr das Makro DIALOGBEZU zu.
- Beschriften Sie diese Schaltfläche mit *Betriebszugehörigkeit*.

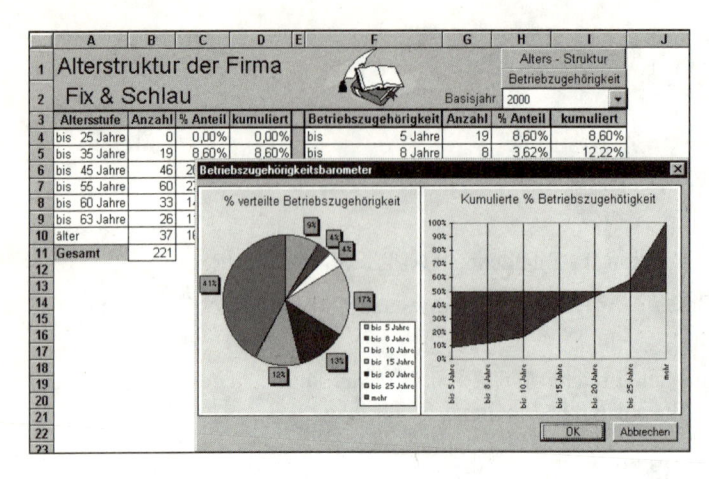

Abb. 132: Der Dialog Betriebszugehörigkeits-barometer

Die Gehaltsstrukturanalyse für die Zukunftsplanung

Damit hätte unsere Frau Kummer auch diese Aufgabe gelöst, und ich denke, Herr Schlau wird zufrieden sein. Doch die nächste Aufgabe wartet schon: Sehen wir uns einmal die Gehaltsstrukturanalyse an. Ich empfehle Ihnen wegen der großen Rechenaufgabe, die Excel nun zu lösen hat, die automatische Rechentätigkeit auszuschalten. Wie geht das?

▲ Einfach den Befehl *Extras-Optionen* wählen und dann unter *Berechnen* die Kontrollkästchen *Manuell* und *Vor dem Speichern neu berechnen* aktivieren!

Denken Sie aber immer daran, wenn Sie das Ergebnis sehen wollen: Sie müssen die Taste F9 drücken, erst dann aktualisiert unser Rechenknecht das Ergebnis.

▲ Wechseln Sie in das Tabellenblatt *Zuschlagliste*.

Wir wollen nun den Prozent-Anteil durch Drehfelder variabel halten.

▲ Zuerst wählen Sie die Schaltfläche *Drehfeld* aus der Dialog-Symbolleiste.

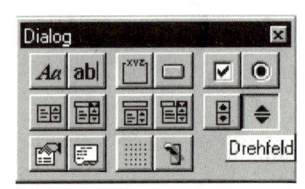

Abb. 133: Die Schaltfläche Drehfeld

▲ Zeichnen Sie nun in die Zelle C5 ein Drehfeld ein.

▲ Klicken Sie dann mit der rechten Maustaste darauf, kopieren Sie es und fügen es auch in die Zellen C6:C9 ein.

So sieht das dann aus:

Solution 3: Die Alters- und Gehaltsstruktur 119

	A	B	C
1			
2			
3	Betriebs-zugehörigkeit	Zuschlag auf Gehalt	
4	0 Jahre	0,0%	
5	bis 3 Jahre	4,0%	
6	bis 8 Jahre	10,0%	
7	bis 12 Jahre	15,0%	
8	bis 15 Jahre	11,0%	
9	bis 25 Jahre	10,0%	

Abb. 134: Drehfelder hinzufügen

Nun müssen diese Drehfelder noch formatiert werden, damit wir etwas mit ihnen anfangen können.

▲ Klicken Sie das Drehfeld in Zelle C5 mit der rechten Maustaste an, und wählen Sie aus dem Kontextmenü *Objekt formatieren...* .

Es öffnet sich der Dialog *Objekt*, den Sie auf dem nächsten Bild sehen.

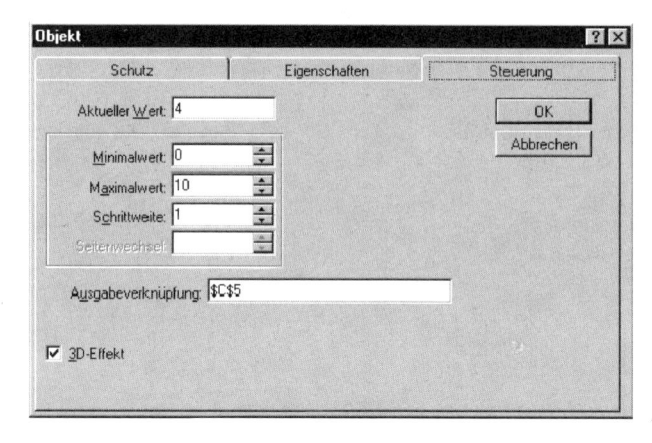

Abb. 135: Die Drehfelder formatieren

▲ Füllen Sie den Dialog wie abgebildet aus.

▲ Der Minimal- und der Maximalwert stellen den kleinsten bzw. den größten Wert dar, den das Drehfeld anzeigen kann.

▲ Da wir ja mit Prozent rechnen, geben wir als Ausgabeverknüpfung die Zelle C5 an und geben in die Zelle B5 folgende Formel ein:

	A	B	C
5	bis 3 Jahre	=C5/100	

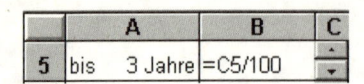

Abb. 136: Die Formel in Zelle B5

▲ Verfahren Sie analog mit den übrigen Drehfeldern.

Nun können Sie am Prozent-Zuschlag drehen, und Ihre Tabelle verändert sich automatisch, so wie wir es vorher schon bei dem Drop-down-Feld hatten.

Rechnen mit den Datenbankfunktionen

Wir wollen eine Auswertung machen, die uns automatisch die Summe der Datenbank berechnet.

Hierzu bedienen wir uns der Datenbankfunktionen. Ein Beispiel:

=DBSUMME(Datenbank;«Bruttogehalt«;Datenbank)

Die Syntax dieser Funktion lautet:

DBSUMME(Datenbank;Datenbankfeld;Suchkriterien)

Datenbank ist dabei der Zellbereich, aus dem die Datenbank besteht.

Datenbankfeld gibt an, welches Datenbankfeld in der Funktion benutzt wird.

Suchkriterien ist der Zellbereich, der die Suchkriterien enthält.

Nun haben wir durch unseren dynamischen Datenbanknamen, den ich Ihnen oben erklärt habe, immer unser Bruttogehalt.

Jetzt nehmen wir aber einmal an, die Beschäftigten < Tarifgruppe 5 sind Arbeiter und die Beschäftigten > Tarifgruppe 6 Angestellte.

▲ Daher schreiben Sie in irgendeinen freien Bereich Ihrer Hilfstabelle folgendes:

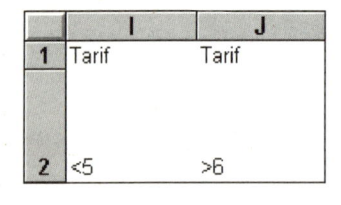

	I	J
1	Tarif	Tarif
2	<5	>6

Abb. 137: Eintrag in der Hilfstabelle

▲ Benennen Sie den Bereich I1:I2 mit *Arbeiter*.

▲ Benennen Sie den Bereich J1:J2 mit *Angestellte*.

▲ Nun müssen Sie nur noch die Formel der Suchkriterien etwas ändern:

=DBSUMME(Datenbank;«Bruttogehalt«;ARBEITER)

bzw.

=DBSUMME(Datenbank;«Bruttogehalt;ANGESTELLTE)

und Sie haben die aktuellen Werte.

Solution 3: Die Alters- und Gehaltsstruktur

	D	E	F
6		Gesamtgehalt	Arbeiter
7	Gesamtgehalt	=DBSUMME(Datenbank;"Bruttogehalt";Datenbank)	=DBSUMME(Datenbank;"Bruttogehalt";ARBEITER)

Abb. 138: Gesamtgehalt berechnen

▲ Natürlich könnten Sie auch noch den Mittelwert des Gehalts mit DBMITTELWERT oder das kleinste Gehalt mit DBMIN berechnen.

	D	E
6		Gesamtgehalt
7	Gesamtgehalt	=DBSUMME(Datenbank;"Bruttogehalt";Datenbank)
8	Mittelwert Gehalt	=DBMITTELWERT(Datenbank;"Bruttogehalt";Datenbank)
9	Kleinster Gehalt	=DBMIN(Datenbank;"Bruttogehalt";Datenbank)

Abb. 139: Minimum und Maximum berechnen

Schauen Sie sich die fertige Tabelle einmal an:

	A	B	C	D	E	F	G
1							
2							
3	Betriebs-zugehörigkeit	Zuschlag auf Gehalt					
4	0 Jahre	0,0%					
5	bis 3 Jahre	4,0%					
6	bis 8 Jahre	10,0%			Gesamtgehalt	Arbeiter	Angestellte
7	bis 12 Jahre	15,0%		Gesamtgehalt	862.451 DM	181.671 DM	541.887 DM
8	bis 15 Jahre	11,0%		Mittelwert Gehalt	3.920 DM	2.422 DM	5.064 DM
9	bis 25 Jahre	10,0%		Kleinster Gehalt	1.966 DM	1.966 DM	4.139 DM

Abb. 140: Die fertige Tabelle

Arbeiten mit der Pivot-Tabelle

Es gibt noch eine Steigerung: Die Pivot-Tabelle. Mit Hilfe gezielter Namensvergabe ist es ein leichtes, diese zu erstellen.

▲ Aktivieren Sie ein neues Tabellenblatt, und wählen Sie den Befehl *Daten-Pivot-Tabelle*.

▲ Bestätigen Sie den Schritt 1 des Pivot-Tabellen-Assistenten mit *Weiter*.

▲ Im Schritt 2 tippen Sie als Bereich einfach *Datenbank* ein. Bestätigen Sie dann wiederum mit *Weiter*.

▲ Im dritten Schritt können Sie nun die Ansicht Ihrer Pivot-Tabelle festlegen. Je nachdem, welche der rechts angeordneten Felder Sie in die verschiedenen Bereiche ziehen, erhalten Sie eine entsprechende Ansicht Ihrer Daten. In unserem Falle greifen Sie die Felder *Alter, Tarif* und *Bruttogehalt* mit der Maus, und ziehen Sie sie an die abgebildeten Stellen.

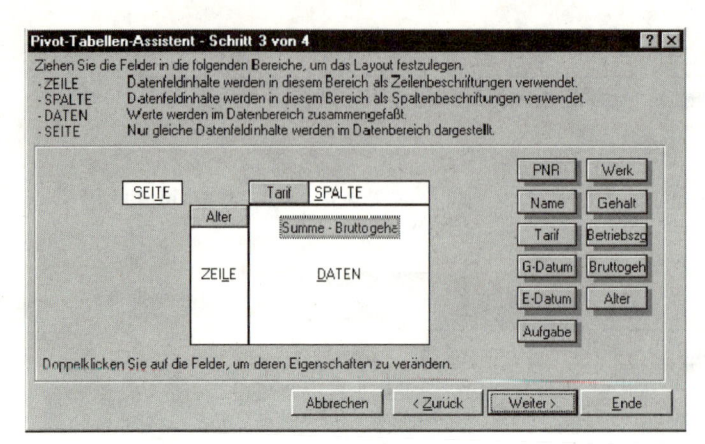

Abb. 141: Felder an die gewünschten Stellen ziehen

▲ Bestätigen Sie nun mit *Ende*.

Sie erhalten die folgende Pivot-Tabelle:

	B	C	D	E	F	G	H	I	J	K	L	M
17	Summe - Bruttogehalt	Tarif										
18	Alter	1	2	3	4	5	6	7	8	9	10	Gesamtergebnis
19	23	0	0	0	2589	0	0	0	0	0	0	2589
20	24	1890	0	0	0	0	0	0	0	0	5200	7090
21	25	0	0	0	0	0	0	3980	0	0	0	3980
22	26	0	0	2356	0	0	3542	0	0	0	5200	11098
23	27	1890	0	0	2692,56	0	0	0	4500	0	0	9082,56
24	28	0	0	0	0	3174,08	0	0	4680	0	0	7854,08
25	29	0	0	2450,24	2589	0	0	0	0	4812	0	9851,24
26	30	0	2300,48	2450,24	0	0	0	8119,2	0	0	0	12869,92
27	31	0	0	0	0	0	3683,68	8119,2	0	0	0	11802,88
28	32	0	0	2450,24	0	3357,2	0	0	9360	0	0	15167,44
29	33	0	0	0	0	3052	0	0	0	5004,48	0	8056,48
30	34	0	0	5301	0	0	0	0	4680	0	0	9981
31	35	0	0	0	0	0	7579,88	0	0	5533,8	5200	18313,68
32	36	0	2433,2	0	2692,56	0	3896,2	0	0	0	0	9021,96
33	37	1965,6	4733,68	0	0	6683,88	0	0	4680	5004,48	5772	28839,64
34	38	0	0	2356	0	3387,72	0	0	0	4812	5980	16535,72
35	39	0	2300,48	0	0	3387,72	0	7960	0	5533,8	0	19182
36	40	3987,9	2455,32	0	0	0	3896,2	3980	4950	5533,8	16692	41495,22
37	41	2079	0	0	2692,56	0	0	0	0	0	0	4771,56
38	42	1965,6	0	0	0	0	0	0	4680	0	5720	12365,6
39	43	0	0	2450,24	0	0	0	0	10170	5004,48	0	17624,72
40	44	0	0	2591,6	2873,79	0	3931,62	8517,2	4680	5341,32	16224	44159,53
41	45	0	0	2615,16	0	0	3683,68	0	10170	10682,64	0	27151,48
42	46	2097,9	0	2450,24	0	0	3896,2	0	4995	5293,2	5408	24140,54
43	47	2097,9	0	0	0	0	0	4378	4995	5293,2	5772	22536,1
44	48	2097,9	2543,8	0	2847,9	3509,8	3896,2	8835,6	4995	15927,72	0	44653,92
45	49	0	2455,32	5206,76	0	0	3896,2	0	0	0	0	11558,28
46	50	6369,3	2433,2	0	0	0	0	0	10170	5293,2	11440	35705,7
47	51	0	2079	2455,32	0	5747,58	3357,2	7827,82	4378	15345	0	5720	46909,92

Abb. 142: Die Pivot-Tabelle vor der Gliederung

Um mehr Übersicht und Ordnung in die Tabelle zu bringen, sehen wir uns einmal die Symbolleiste *Pivot-Tabelle und Gliederung* genauer an. Diese ist bei der Erstellung der Pivot-Tabelle auf unserem Bildschirm erschienen.

Solution 3: Die Alters- und Gehaltsstruktur

Abb. 143: *Die Symbolleiste Pivot-Tabelle und Gliederung*

- Markieren Sie die Zelle A3.
- Klicken Sie auf die Schaltfläche *Gruppierung*. Dies ist die vierte Schaltfläche der Symbolleiste (auf der Abbildung eingedrückt).
- Es öffnet sich der gleichnamige Dialog, den Sie wie abgebildet ausfüllen.

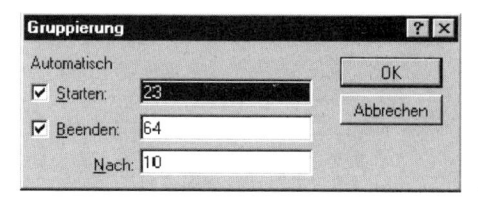

Abb. 144: *In Zehnergruppen gruppieren*

Dadurch vermitteln Sie Excel, daß alle Altersstufen (von 23 Jahren bis 64 Jahren) in Zehnergruppen zusammengefaßt werden sollen.

- Klicken Sie auf *OK*, und Ihre Tabelle erscheint in neuem Gewand:

	A	B	C	D	E	F	G	H	I	J	K	L
1	Summe - Bruttogehalt	Tarif										
2	Alter	1	2	3	4	5	6	7	8	9	10	Gesamtergebnis
3	23-33	3780	2300,48	9706,72	7870,56	6531,28	7225,68	20218,4	18540	4812	10400	91385,12
4	33-43	9998,1	11922,68	7657	5385,12	16511,32	15372,28	11940	18990	31422,36	39364	168562,86
5	43-53	18918,9	12342,96	15314	11469,27	10254,72	27131,72	26108,8	70470	52835,76	44564	289410,13
6	53-63	14571,9	19487,72	10389,96	8595,48	26949,16	19587,26	39601	44820	58369,56	11440	253812,04
7	63-73	2079	7321,72	0	2847,9	3357,2	3931,62	8756	9700	5293,2	5720	49206,64
8	Gesamtergebnis	49347,9	53375,56	43067,68	36168,33	63603,68	73248,56	106624,2	162720	152732,88	111488	852376,79

Abb. 145: *Die Tabelle mit Gliederung*

Schon besser, aber das genügt uns noch nicht. Auch die Tarife sollen in sinnvollen Gruppen zusammengefaßt werden.

- Markieren Sie die Zelle B2, und rufen Sie wieder den Dialog *Gruppierung* auf.

So sieht Ihre Tabelle nach Ausfüllen des Dialogs aus:

	A	B	C	D
1	Summe - Bruttogehalt	Tarif		
2	Alter	1-6	6-11	Gesamtergebnis
3	23-33	30189,04	61196,08	91385,12
4	33-43	51474,22	117088,64	168562,86
5	43-53	68299,85	221110,28	289410,13
6	53-63	79994,22	173817,82	253812,04
7	63-73	15605,82	33600,82	49206,64
8	Gesamtergebnis	245563,15	606813,64	852376,79

Abb. 146: *Die fertige Tabelle*

Nun wollen wir aber das Gehalt auch noch in Prozent sehen.

▲ Klicken Sie irgendwo innerhalb Ihre Pivot-Tabelle und dann auf das zweite Symbol Ihrer Symbolleiste *Pivot-Tabelle und Gliederung*.

▲ Es öffnet sich der Dialog *Pivot-Tabellen-Feld*. Klicken Sie hier auf die Schaltfläche *Optionen*.

▲ Der Dialog erweitert sich wie in der nächsten Abbildung gezeigt. Wählen *Sie Daten zeigen als % des Ergebnisses* aus.

Abb. 147: Darstellung nach Prozent des Ergebnisses

▲ Klicken Sie abschließend auf *OK*.

Sie erhalten folgende Pivot-Tabelle:

	A	B	C	D
1	Summe - Bruttogehalt	Tarif		
2	Alter	1-6	6-11	Gesamtergebnis
3	28-38	3,69%	7,43%	11,12%
4	38-48	6,11%	13,97%	20,08%
5	48-58	7,88%	25,98%	33,87%
6	58-68	9,22%	20,03%	29,26%
7	68-78	1,80%	3,88%	5,68%
8	Gesamtergebnis	28,71%	71,29%	100,00%

Abb. 148: Das Ergebnis

Nun noch ein kleines Makro, das Ihre Pivot-Tabelle bei Änderungen aktualisiert, damit Sie nicht auf das Aktualisierungs-Ausrufezeichen auf der Symbolleiste klicken müssen, wenn Sie ein anderes Basisjahr auswählen:

Solution 3: Die Alters- und Gehaltsstruktur

```
' GehaltinProzent_Dropdown2_BeiÄnderung Makro
Sub GehaltinProzent_Dropdown2_BeiÄnderung()
AktivesFenster.ArbeitsmappenregDurchlaufen BlattListe:=-8
    BlattListe("Gehalt in Prozent").Auswählen
    Bereich("B2").Auswählen
    Auswahl.Gruppieren Start:=Wahr; Ende:=Wahr; Nach:=5
    AktivesBlatt.PivotTabelleListe("Pivot-Tabelle1")
        .TabelleAktualisieren
Ende Sub
```

⚠ Ziehen Sie auf Ihrem Blatt ein Drop-down-Feld auf, und formatieren Sie es folgendermaßen:

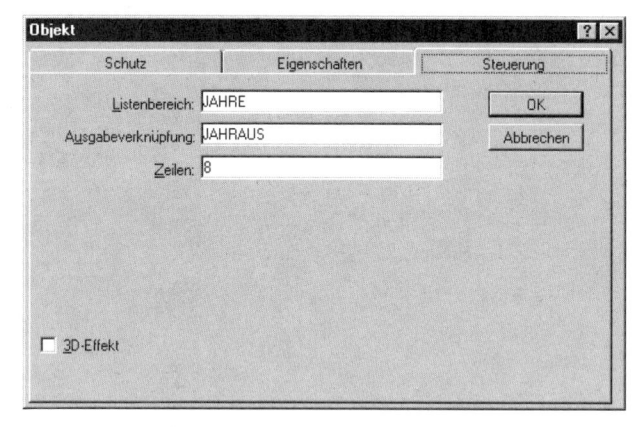

Abb. 149: Steuerungskarte für das Drop-down-Feld

⚠ Nun klicken Sie auf das Symbol *Code bearbeiten*, ebenfalls auf der Dialog-Symbolleiste.

Es öffnet sich ein neues Makroblatt.

⚠ In dieses tragen Sie nun das oben aufgeführte Listing ein.

Diese Aufgabe hat uns gezeigt, wie wir mit einem dynamischen Datenbankbereich arbeiten, wie wir eine Array-Funktion eingeben und wie wir eine gegliederte Pivot-Tabelle erzeugen und sinnvolle Grafiken erstellen. Außerdem haben wir einiges über Excel-Funktionen gelernt.
Damit sind Sie schon in die tieferen Programmfunktionen von Excel vorgedrungen.

Solution 4: Die richtige Personalbeschaffung

Abb. 150: Unsere Aufgabe

Das Problem

Am Samstag präsentiert Susanne Kummer ihr Formularwesen dem Chef, Herrn Schlau. Der sieht sich die Arbeit an – und strahlt. Nun verfällt er allerdings auf die Idee, eine Bewerberverwaltung mit einer Datenbank zu konzipieren, denn seit geraumer Zeit geht es unserer Beispielfirma Fix & Schlau Zeitschriftenverlag ziemlich gut. Die Arbeit ist kaum noch mit dem vorhandenen Personal zu schaffen. »Was tun?«, denkt sich die Firmenleitung und beschließt, neue Leute einzustellen. Man veröffentliche also Stellenangebote in Tageszeitungen und Fachzeitschriften. Es bewerben sich auch Interessenten um diese Stellen. Nur leider sind es so viele, daß die Personalabteilung kaum noch mit der termingerechten Bearbeitung der Bewerbungen zurechtkam. Also muß eine Bewerberverwaltung her! Dieses Programm soll so gestaltet sein, daß es alle wichtigen Daten eines Bewerbers aufnimmt, mit diesen Daten versehene Laufzettel erzeugt, Wiedervorlagetermine verwaltet und verschiedene Arten von Antwortschreiben schnell und möglichst automatisch verfaßt werden können.

Fassen wir also das Problem noch einmal zusammen

Nach kurzem, aber intensivem Brainstorming erstellte die Personalabteilung der Firma Fix & Schlau ein kurzes Pflichtenheft, welches die Features, die eine Bewerberverwaltung später besitzen soll, beschreibt. Die wichtigsten Punkte im einzelnen:

- Aufnahme der wichtigsten Daten einer Bewerbung
- Unterscheidung zwischen »fest angestellt« und »Ferienarbeiter«
- Anlegen und Verwalten von Durchlaufzeiten für die Fachabteilungen
- Erstellen von verschiedenen Standardbriefen wie Zusage, Zwischenbescheid oder Absage

▲ Erstellen von Adreßetiketten für Briefumschläge

▲ Erzeugen von Berichten mit den wichtigsten Daten des Bewerbers, nach bestimmten Kriterien sortiert

Ein Wort voraus: Grundregeln für eine effektive Stellenbesetzungsentscheidung

Der Management-Spezialist Peter F. Drucker, einer der hervorragendsten Management-Theoretiker, hat folgende Schritte für die Personalauswahl aufgelistet:

Überdenken Sie die Aufgabe!
Überlegen Sie zunächst ganz genau, welche Aufgaben der neue Mitarbeiter wahrnehmen soll. Erstellen Sie sich ein Aufgabenprofil.

Schauen Sie sich mehrere potentiell qualifizierte Mitarbeiter an!
Sprechen Sie auf jeden Fall mit drei bis fünf qualifizierten Bewerbern.

Legen Sie die Beurteilungskriterien fest!
Denken Sie eingehend darüber nach, nach welchen Kriterien die Bewerber beurteilt werden sollen. Nur wenn diese Kriterien aufgelistet worden sind, können die Bewerber gerecht beurteilt werden. Behalten Sie dabei die Stärken der Bewerber im Auge.

Sprechen Sie mit Vorgesetzten und Kollegen!
Auch Sie haben bestimmte Sympathien und Antipathien sowie Vorurteile. Sprechen Sie die einzelnen Bewerber daher mit früheren Vorgesetzten und Kollegen durch.

Regeln für den Umgang mit Bewerbungsunterlagen

Beachten Sie bitte, daß Sie als Vertreter Ihres Unternehmens im Umgang mit eingereichten Bewerbungsunterlagen verschiedene, gesetzlich festgelegte Pflichten haben. Bei Nichtbeachtung dieser Pflichten hat der Bewerber Schadensersatzansprüche.

Der Umgang mit Bewerbungsunterlagen

❶ Bewahren Sie die Unterlagen sorgfältig und sicher auf!

❷ Machen Sie die Unterlagen auf keinen Fall beliebigen Mitarbeitern zugänglich!

❸ Machen Sie die Unterlagen auf keinen Fall unternehmensfremden Personen zugänglich!

❹ Leiten Sie die Unterlagen nicht an andere Unternehmen weiter!

❺ Schicken Sie die Unterlagen baldmöglichst in ordnungsgemäßem Zustand zurück!

❻ Speichern und kopieren Sie keine persönlichen Daten eines Bewerbers!

Abb. 151: Umgang mit Bewerbungsunterlagen

Solution 4: Die richtige Personalbeschaffung

Das Bundesdatenschutzgesetz berechtigt den Bewerber, Auskunft einzuholen, welche Daten über ihn elektronisch gespeichert sind.

Die Bewerbungsunterlagen

Neben der inhaltlichen Auswertung der gesamten Bewerbung ist auch der Gesamteindruck sehr wichtig. Begutachten Sie die Form der Bewerbung: Ist die Bewerbung ordentlich aufgemacht? Sind die Unterlagen in Klarsichthüllen gegeben und zusammengeheftet? usw.

Die Absage

Mancher neigt dazu, das Erteilen von Absagen auf die leichte Schulter zu nehmen und einen abgelehnten Bewerber mit einem, womöglich noch schlecht formulierten, Vordruck abzuspeisen. Bedenken Sie dazu folgendes:
Es zahlt sich niemals aus, Arbeitnehmer »von oben herab« zu behandeln. Erstens verletzt es, und zweitens darf man die Mund-zu-Mund-Propaganda nicht unterschätzen.
Bemühen Sie also sich auch bei Absagen um eine verbindliche Ausdrucksweise.

Das ist die Lösung

Sie finden die hier vorgestellte Bewerberverwaltung auf der CD zum Buch:

Ordner: \PERSONAL\BEISPIEL\BEWERBER
\BV20 (Version für Access 2.0)
\BV70 (Version für Access 7.0)
Datei: BEWERBER.MDB

All diese Elemente haben wir in eine Bewerberverwaltung einfließen lassen. Sie wurde von einem Softwareentwickler geschrieben.

Hinweis: Die Bewerberverwaltung ist unter Access 2.0. erstellt und lauffähig.

Abb. 152: Das Deckblatt der Bewerberverwaltung

Welche Daten wollen wir verwalten?

Bevor wir uns nun an den PC setzen und einfach drauf los tippen und klicken, sollten wir uns einmal kurz ein paar Gedanken zu den zu verwaltenden Daten machen: Welche Daten wollen wir erfassen, und in welcher Struktur sollen sie abgelegt werden?

Tabelle Bewerber

Welche Daten einer Bewerbung wollen wir in die Datenbank aufnehmen? Alle Urdaten wollen wir in der Tabelle *Bewerber* sammeln:

Feldname	Erklärung	Datentyp	Größe
BewNr	Eindeutige Bewerbernummer	Zähler	4
Anrede		Text	50
Titel		Text	10
Vorname		Text	50
Nachname		Text	50
Straße		Text	50
Land		Text	10
Wohnort		Text	50
AnlDat	Bewerber angelegt am ...	Datum/Zeit	8
BeaDat	Bewerber geändert am ...	Datum/Zeit	8
FMa	Ferienmitarbeiter: Ja/Nein	Ja/Nein	1
BerufsBez	Bewerbung als	Text	50
Frist	befristet: Ja/Nein	Ja/Nein	1
BewGrund	Bewerbung aufgrund ...	Text	50
BezTxt	Beziehung zur Firma	Text	50
GebDat	Geburtsdatum	Datum/Zeit	8
StaatsAng	Staatsangehörigkeit	Text	15
Student	FMa: Schüler = Ja, Student = Nein	Ja/Nein	1
StBeg	studienbegleitend ?	Ja/Nein	1
PersNr	Personal-Nr. bei Einstellung	Text	20
WVDat	Wiedervorlage Datum	Datum/Zeit	8
WVLöschen	beim nächsten Löschvorgang entfernen?	Ja/Nein	1
AuswEttiket	sollen Ettiketten gedruckt werden?	Ja/Nein	1

Solution 4: Die richtige Personalbeschaffung 131

Feldname	Erklärung	Datentyp	Größe
FMaSchreibmasch	Schreibmaschinenkenntnisse von FMas: 0 = keine, 1 = gering, 2 = gut	Zahl (Byte)	1
FMaBerufAusb	Abgeschlossene Berufsausbildung?	Ja/Nein	1
FMaBerufAusbWas	Welche Art von FMaBerufAusb? gewerbl. = Ja, kaufm. = Nein	Ja/Nein	1
FMaBisher	FMa schon mal eingestellt?	Ja/Nein	1

Bitte legen Sie nun in einer neuen, noch leeren Access-Datei obige Tabelle an. Wechseln Sie dazu in das Tabellen-Register des Datenbankfensters, klicken Sie auf die Schaltfläche *Neu*, wählen *leere Tabelle* und legen dann in der Tabellenentwurfsansicht die Datenfelder an, die wir gerade gesammelt haben.
Neben dem Feld *AnlDat* sollten Sie der Einfachheit halber als Standardwert das aktuelle Datum mit
`=Format(Jetzt();"tt.mm.jjjj")`
eintragen.
Speichern Sie nun die Tabelle unter dem Namen BEWERBER ab. Sie haben nun bereits die erste Tabelle der Bewerberverwaltung fertiggestellt.

Weitere Tabellen

Es werden allerdings noch mehr Daten zur Auswertung der Bewerbungen benötigt. Da wären zum Beispiel das Ablegen der Qualifikationen eines Bewerbers wie z.B. PC-Kenntnisse, Kochkünste, Blumen gießen usw. Diese Daten werden ebenso wie eventuell mehrere Telefonnummern in jeweils einer separaten Tabelle abgelegt. Welche Felder die Tabellen enthalten und wie sie mit der Tabelle *Bewerber* in Zusammenhang stehen, sehen Sie auf den folgenden drei Bildern.

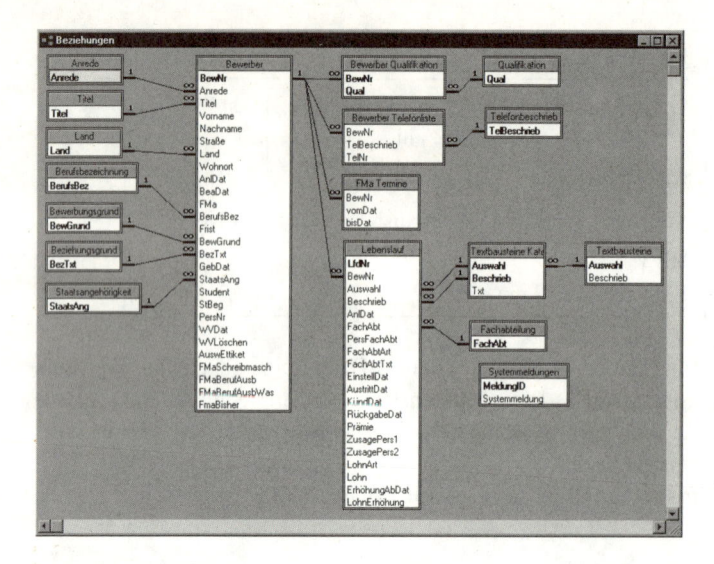

Abb. 153: Die relationale Verknüpfung der Bewerberverwaltung

Abb. 154: Die Qualifikations-Tabelle

Abb. 155: Die Telefon-Tabelle

Solution 4: Die richtige Personalbeschaffung 133

Ähnlich aufgebaut wie die Tabellen *Qualifikation* und *Telefonliste* sind auch die Tabellen *FMaTermine* und *Lebenslauf*.
Diese Tabellen nehmen später die Start- und Endtermine von Ferienarbeit bzw. Daten über den Durchlauf der Bewerbung in den Fachabteilungen auf. Ich möchte an dieser Stelle nicht näher auf deren Inhalt eingehen. Dazu werden wir später noch einmal Gelegenheit haben.
Da wir uns später beim Eingeben der Daten im Formular die Arbeit so leicht wie möglich machen wollen, möchte ich Ihnen die Möglichkeit, mit Auswahlfeldern zu arbeiten, ans Herz legen. Deshalb werden wir auch noch für jedes Feld in der *Bewerber*-Tabelle oder in den anderen, in denen häufig dieselben Werte eingegeben werden, eine Tabelle mit Standardvorgaben erstellen. In diese Tabellen tragen wir später per Schaltflächenklick im Eingabe-Formular entsprechende Standardwerte ein, z. B. *Herr* und *Frau* für das Feld *Anrede* oder die Titel der häufigsten Berufsbezeichnungen.
Wir ersparen uns hier die Verknüpfung der Tabellen mit der Bewerber-Tabelle durch ein zusätzliches Schlüsselfeld, da der erforderliche Mehraufwand an Verwaltung, Programmierung und Datengröße in keinem Verhältnis zueinander steht.
Nun sind da noch die Tabellen zur Aufnahme der Termine bei Ferienarbeitern und der Verwaltung der Vorgänge, die zu einer Bewerbung gemacht wurden (Einladung verschickt, Absage erteilt, weil...).

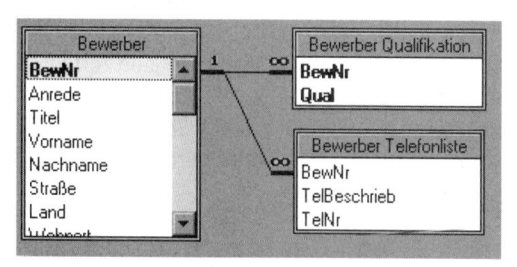

Abb. 156: Verknüpfung

Die Tabelle *FMaTermine* enthält die Anfangs- und Endtermine einer Ferienarbeit-Periode.

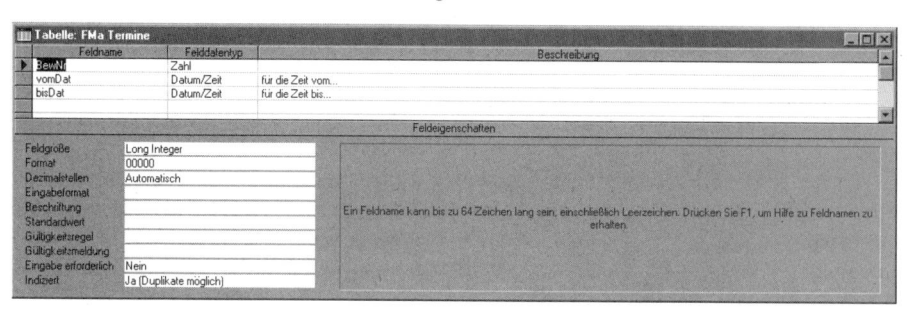

Abb. 157: Ferienarbeiter-Tabelle

Verschiedene Besonderheiten wie Formate, Standardwerte oder Bedingungen können Sie der Originaltabelle auf der beiligenden CD entnehmen.

In der Tabelle *Fachabteilung* sind die Namen der Fachabteilungen enthalten, die später in der Auswahlliste beim Anlegen eines *Lebenslauf*-Datensatzes angezeigt werden.

Abb. 158: Die ausgefüllte Tabelle mit Fachabteilungen

Die Erfassung der Bewerberdaten – Das Hauptformular

Nachdem wir nun alle Tabellen angelegt haben, um unsere Daten zu erfassen, können wir nun an das Design der Formulare gehen. Als erstes sollten Sie sich Gedanken über das Aussehen des Hauptformulars machen.

Um das Projekt nicht unnötig aufzublähen, werde ich in diesem Buch keine formularbezogenen Menüleisten erstellen. Alle Aktionen werden unmittelbar vom Hauptformular aus gesteuert werden. Daher ist es notwendig, für jede Aktion wie *Neuen Bewerber anlegen* oder *Vorgänge zu einer Bewerbung anlegen* eine Schaltfläche anzulegen.

Ich habe die Art der Aktionen in zwei Bereiche eingeteilt.

1. Datensatzoperationen wie *Neu, Löschen, Ändern, Blättern* sowie Übersichtinformationen wie *Liste aller Vorgänge zu einer Bewerbung* oder *Liste der Eingänge der Bewerbungen in den Fachabteilungen*.

2. Erstellung und Dokumentation von Vorgängen wie *Einladung, Absage, Zwischenbescheid* usw.

Daher bekommt das Formular *Bewerber* eine Funktionsleiste und eine Statusleiste.

Solution 4: Die richtige Personalbeschaffung   135

Funktionsleiste

[Funktionsleiste-Abbildung] Abb. 159: Die Funktionsleiste

Die Funktionsleiste befindet sich am oberen Rand des Eingabefensters und besteht aus folgenden Elementen:

Schaltfläche	Funktion
NEU	legt einen neuen Bewerber an
🗑	löscht einen oder mehrere Bewerber
löschen	stellt Status »Löschen« ein
behalten	stellt Status »Behalten« ein
≡	zeigt alle Bewerber an
▮◀	geht zum ersten Bewerber
◀	geht zum vorherigen Bewerber
▶	geht zum nachfolgenden Bewerber
▶▮	geht zum letzten Bewerber
Vorgänge	zeigt alle Vorgänge zu einer Bewerbung an
Eing. Fachabt.	vermerkt Rückläufe von Laufzetteln
angelegt: 01.12.1995 geändert: 01.12.1995	zeigt an, wann der Bewerber angelegt bzw. zuletzt geändert wurde
📝	das Anlagedatum kann geändert werden
EXIT	zurück zum Eingangsbildschirm

Statusleiste

Abb. 160: Die Statusleiste

Die Statusleiste befindet sich am unteren Rand des Eingabefensters und besteht aus folgenden Elementen:

Button	Beschreibung
Absage	zeigt alle Absagen im Druckmenü an
Zwischenbescheid	zeigt alle Zwischenbescheide im Druckmenü an
Einladung	zeigt alle Einladungen im Druckmenü an
Zusage	zeigt alle Zusagen im Druckmenü an
Etiketten	zeigt alle Bewerber an, die für den Etikettendruck vorgesehen sind
Laufzettel	öffnet Druckmenü für Laufzettel
1 Personen gefunden	zeigt die Anzahl Datensätze an, die zum aktuellen Filter gefunden wurden
Textbausteine	zeigt alle Textbausteine der vier Kategorien Absagen, Zwischenbescheide, Einladungen und Zusagen an

Unterscheidung zwischen »fest angestellt« und »Ferienarbeiter«

Je nach dem, ob der Bewerber ein Ferienmitarbeiter ist oder nicht, müssen auch unterschiedliche Daten erfaßt werden. Wenn der Bewerber kein Ferienmitarbeiter ist, müssen diese Felder gefüllt werden:

- Bewerbung als
- befristet
- Bewerbung aufgrund
- Beziehung zur Firma
- Geburtsdatum
- Staatsangehörigkeit

Solution 4: Die richtige Personalbeschaffung   137

Ist der Bewerber jedoch ein Ferienarbeiter, brauchen diese Felder nicht gefüllt zu werden. Allerdings müssen wir nun folgende Felder mit Informationen füllen:

- *Schreibmaschinenkenntnisse*
- *Berufsausbildung*
- *Beziehung zur Firma*
- *Geburtsdatum*
- *Staatsangehörigkeit*
- *Schüler oder Student*
- *wenn Student: studienbegleitend ja/nein*
- *Anfangs- und Endtermine der Ferienarbeit*

Gestalten des Formulars – der Formulareditor

Nachdem wir uns eingehend Gedanken gemacht haben, welche Informationen wir auf dem Formular darstellen wollen und wie es aufgebaut sein soll, wollen wir nun daran gehen, unsere Pläne in die Tat umzusetzen.
Wechseln Sie im Datenbankfenster in das Register

Abb. 161: Das Register Formular

und klicken Sie dann auf die Schaltfläche

Abb. 162: Die Schaltfläche Neu

Es erscheint daraufhin ein Fenster, in dem Sie angeben können, ob Sie das neue Formular mit dem Formular-Assistenten oder lieber selbst erstellen wollen.

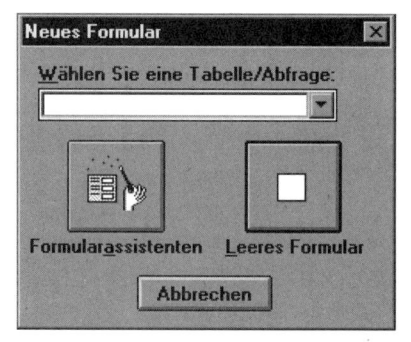

Abb. 163: Anlegen eines Formulars

Wenn Sie den Formularassistenten benutzen, können Sie dialoggesteuert die zugrundeliegende Tabelle und das Aussehen des Formulars bestimmen.
Wir werden allerdings die Gestaltung des Formulars selbst vornehmen. Öffnen Sie also ein leeres Formular. Der Formulareditor besteht aus vier Teilen:

Die Entwurfsansicht des Formulars

Die Entwurfsansicht des Formulars besteht aus dem horizontalen und vertikalen Lineal und den verschiedenen Formularbereichen. Ein Formular besteht aus maximal fünf Bereichen:

- dem Formularkopf und -fuß,
- dem Seitenkopf und -fuß
- und dem Detailbereich.

Die Toolbox

Die Palette

Das Eigenschaftenfenster

Im Eigenschaftenfenster können alle Eigenschaften des Formulars und aller Elemente auf diesem Formular eingestellt werden. Man kann die Eigenschaften eines Elementes nach verschiedenen Kategorien selektiert betrachten.

Für das Eingabeformular der Bewerberverwaltung benötigen wir nur den Formularkopf und -fuß sowie den Detailbereich. Den Seitenkopf und -fuß können Sie im Menü *Format/ Seitenkopf/-fuß* ausblenden.

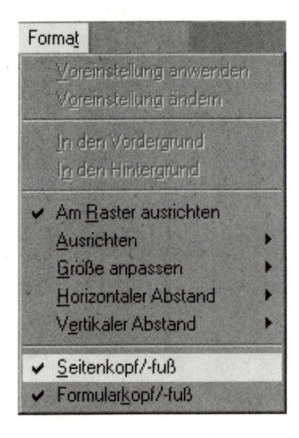

Abb. 164: Das Formularmenü

Solution 4: Die richtige Personalbeschaffung 139

Legen Sie nun erst einmal die Schaltflächen der Funktionsleiste

Abb. 165: Die fertige Funktionsleiste

an. Klicken Sie dazu auf die Schaltfläche *Neu* der Toolbox und ziehen dann die Schaltfläche an der gewünschten Position im Formular (hier im Formularkopf) auf. Anschließend gelangen Sie mit einem Doppelklick auf die Schaltfläche in das Eigenschaftenfenster und können dort den Namen, die Beschriftung oder ein Bild, die Größe und die Aktionen bei bestimmten Ereignissen wie *Klick* oder *Doppelklick* oder *BeimHingehen* angeben.
Geben Sie der Schaltfläche zunächst den Namen *ButtonNeu*. Diese Schaltfläche soll, wenn man auf sie klickt, einen neuen Datensatz anlegen und ihn zum Bearbeiten anzeigen.
Die Aktionen, die Access beim Klicken ausführen soll, fassen wir in einer VisualBasic-Funktion zusammen. Den Namen der Funktion, die wir noch schreiben müssen, und den Übergabeparameter tragen Sie bitte in das Feld rechts neben dem Ereignisnamen ein.
Wenn ich Ihnen an dieser Stelle den gesamten Umfang der einzustellenden Eigenschaften aller Schaltflächen und der anderen Steuerelemente erklären würde, würde das sicherlich den Rahmen dieses Buches sprengen. Haben Sie also bitte Verständnis dafür, daß die Beschreibungen hier nur Anstöße zur eigenen Ideenentwicklung sein können. Den genauen Funktionsumfang der Steuerelemente und Formulare entnehmen Sie bitte der lauffähigen Anwendung auf der Beispiel-CD.
Erstellen Sie die anderen Schaltflächen genauso wie die Schaltfläche *ButtonNeu* und verbinden die möglichen Ereignisse mit den notwendigen Funktionen.

Achtung: Die Schaltflächen *Löschen* und *Behalten* gehören zu einer Optionsgruppe.

Bedienungsanleitung für die Bewerberverwaltung auf der CD

Starten des Programms

Um das Programm zu starten, laden Sie Access und anschließend die Datei BEWERBER.MDB von der CD (im Ordner PERSONAL\BEISPIEL\BVERWALT). Daraufhin erscheint der Eingangsbildschirm der Bewerberverwaltung. Mit einem Klick auf das Windows-Logo gelangen Sie in die Eingabemaske.

Anlegen von Datensätzen

Mit der Schaltfläche *Neu* wird ein neuer Datensatz angelegt. Der Cursor steht nun im Feld *Anrede*. Hier können Sie im Listenfeld eine Anrede aussuchen. Sollte sich die gewünschte Bezeichnung nicht in der Auswahlliste befinden, können Sie mit der Schaltfläche ⬚ eine neue hinzufügen. Nach Betätigen erscheint das Eingabeformular.

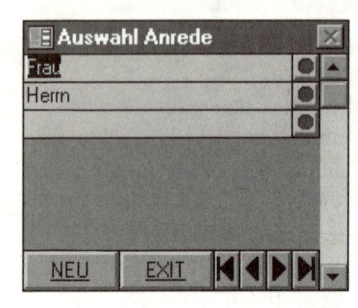

Abb. 166: Anrede auswählen

Hier können Sie mit einem Klick auf die Schaltfläche *Neu* eine weitere Anrede hinzufügen. Mit der Schaltfläche *Exit* bestätigen Sie Ihre Eingabe und gelangen in das Feld *Anrede* zurück. In der Auswahlliste erscheint jetzt Ihre Neuanlage.

Mit der Return- oder Tab-Taste gelangen Sie in das nächste Feld.

Titel	Feld erfordert keine Eingabe. Auswahl aus der Liste oder Listenerweiterung möglich.
Vor-/Nachname	Felder erfordern eine Eingabe.
Straße	Feld erfordert eine Eingabe.
Land	Feld erfordert eine Eingabe. Standardvorgabe ist »BRD«. Auswahl aus Liste oder Listenerweiterung möglich.
Wohnort	Feld erfordert eine Eingabe.
Ferienmitarbeiter	Feld erfordert eine Eingabe. Standardvorgabe ist *Nein*.
Bewerbung als	Feld erfordert eine Eingabe. Auswahl aus Liste oder Listenerweiterung möglich.
Befristet	Feld erfordert eine Eingabe. Standardvorgabe ist *Nein*.
Bewerbung aufgrund	Feld erfordert eine Eingabe. Auswahl aus Liste oder Listenerweiterung möglich.
Beziehung zur Firma	Feld erfordert keine Eingabe.
Geburtsdatum	Feld erfordert eine Eingabe.
Staatsangehörigkeit	Feld erfordert eine Eingabe. Auswahl aus Liste oder Listenerweiterung möglich.

Solution 4: Die richtige Personalbeschaffung 141

Sollten Sie versehentlich eine Eingabe vergessen haben, erscheint die Meldung

Abb. 167: Warnmeldung

Alle erforderlichen Daten sind jetzt eingegeben. Es besteht nun die Möglichkeit, Zusatzinformationen wie Telefonnummern, Qualifikationen oder Wiedervorlage-Datum einzugeben. Diese Felder sind jedoch nicht zwingend.

Bewerber	Wenn Sie einen Bewerber anlegen wollen, müssen Sie das Feld *Ferienmitarbeiter* mit *Nein* ankreuzen.
Ferienmitarbeiter	Wenn Sie einen Ferienmitarbeiter anlegen wollen, müssen Sie das Feld *Fereinmitarbeiter* mit *Ja* ankreuzen. Es werden dann zusätzliche Felder eingeblendet, in denen Sie dann detaillierte Informationen eingeben können.
Schüler	Feld erfordert eine Eingabe. Standardvorgabe ist Schüler.
Student	Feld erfordert eine Eingabe. Wird das Feld Student ausgewählt, können Zusatzinformationen wie studienbegleitend *Ja* oder *Nein* eingegeben werden. Standardvorgabe ist *Nein*.
für die Zeit vom – bis	Feld erfordert eine Eingabe. Hier können gewünschte Beschäftigungszeiträume eingegeben werden. Mehrere Termine sind möglich.

Datensatz suchen

Suche mit Doppelklick

In dem Bewerberformular kann durch einen Doppelklick auf die Felder *Bewerber-Nummer*, *Vorname* und *Nachname* nach bestimmten Kriterien gesucht werden. Diese Felder sind fett markiert. Nach dem Doppelklick erscheint folgender Dialog:

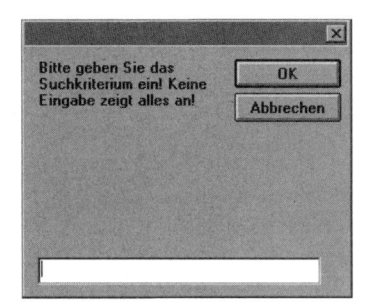

Abb. 168: Suchkriterium eingeben

In das Textfeld können Sie nun das Suchkriterium eingeben.

Suche mit Hilfe der Schaltfläche »Vor- und Zuname«
Durch Betätigen des »Feldstecher«-Symbols erscheint ein Dialogfenster, in dem Sie Vor- und Nachnamen eingeben können, um dann den ganzen Datensatz angezeigt zu bekommen.

Suche mit Bildlaufpfeilen
Hier kann entsprechend den Pfeilen vorwärts oder rückwärts gesucht werden.

Suche mit Hilfe der Schaltfläche »Alle anzeigen«
Mit Hilfe dieser Schaltfläche werden Ihnen alle Datensätze (Bewerber) angezeigt.

Datensätze selektieren

Jedes Feld mit dem Symbol ▣ kann selektiert werden. Bei Betätigen dieser Schaltfläche öffnet sich ein Dialogfenster, in dem Sie die Kriterien sehen, nach denen selektiert werden kann. Wählt man mit einem Doppelklick eines dieser Kriterien aus, sieht man in dem darunterliegenden Fenster jeweils die Bewerber, die diesem Kriterium entsprechen. Diese Liste kann ausgedruckt werden.

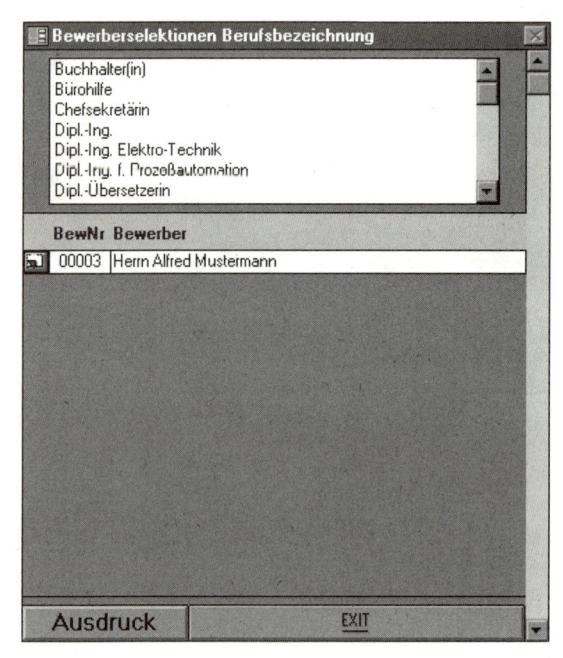

Abb. 169: Bewerberselektion

Felder, die selektiert werden können:

Ferienmitarbeiter	nach *Ja* oder *Nein*
Bewerbung	nach Arbeitsbereich
befristet	nach *Ja* oder *Nein*
Bewerbung aufgrund	nach Grund der Bewerbung
Staatsangehörigkeit	nach Staatsangehörigkeit
Qualifikationen	nach Kenntnissen

Datensätze löschen

Löschen einzelner Datensätze

Alle Felder, die das Symbol [icon] zeigen, können gelöscht werden. Nach Betätigen dieser Schaltfläche erscheint eine Sicherheitsabfrage: *Wollen Sie den aktuellen Datensatz löschen?*
Wenn Sie mit *Ja* bestätigen, wird der aktuelle Datensatz gelöscht.

Löschen von einem oder mehreren Bewerbern

Um einen oder mehrere Bewerber zu löschen, klicken Sie auf die Papierkorb-Schaltfläche. Es erscheint daraufhin die Meldung *Wollen Sie den aktuellen Bewerber löschen...?*
Bestätigen Sie mit *Ja*, wird der aktuelle Bewerber gelöscht, d.h. der Datensatz, in dem Sie gerade stehen.
Bestätigen Sie mit *Nein*, werden alle Bewerber gelöscht, die mit dem Status *löschen* gekennzeichnet sind. Dies kann bei mehreren Datensätzen einige Sekunden dauern.
Klicken Sie auf *Abbrechen*, wird der Vorgang abgebrochen.

Wiedervorlage-Datum

Wenn Sie sehen wollen, welche Bewerber heute auf Wiedervorlage gelegt wurden, klicken Sie auf die Kalender-Schaltfläche. Daraufhin erscheint ein Kalenderfenster, welches standardmäßig den heutigen Tag anzeigt. In der darunterliegenden Liste sind alle Bewerber aufgeführt, die für diesen Tag auf Wiedervorlage gesetzt wurden. Durch Blättern im Kalender sieht man dann Bewerber, die für andere Termine vorgemerkt wurden.

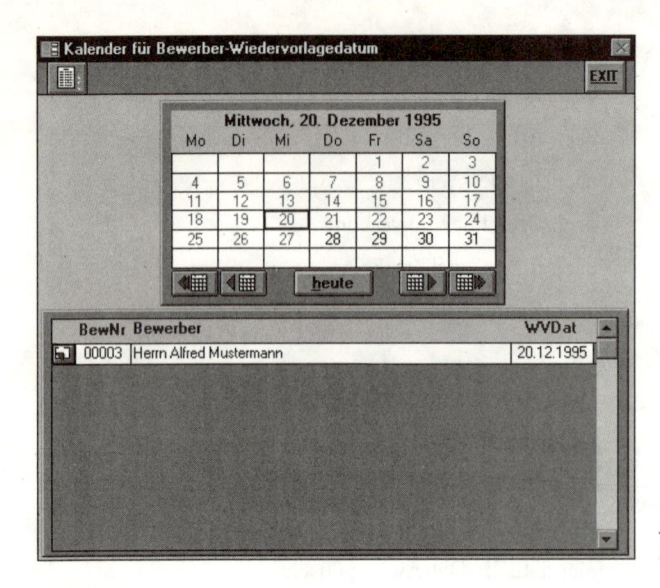

Abb. 170: Der Wiedervorlage-Kalender

Funktionen der Schaltflächen:

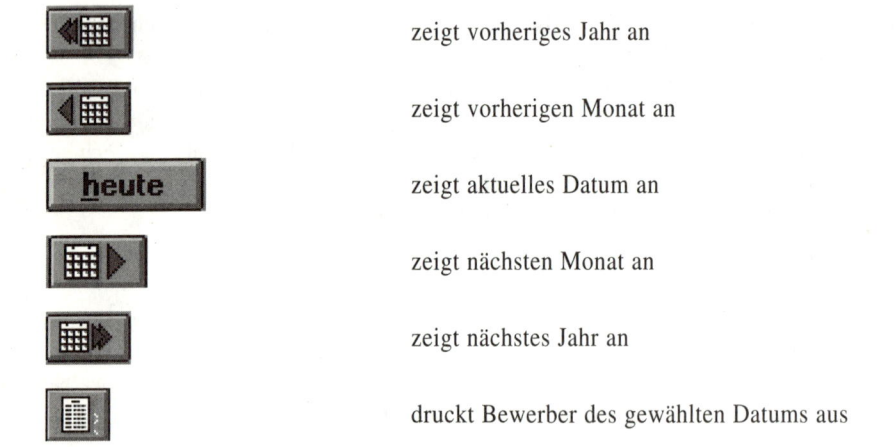

Schaltfläche	Funktion
	zeigt vorheriges Jahr an
	zeigt vorherigen Monat an
heute	zeigt aktuelles Datum an
	zeigt nächsten Monat an
	zeigt nächstes Jahr an
	druckt Bewerber des gewählten Datums aus

Hier sehen Sie ein Beispiel für einen Wiedervorlage-Bericht:

Fix & Schlau Personal-Abteilung	**Ausdruck nach Wiedervorlagedatum** 28.12.95		
			Seite 1
BewNr	Name des Bewerbers:		WV-Termin:
00003	Herrn Alfred Mustermann		20.12.1995
	- Ende der Selektion -		

Abb. 171: Ein Wiedervorlagebericht

Druck

Nach Anlegen eines Bewerbers und Füllen aller zwingend notwendigen Felder können Sie verschiedene Aktionen ausführen.

Laufzettel

Ein Klick auf die Schaltfläche *Laufzettel* ermöglicht es Ihnen, einen internen Laufzettel zu erstellen.

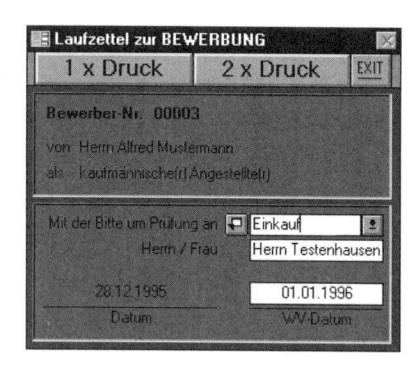

Abb. 172: Laufzettel-Dialog

Die Inhalte der Felder *Bewerber-Nummer*, *Name des Bewerbers* und *Bewerbung als* werden standardmäßig übernommen.

Folgende Felder müssen bzw. können jetzt noch eingegeben werden:

Mit der Bitte um Prüfung an (Abteilung)	Feld erfordert eine Eingabe, Auswahl aus Liste oder Listenerweiterung möglich.
Herrn/Frau (Anprechpartner)	Feld erfordert keine Eingabe.
Wiedervorlage-Datum	Wurde beim Anlegen eines Bewerbers ein Datum eingegeben, wird dieses automatisch übernommen. Wurde kein Wiedervorlage-Datum eingegeben, wird dieses vom Programm auf Heute + 30 Tage festgesetzt.

Beispielbericht:

Fix & Schlau Personal-Abteilung	Laufzettel zur BEWERBUNG	Bewerber-Nr. 00003
von **Herrn Alfred Mustermann** als **kaufmännische(r) Angestellte(r)**		
Mit der Bitte um Prüfung an	Einkauf Herr Testermann	
29.12.1995 Datum		Unterschrift
Vermerk der Fachabteilung:		
Datum		Unterschrift
Rückgabe der Bewerbung an:	*Personalleitung H. Xyz Tel. 1234*	

Abb. 173: Beispiel für einen Laufzettel

Nach dem Druck wird der Vorgang *Laufzettel* in den Lebenslauf der Bewerbung aufgenommen.

Absagen

Durch Betätigen der Schaltfläche *Absage* erhalten Sie das Druckmenü für Absagen.

Solution 4: Die richtige Personalbeschaffung 147

Abb. 174: Druckmenü für Absagen

Hier können Sie den Grund für die Absage auswählen. Wie Sie einen neuen Absagegrund anlegen oder einen vorhandenen ändern, können Sie im Kapitel *Textbausteine* lesen.
Falls Sie vergessen, einen Absagegrund zu markieren, erscheint beim Klicken auf *1 x Druck* oder *2 x Druck* die Meldung *Bitte wählen Sie zuerst einen Eintrag aus der Liste aus...*
Wenn Sie das Feld *Anlage vorhanden* markieren, erscheint im Ausdruck der Begriff »Anlagen« (z.B. Bewerbungsunterlagen). Parallel dazu wird die Schaltfläche *Etiketten* im Bewerberformular aktiviert und somit die Adresse für den nächsten Etikettendruck vorgemerkt.
Wählen Sie nun eine Absage aus, und klicken Sie auf *1 x Druck* oder *2 x Druck*, erscheint folgende Meldung: *Wollen Sie den Bewerber beim nächsten Löschvorgang entfernen?*
Bei Klick auf *Ja* wird in der Funktionsleiste die Schaltfläche *Löschen* aktiviert. Dieser Zustand kann jederzeit wieder rückgängig gemacht werden. Falls der Bewerberdatensatz den Status *Löschen* jedoch behält, wird er beim nächsten Löschvorgang unwiederbringlich entfernt.
Bestätigen Sie den Dialog mit *Nein*, bleibt in der Funktionsleiste des Bewerberformulars der Status *beibehalten* bestehen, und der Bewerber bleibt bei einem Löschvorgang im Datenbestand.
Nach Bestätigen des Dialogs mit *Ja* oder *Nein* wird der Druckvorgang gestartet und das Wiedervorlagedatum im Bewerberdatensatz auf Null gesetzt.
Nach dem Druck wird der Vorgang *Absage* in den Lebenslauf der Bewerbung aufgenommen.

Hier wieder ein Beispiel für einen Bericht:

```
Herrn
Alfred Mustermann
Hauptstraße 178

80000 München



Bewerber Nr.:          Unsere Zeichen:        Tel. (0 12 34) 56-7890
00003                  Personalleitung        Fax (0 12 34) 56-9999
                                              29.12.1995


Ihre Bewerbung


Sehr geehrter Herr Mustermann,

wir danken Ihnen für die Zusendung Ihrer Bewerbung und Ihr Interesse an einer Tätigkeit in
unserem Hause.

Zu unserem Bedauern müssen wir Ihnen leider mitteilen, daß wir Ihnen gegenwärtig keine für
Sie geeignete Arbeitsstelle anbieten können. Um bei einem sich ergebenden Bedarf auf Ihre
Bewerbung zurückkommen zu können, würden wir jedoch gerne Ihre Unterlagen bei uns
verwahren.

Sollten Sie auf einer sofortigen Rücksendung Ihrer Unterlagen bestehen, bitten wir Sie um
eine kurze Rückinformation.

Mit freundlichen Grüßen
**Fix & Schlau**



Anlagen
```

Abb. 175: Die Absage

Zwischenbescheide

Durch Betätigen der Schaltfläche *Zwischenbescheid* erhalten Sie das Druckmenü für Zwischenbescheide.

In diesem Formular können Sie den passenden Grund des Zwischenbescheides anwählen.
Wie Sie einen Textbaustein anlegen oder ändern, erfahren Sie im Kapitel *Textbausteine*.
Wenn Sie das Feld *Anlage vorhanden* markieren, erscheint im Ausdruck der Begriff »Anlagen«
(z.B. Bewerbungsunterlagen). Parallel dazu wird die Schaltfläche *Etiketten* im Hauptformular aktiviert und somit die Adresse für den nächsten Etikettendruck vorgemerkt.
Wurde im Bewerberformular kein Wiedervorlagedatum gesetzt, wird dieses automatisch
auf HEUTE + 14 Tage festgesetzt.
Nach dem Druck wird der Vorgang *Zwischenbescheid* in den Lebenslauf der Bewerbung
aufgenommen.

Einladungen

Durch Klicken auf die Schaltfläche *Einladung* erhalten Sie das Druckmenü für Einladungen.

Abb. 176: Druckmenü für Einladungen

In diesem Formular können Sie einen passenden Einladungstext auswählen. Wie Sie einen Textbaustein anlegen oder ändern, erfahren Sie im Kapitel *Textbausteine*.
Wenn Sie das Feld *Anlage vorhanden* markieren, erscheint im Ausdruck der Begriff »Anlagen« (z.B. Wegbeschreibung). Parallel dazu wird die Schaltfläche *Etiketten* im Hauptformular aktiviert und somit die Adresse für den nächsten Etikettendruck vorgemerkt.
Beim Bearbeiten einer Einladung gibt es zwei Varianten:

1. Einladung ohne Termin

Wählen Sie diese Form der Einladung aus, können Sie, ohne weitere Eingaben zu machen, drucken.

2. Einladung mit Termin

Bevor Sie diese Art der Einladung drucken können, müssen Sie in dem Feld *am* ein Datum eingeben, da sonst im Ausdruck das Datum und die Uhrzeit fehlen.
Nach dem Druck wird der Vorgang in den Lebenslauf der Bewerbung aufgenommen.

Beispielbericht:

```
Herrn
Alfred Mustermann
Hauptstraße 178

80000 München



Bewerber Nr.:        Unsere Zeichen:       Tel. (0 12 34) 56-7890
00003                Personalleitung       Fax (0 12 34) 56-9999
                                                30.12.1995


Ihre Bewerbung


Sehr geehrter Herr Mustermann,

wir danken Ihnen für die Zusendung Ihrer Bewerbung und Ihr Interesse an einer Tätigkeit in
unserem Unternehmen.

Wir sind an Ihrer Bewerbung interessiert und möchten Sie gerne zu einem
Vorstellungsgespräch am 10.01.1996 um 11.30 Uhr in unser Haus einladen. Sollte es Ihnen
nicht möglich sein, diesen Termin wahrzunehmen, bitten wir um Rückinformation unter der
Rufnummer (0 12 34)/56-7890.

Mit freundlichen Grüßen
**Fix & Schlau**




Anlagen
```

Abb. 177: Einladung zum Termin

An dieser Stelle möchte ich die Erklärungen zur Bewerberdatenbank beenden. Das Wichtigste haben Sie erfahren. Schauen Sie sich doch die fertige Lösung einmal an, und testen Sie sie. Sie kann mit wenig Aufwand an Ihre Anforderungen angepaßt werden.

Solution 5: Personalbeurteilung und Personalförderung

Abb. 178: Unsere Aufgabe

Das Problem

Herr Fix ist ein Motivator, der seine Mitarbeiter gut führen kann. Daher macht er regelmäßig Personalbeurteilungen, sowohl für die Mitarbeiter, damit diese sehen, wie ihre Leistungen und ihr Verhalten beurteilt wird, als auch für die Vorgesetzten, denn durch die Beurteilungsergebnisse können diese die Mitarbeiter situativ führen und auch richtig einsetzen.

Als erste Aufgabe will Herr Fix sich einmal ein Bild machen, welche Qualitäten die einzelnen Mitarbeiter und Abteilungen haben. Hierzu will er in Excel eine Tabelle erstellt haben, in der er jeden Mitarbeiter und dessen Stärken und Schwächen regelmäßig beurteilen kann. Anschließend will er in einer Portfolio-Grafik die Qualitäten der Mitarbeiter darstellen und über die gesamte Situation einen Geschäftsbericht erstellen, den er seinem Schwiegervater und Chef, Herrn Schlau, vorlegen kann.

Kein leichtes Unterfangen! Und wer soll die Aufgabe lösen? Natürlich unsere gestreßte Frau Kummer.

Fassen wir das Problem zusammen:

- Wie erstelle ich einen Beurteilungsbogen?
- Wie erstelle ich eine Stärken-Schwächen-Analyse?
- Wie erstelle ich eine Führungskräfte-Portfolio-Analyse?

Ein Wort voraus: Vom Sinn und Zweck der Personalbeurteilung

Wie bereits erwähnt, erleichtern Sie sich die Arbeit im Personalwesen ganz entscheidend, wenn Sie eine dauerhafte und regelmäßige Personalbeurteilung durchführen. Diese kommt auch der Belegschaft zugute: Die Gewißheit, gerecht beurteilt zu werden, birgt einen hohen Motivationsfaktor in sich, ebenso wie eine leistungsgerechte Bezahlung. Auch für diese ist die Beurteilung die notwendige Grundlage. Weiterhin dient die Mitarbeiterbeurteilung als sehr brauchbares Führungsinstrument. Führen Sie zu diesem Zweck nach der Beurteilung ein Beurteilungsgespräch.

Eine systematische Personalentwicklung bedarf der regelmäßigen Personalbeurteilung. Durch sie können förderungswürdige Mitarbeiter, die Art der Fortbildungsmaßnahmen und deren Erfolge ermittelt werden.

Auch der Personaleinsatz kann durch die Personalbeurteilung optimiert werden. Sie wird Ihnen die Auswahl von geeigneten Mitarbeitern zur Besetzung von Stellen und zur Beförderung erleichtern.

Der Wert der Mitarbeiterbeurteilung

Der Wert einer Mitarbeiterbeurteilung hängt von der Beurteilungsdurchführung, dem Beurteilungsbogen und selbstverständlich auch der Auswertung ab.

Versuchen Sie, den Beurteilungsbogen zusammen mit Ihren Mitarbeitern zusammenzustellen, und nehmen Sie sich Zeit dabei. Auch bei der endgültigen Bewertung sollten Sie Ihre Mitarbeiter zumindest über das Ergebnis informieren. Noch besser wäre es, das Ergebnis mit ihnen zu diskutieren.

Hüten Sie sich davor, den Beurteilungsbogen oberflächlich zu entwickeln. Dies würde die ganze Mühe in Frage stellen. Überdenken Sie die Gewichtung der Kriterien: Für einen Außendienstmitarbeiter gelten ganz andere Gewichtungen als zum Beispiel für eine Sekretärin.

Ziehen Sie die Beurteilungen bei möglichst vielen Gelegenheiten als Entscheidungshilfen heran.

Meiner Meinung nach ist es jedoch sehr wichtig, das Beurteilungsgespräch mit den Mitarbeitern emotionslos zu führen, und zwar am Ende eines jeden Jahres in Verbindung mit einem Jahresbericht und einer Vorschau – 20 Prozent Rückblick und 80 Prozent Ausblick.

Das ist die Lösung

Die Stärken-Schwächen-Analyse

Unsere Frau Kummer möchte nun mit MS Excel und dem Excel-Zusatzprogramm Profilius, das sie bei der Firma M. I. S. bezogen hat, für jeden Mitarbeiter eine Stärken-Schwächen-

Solution 5: Personalbeurteilung und Personalförderung

Analyse erstellen und mit Hilfe verschiedener Szenarien eine Auswertung anfertigen. Das hört sich aber kompliziert an! Daß alles halb so schlimm ist, werden Sie gleich sehen.

Sie finden die hier vorgestellte Stärken-Schwächen-Analyse auf der CD zum Buch:

Ordner: \PERSONAL\BEISPIELE
Datei: SOLU5.XLS

▲ Erstellen Sie zunächst das abgebildete Tabellenblatt, oder öffnen Sie das Register *Stärken-Schwächen-Analyse*.

Bewertungsbogen

1. Angaben zur Person

Vorname:	Helmut	Nachname:	Reinke
Straße:	Berliner Ring 57		
Plz:	71522	Ort:	Backnang
☎	07191-61566	Beruf:	Kaufmann
Geburtsdatum:	12.08.49	Alter:	46 Jahre
Abteilung:	EDV	Lohngruppe:	TG 8

2. Beurteilung

		3. Zeitraum	
Arbeitsplanung	7	von:	01.11.95
Arbeitsqualität	6	bis:	01.12.95
Arbeitstempo	5	Gespräch:	04.12.95
Ausdauer	7		
Belastbarkeit	5		
Entschlußkraft	5	**4. Gesamtüberblick**	
Fleiß	8		
Fachkenntnisse	6	Gesamtnote:	5,8
Pünktlichkeit	5	Abweichung:	1,2
Selbständigkeit	6	Beurteiler:	Cleverle
Zuverlässigkeit	4	Datum:	20.12.95
		Unterschrift: *Peter Cleverle*	

Abb. 179: Der Bewertungsbogen

Wie errechnen wir die Gesamtnote? Dazu bedienen wir uns der Funktion MITTELWERT.

▲ Klicken Sie die Ergebniszelle E24 an, und schreiben Sie folgende Formel hinein:

=MITTELWERT(B17:B27).

▲ Bestätigen Sie mit [Eingabe].

Wenn Sie die Syntax einer Funktion nicht genau kennen, gibt es noch einen anderen Weg:

▲ Markieren Sie die Ergebniszelle, und wählen Sie den Befehl *Einfügen-Funktion...* . Nun meldet sich der Funktions-Assistent mit dem Schritt 1 von 2.

▲ Wählen Sie unter *Kategorie Statistik* aus und unter *Funktion MITTELWERT*.

▲ Klicken Sie auf *Weiter*. Nun haben Sie den Schritt 2 des Funktionsassistenten auf Ihrem Bildschirm.

▲ Klicken Sie in das Feld *Zahl1*, und markieren Sie dann die einzelnen Beurteilungen, also die Zellen B17:B27.

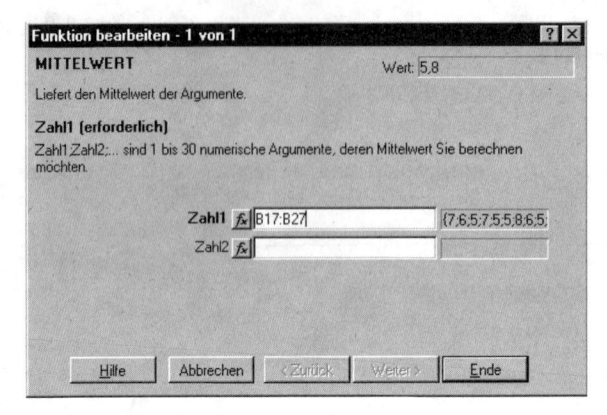

Abb. 180: Eingabe des Arguments Zahl1

▲ Bestätigen Sie die Eingabe mit *Ende*.

▲ Um die Abweichung zu errechnen, verwenden Sie die Funktion STABW. Geben Sie in die Zelle E24 die Formel

=STABW(B17:B27)

ein.

Auch das aktuelle Datum ist mit einer ganz einfachen Funktion berechnet:

=HEUTE()

> **Tip:** Schneller geht's nicht – Datum und Zeit hier und jetzt!
> Sie möchten in eine Tabelle das aktuelle Datum und die aktuelle Uhrzeit eingeben, und zwar auch dann, wenn Sie das genaue Datum bzw. die genaue Uhrzeit nicht kennen, da Sie der Meinung sind, daß das Excel selbst wissen sollte. Wenn Sie eine Zelle markieren und `Strg`+`+` eingeben, fügt Excel das Systemdatum ein. Wenn Sie `Strg`+`:` betätigen, fügt Excel die Systemzeit ein.

Nun möchten wir die Noten grafisch darstellen. Dafür eignet sich das Programm Profilius der Firma M. I. S. besonders gut. Leider gibt es keine Demoversion; die Lizenz kostet aber nicht viel. Für den Fall, daß Sie nähere Informationen benötigen, drucke ich hier noch einmal die Adresse der Firma M. I. S. ab:

Management Information Systems
Kennwort: SOLUTIONS
Landwehrstraße 50
64293 Darmstadt
Telefon: 06151-866-600
Telefax: 06151-866-666

Arbeiten mit Profilius

Das Programm bietet Ihnen die Möglichkeit, Profil-Grafiken direkt in MS Excel zu erzeugen. Mit diesem Grafiktyp, der u.a. von Marktforschern und Soziologen genutzt wird, lassen sich mehrdimensionale Beurteilungsproblematiken verschiedenster Art kompakt darstellen.

Profilius erlaubt die Rückwärtsverknüpfung Ihrer Grafik mit den Daten auf dem Arbeitsblatt. Änderungen in der Profil-Grafik durch horizontales Verschieben der Marker werden also automatisch in der Tabelle aktualisiert. Als Marker können neben den in MS Excel üblichen Optionen auch Grafik-Objekte aus der MS-Windows-Zwischenablage eingebunden werden. Neben der Werteskala ist auch die gewählte Abszissenteilung sowie deren Skalierung frei wählbar.

Die Grafiken können in das Arbeitsblatt integriert oder als eigene Datei abgespeichert werden. Selbstverständlich unterstützt Profilius alle Farb-, Formatierungs- und Schriftgestaltungsmöglichkeiten von MS Excel 5.0. Die Grafiken lassen sich in Präsentationsqualität ausdrucken oder als Metafile in die MS-Windows-Zwischenablage übernehmen.

Nun wollen wir einmal beginnen:

- Installieren Sie zunächst Profilius auf Ihrer Festplatte. Wechseln Sie dazu in den Datei-Manager, und machen Sie einen Doppelklick auf SETUP.EXE im Profilius-Verzeichnis. Sie werden nun gefragt, wohin die Dateien entpackt werden sollen. Geben Sie an dieser Stelle Ihr Excel-Verzeichnis ein.

- Nun erstellen wir das Profil-Diagramm. Markieren Sie die Zellen A17:B27, und wählen Sie den Befehl *Einfügen-Profil Objekt*.

Schon fügt Profilius ein Profil-Diagramm ein. Sie können es ganz genau wie jedes Excel-Diagramm formatieren.

Indem Sie einmal daraufklicken, können Sie es nun an die richtige Stelle schieben und ihm die passende Größe geben. So sieht die Stärken-Schwächen-Analyse des Mitarbeiters Reinke nun aus:

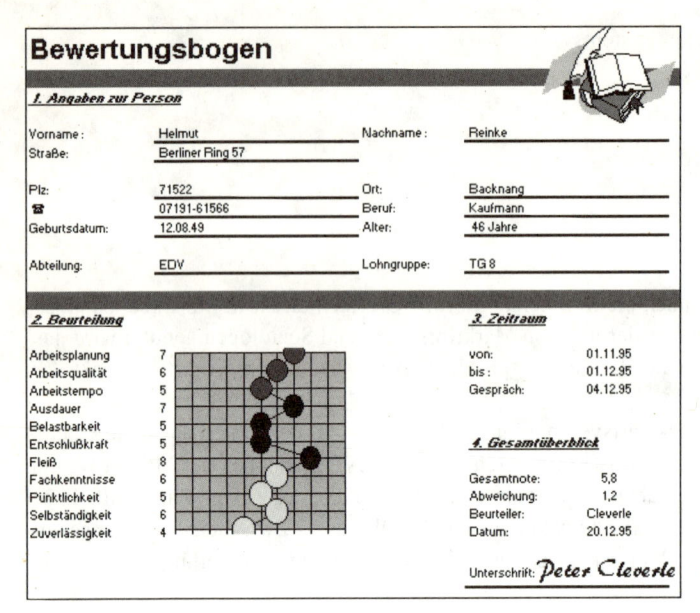

Abb. 181: Unser Bewertungsbogen mit Profilius-Diagramm

Natürlich können Sie auch in Excel ein Liniendiagramm erstellen. Der einzige Nachteil ist nur, daß sich diese nicht drehen lassen.
Versuchen wir uns einmal daran:

▲ Markieren Sie die Zellen A17:B27.

▲ Wählen Sie nun den Befehl *Einfügen-Diagramm-Als neues Blatt.*

▲ Der Diagramm-Assistent öffnet sich. Im Schritt 2 wählen Sie den Diagrammtyp Punkt (XY) aus.

▲ Im Schritt 3 wählen Sie dann das AutoFormat 5 aus.

▲ Der Schritt 4 soll folgendermaßen aussehen:

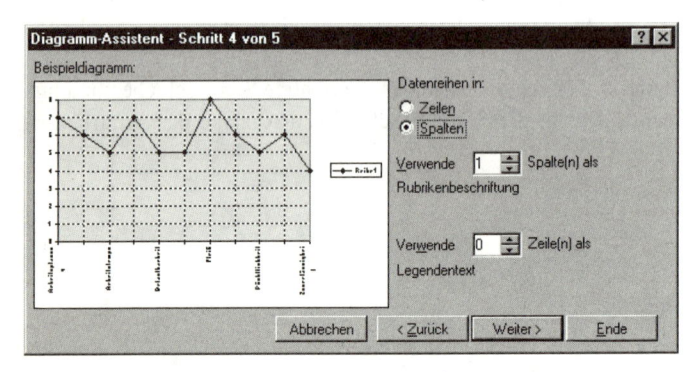

Abb. 182: Der Schritt 4 des Diagramm-Assistenten

Solution 5: Personalbeurteilung und Personalförderung 157

▲ Bestätigen Sie mit Ende.
▲ Markieren Sie nun die X-Achse, und wählen Sie den Befehl *Format-Markierte Achse*.
▲ Legen Sie als Kleinstwert 0 und als Höchstwert 10 fest, da dies die Mindest- bzw. die maximale Punktzahl ist.
▲ Als Hauptintervall wählen wir 1.

Damit hätten wir unser Diagramm schon fertig.
Aber – können wir es nicht noch etwas attraktiver gestalten? Doch, natürlich:

▲ Wählen Sie den Befehl *Ansicht-Symbolleisten*, oder klicken Sie mit der rechten Maustaste irgendwo innerhalb Ihrer angezeigten Symbolleisten.
▲ Wählen Sie die Symbolleiste *Zeichnen* aus.
▲ Zeichnen Sie nun mit der Maus einen Kreis auf das Blatt, und füllen Sie ihn mit einer schönen Farbe.
▲ Belassen Sie ihn markiert, und klicken Sie auf *Ausschneiden*.
▲ Klicken Sie nun einmal auf die Datenreihe, um die Datenpunkte zu markieren.
▲ Wählen Sie dann *Einfügen*.
▲ Nun können Sie die übrigen Diagrammelemente durch Anklicken und Auswahl des Befehls *Format-Markierte...* ansprechend formatieren.

So könnte das Schaubild dann aussehen:

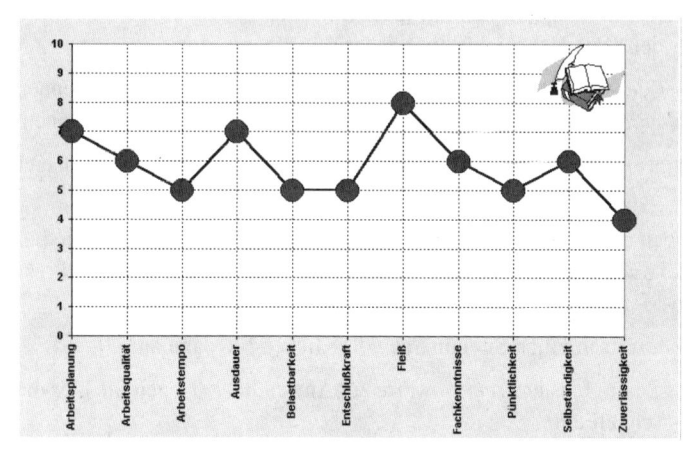

Abb. 183: Das fertige Diagramm

Ein schneller Überblick mit dem Szenario-Manager

Nun haben Sie einen sehr anschaulichen Überblick über die Fähigkeiten des Herrn Reinke. Aber wir wollen natürlich auch die anderen Mitarbeiter sehen. Gehen Sie folgendermaßen vor:

- ▲ Geben Sie zunächst allen weiß unterlegten Feldern einen passenden, aussagekräftigen Namen, indem Sie die entsprechende Zelle markieren, dann in das Namensfeld links neben der Eingabezeile klicken und den Namen dort eintragen.
- ▲ Wählen Sie dann den Befehl *Extras-Szenario-Manager...* . Sie sehen das Dialogfenster *Szenario-Manager*. Klicken Sie auf die Schaltfläche *Hinzufügen*.
  Wie Sie sehen, öffnet sich jetzt das Dialogfenster *Szenario hinzufügen*. Schreiben Sie in das Feld unter *Szenarioname* den Namen *Reinke*.
- ▲ Nun markieren Sie mit der Maus die veränderbaren Zellen (alternativ könnten Sie die Bezüge natürlich auch eintippen). In unserem Fall handelt es sich um alle weiß unterlegten Zellen, mit Ausnahme derer, die eine Formel enthalten. Sie werden gleich verstehen, warum.
- ▲ Im nächsten Fenster *Szenariowerte* hätten Sie nun die Möglichkeit, Werte einzugeben. Da wir diese ja schon vorher festgelegt haben, bestätigen wir mit *OK*.
- ▲ Der Szenario-Manager meldet sich zurück und teilt uns mit, daß wir nun ein Szenario mit dem Namen *Reinke* festgelegt haben.
- ▲ Klicken Sie auf *Schließen*.
- ▲ Jetzt wollen wir noch zwei weitere Mitarbeiter eingeben, den Herrn Habenichts und den Herrn Schnell. Überschreiben Sie die Zelle B2 mit *Kurt Habenichts,* und tragen Sie die Noten für diesen Mitarbeiter ein. Der Beurteiler ist in diesem Fall unser Produktionsleiter, der Herr Ordentlich. Tragen wir also auch dies in die Zelle R14 ein.

Sie sehen, unser Profil-Diagramm ändert sich mit jeder Eingabe.
Nun wollen wir auch für den Kurt Habenichts ein Szenario festlegen.

- ▲ Aktivieren Sie wieder den Szenario-Manager, klicken Sie auf *Hinzufügen*, und nennen Sie das Szenario *Habenichts*. Veränderbar sind natürlich die gleichen Zellen wie oben.
- ▲ Das Fenster *Szenariowerte* bestätigen Sie mit *OK*. Klicken Sie im Szenario-Manager dieses Mal **nicht** auf *Schließen*.
- ▲ So, nun geben wir noch den Vertriebsleiter, unsern Herrn Schnell, ein. Wir wollen dieses Mal nicht in unser Tabellenblatt wechseln, sondern die Werte für den Schnell direkt in unserem Szenario-Manager eingeben. Klicken Sie also auf *Hinzufügen*.
- ▲ In das Feld *Szenarioname* schreiben Sie nun *Schnell*. Klicken Sie dann auf *OK*.
- ▲ Nun kommt auch das Dialogfenster *Szenariowerte* zur Anwendung. Tippen Sie hier die Werte für den Herrn Schnell ein...

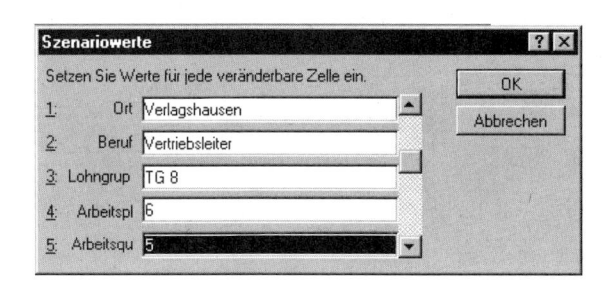

Solution 5: Personalbeurteilung und Personalförderung 159

Abb. 184: Die Szenariowerte für Herrn Schnell festlegen

...usw.

- Klicken Sie dann auf *OK*.

Nun haben wir für drei Mitarbeiter Szenarios angelegt.
Wenn Sie nun im Dialogfenster *Szenario-Manager* die einzelnen Mitarbeiter anklicken und dann auf *OK* klicken, sehen Sie, wie sich die Werte sowohl unserer Tabelle als auch unseres Profil-Diagramms ändern.
Das gefällt uns schon ganz gut. Aber wir wollen es noch etwas bequemer haben.

- Wählen Sie daher *Ansicht-Symbolleisten*.

- Erstellen Sie eine neue Symbolleiste, indem Sie in das Feld *Name der Symbolleiste Mitarbeiter* hineinschreiben und dann auf *Neu* klicken.

- Jetzt suchen Sie sich die Kategorie *Werkzeug* heraus. Ziehen Sie dann die Schaltfläche *Szenario* mit der Maus auf Ihre neue Symbolleiste, die links oben in Ihrem Tabellenblatt zu sehen ist.

- Bestätigen Sie das Fenster *Anpassen* mit *Schließen*.

- Ergreifen Sie nun die neue Symbolleiste mit der linken Maustaste, und ziehen Sie sie an eine Ihnen zusagende Stelle.

Nun brauchen Sie nur den Mitarbeiter, der Sie interessiert, anzuklicken, und schon wird die Tabelle mit den zugehörigen Werten und das Profil-Diagramm dargestellt. Schöner geht's doch nicht, oder?

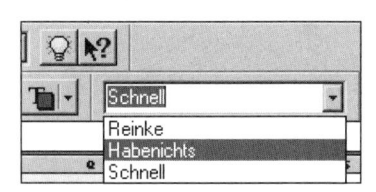

Abb. 185: Die Symbolleiste Mitarbeiter

Um unsere Stärken-Schwächen-Analyse noch komfortabler zu gestalten, habe ich zwei kleine Makros geschrieben. Das erste dient dazu, einen Übersichtsbericht aus den gespeicherten Szenarien zu erstellen.

```
Option Explizit
' Übersichtsbericht Makro
' Makro am 14.12.1995 von Helmut Reinke
Sub Übersichtsbericht()
    AktivesBlatt.SzenarioListe.ÜbersichtsberichtErstellen Berichts-
typ:= _
        xlÜbersichtsbericht, Ergebniszellen:=Bereich("R12;R13")
Ende Sub
```

Das zweite blendet die Symbolleiste *Mitarbeiter* ein:

```
' SYMBOLE Makro
' Makro am 14.12.1995 von Helmut Reinke
Sub SYMBOLE()
    SymbolleisteListe("Mitarbeiter").Sichtbar = Wahr
    Mit Anwendung
        .QuickInfoZeigen = Wahr
        .GrosseSchaltflächen = Falsch
        .FarbigeSchaltflächen = Wahr
    Ende Mit
Ende Sub
```

▲ Wechseln Sie in das Tabellenblatt *Stärken-Schwächen-Analyse*, und blenden Sie die Symbolleiste *Dialog* ein, indem Sie mit der rechten Maustaste innerhalb der vorhandenen Symbolleisten klicken und dann *Dialog* auswählen.

Abb. 186: Die Symbolleiste Dialog

▲ Klicken Sie auf das Schaltflächen-Symbol, das ist auf der obigen Abbildung das rechte Symbol der obersten Reihe.

▲ Ziehen Sie auf Ihrem Tabellenblatt eine Schaltfläche in der gewünschten Größe auf.

▲ Nun öffnet sich der Dialog *Zuweisen*. Wählen Sie hier das Makro *SYMBOLE* aus, und klicken Sie auf OK.

▲ Indem Sie nun die Schaltfläche mit der linken Maustaste anklicken und den vorgegebenen Text markieren und überschreiben, geben Sie ihr den Namen *Symbolleiste einblenden*.

▲ Um etwas Farbe ins Spiel zu bringen, können Sie die Schaltfläche mit der rechten Maustaste anklicken und aus dem Kontextmenü *Objekt formatieren* auswählen.

▲ Weisen Sie der Schrift nun eine entsprechende Farbe zu.

Solution 5: Personalbeurteilung und Personalförderung 161

Wenn Sie nun einmal auf die Schaltfläche klicken, wird das Makro ausgeführt, und die Symbolleiste *Mitarbeiter* erscheint.

▲ Erstellen Sie eine zweite Schaltfläche, der Sie das Makro *Übersichtsbericht* zuweisen, und nennen Sie die Schaltfläche *Übersichtsbericht erstellen*.

Wenn Sie diese Schaltfläche anklicken, fertigt Excel einen auf den festgelegten Szenarios basierenden Übersichtsbericht an.

Hinweis: Sie könnten diesen auch über den Befehl *Extras-Szenario-Manager-Bericht...* erstellen.

Die Führungskräfte-Potential-Analyse mit dem Portfolio-Ansatz

In der Einführung zu diesem Buch habe ich Ihnen die Führungsmethode »Können x Wollen« (siehe S. 30) erläutert. Nun möchte ich Ihnen einmal erklären, wie Sie eine erfolgreiche Analyse Ihrer Führungskräfte durchführen können.

Eine wertvolle Hilfe waren mir dabei abendliche Diskussionen mit meinem Freund Wolfgang Stapelfeldt, der diese Analyse erfolgreich einsetzt und nicht nur deshalb als »Personal-Guru« bezeichnet wird. Lassen Sie sich einmal von der nachfolgenden Idee inspirieren!

Die Führungskräfte-Potential-Analyse mit dem Portfolio-Ansatz ist eine Bestandsaufnahme vorhandener Führungskräfte im Unternehmen. Sie berücksichtigt eine Leistungsbeurteilung (Vergleich der erzielten Ergebnisse mit den gesetzten Zielen) und eine Potentialbeurteilung.

Wenn Menschen in verschiedene Kategorien je nach ihrer wirksamen Führungskraft eingestuft werden, dann muß das Unternehmen auch Maßnahmen zur Änderung des Führungsverhaltens einleiten bzw. überforderten Führungskräften adäquate Aufgaben übertragen.

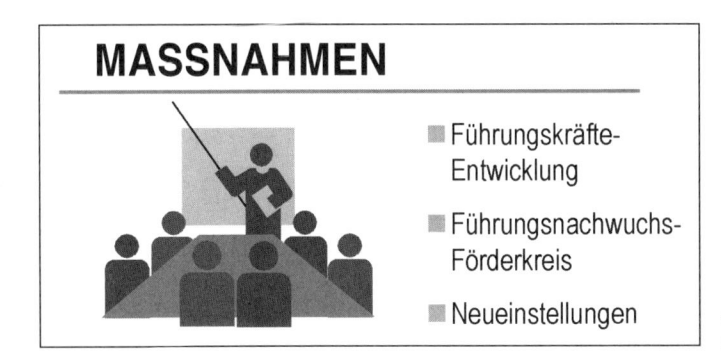

MASSNAHMEN

- Führungskräfte-Entwicklung
- Führungsnachwuchs-Förderkreis
- Neueinstellungen

Abb. 187: Maßnahmen zur Führungskräfteförderung

Die Leistungsbeurteilung sollte durch ein Gremium von Führungskräften der obersten Ebene erfolgen. Die Leistung jeder Führungskraft wird individuell vom Führungsteam beurteilt und gefördert.

Unsere Mitarbeiter erbringen eine bestimmte Leistung, die ich im folgenden mit »Wollen« gleichsetzen will.

Arbeitsleistung (Wollen) ist in der Führungsebene die Verwirklichung der vereinbarten (und ich lege besonderen Wert auf diese Wort) Ziele. Diese sollen an den tatsächlich erbrachten Ergebnissen gemessen werden.

Potential (Können), Schulbildung, Auftreten, Wissen und nicht zuletzt auch die mögliche zukünftige Entwicklung zu noch mehr Effektivität im Hinblick auf unser Unternehmen und auf den Mitarbeiter selbst.

Als allererstes werden wir nun für unsere Firma Fix & Schlau einen Analysebogen entwerfen, um hier ein ordentliches und fundiertes Ergebnis zu erzielen.

Erstellen des Analysebogens

Sie finden den hier vorgestellten Analysebogen auf der CD zum Buch:

Ordner: \PERSONAL\BEISPIELE
Datei: FKPORTF.XLS

Erstellen Sie als erstes das nachfolgende Arbeitsblatt. Ich habe hier mit Absicht auf die Beschreibung der Tabelle verzichtet, um für die wichtigeren Kniffe Platz einzuräumen. Sie sind ja schon ein erfolgreicher Excel-Experte.

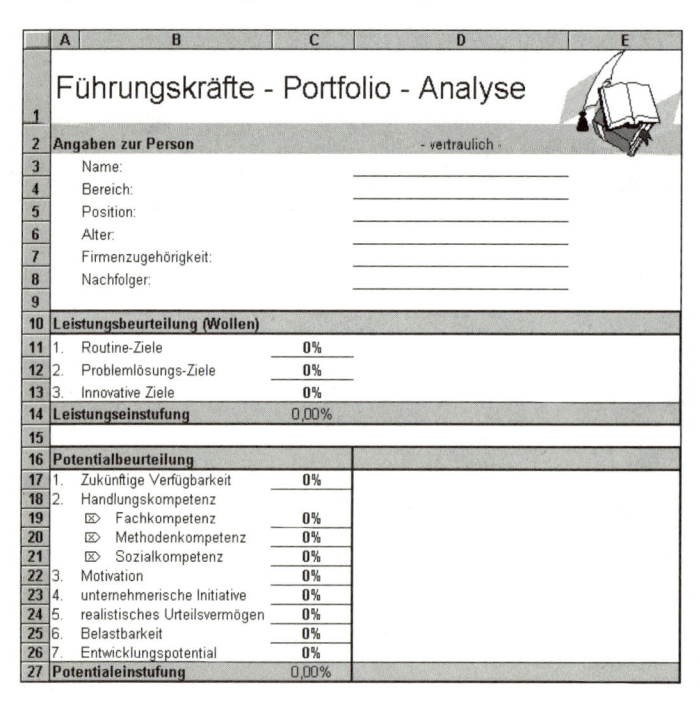

	A	B	C	D	E
1	Führungskräfte - Portfolio - Analyse				
2	Angaben zur Person			- vertraulich -	
3		Name:		_____	
4		Bereich:		_____	
5		Position:		_____	
6		Alter:		_____	
7		Firmenzugehörigkeit:		_____	
8		Nachfolger:		_____	
9					
10	Leistungsbeurteilung (Wollen)				
11	1.	Routine-Ziele		0%	
12	2.	Problemlösungs-Ziele		0%	
13	3.	Innovative Ziele		0%	
14	Leistungseinstufung			0,00%	
15					
16	Potentialbeurteilung				
17	1.	Zukünftige Verfügbarkeit		0%	
18	2.	Handlungskompetenz			
19		☒ Fachkompetenz		0%	
20		☒ Methodenkompetenz		0%	
21		☒ Sozialkompetenz		0%	
22	3.	Motivation		0%	
23	4.	unternehmerische Initiative		0%	
24	5.	realistisches Urteilsvermögen		0%	
25	6.	Belastbarkeit		0%	
26	7.	Entwicklungspotential		0%	
27	Potentialeinstufung			0,00%	

Abb. 188: Der Analysebogen

Die Beurteilungskriterien

Routine-Ziele

Hier sollen Sie folgendes beurteilen:

- Liegen die Ergebnisse mehr im optimistischen oder mehr im pessimistischen Bereich?
- Bleiben die Ergebnisse größtenteils im Rahmen der realistischen Erwartungen, oder sind sie schlechter als normal?

Problemlösungs-Ziele

- Hat die Führungskraft Probleme in ihrem Aufgabenbereich erkannt und gelöst oder nicht?
- Waren Eingriffe von Vorgesetzten (Führungskraft) erforderlich?

Innovative Ziele

- Hat die Führungskraft innovative Projekte aufgenommen und bearbeitet?
- Wieviele?
- Hat sie damit Erfolg?
- Hat das Unternehmen von diesen Projekten profitiert und wenn ja, wie?

Die Bewertung des Führungskräfte-Potentials

Ein absolutes System zur Bewertung der Führungskräfte gibt es hier nicht. Ich habe einmal einige Kriterien aufgeschlüsselt, die Sie natürlich ausbauen können.
So, jetzt sind wir aber schon ganz gespannt darauf, wie das alles in Excel zu bewerkstelligen ist.

Dialoge, Dialoge, Dialoge...

Das Arbeitsblatt mit Leben, sprich Dialogen, zu füllen, ist nun unsere Aufgabe.

- Erstellen Sie hierzu ein Tabellenblatt, das Sie HILFSTAB nennen.
- Tragen Sie folgendes ein:

	A	B
1	BAUS	3
2	Lnr	Bereich
3	1	Vertrieb
4	2	Produktion
5	3	Verwaltung
6	4	noch nicht
7	5	noch nicht
8	6	noch nicht

Abb. 189: Eintrag in die Hilfstab

▲ Vergeben Sie folgende Namen: *BAUS* für die Ausgabezelle B1 und *Bereich* für den gesamten Bereich von der Ziffer 1 bis *noch nicht*.

▲ Nun wechseln Sie wieder in Ihr Tabellenblatt BEURTEILUNG und schreiben in die Zelle D4 folgende Formel:

=SVERWEIS(BAUS;BEREICH;2)

Den Befehl SVERWEIS habe ich Ihnen ja schon in der Altersstrukturanalyse erklärt. Nun erscheint zwar die Meldung...,

Abb. 190: Die Meldung #NV

...das kommt aber daher, daß wir das Ausgabefeld noch nicht verknüpft haben. Dies wollen wir nun mit einem Drop-down-Feld tun.

▲ Aktivieren Sie die Symbolleiste *Dialog*, und klicken Sie auf das Symbol *Dropdown-Feld*.

▲ Ziehen Sie das Drop-down-Feld mit der Maustaste auf, und denken Sie an den Tip mit der Alt -Taste, um das Feld genau einzupassen.

▲ Ziehen Sie das Feld neben *Bereich* auf die Zelle D4.

▲ Nach einem Doppelklick füllen wir nun den Dialog so aus, wie es die nächste Abbildung zeigt.

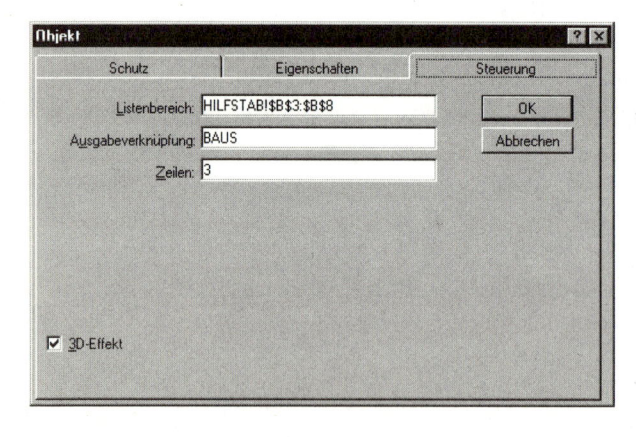

Abb. 191: Formatieren des Drop-down-Feldes

Der Listenbereich ist hier die zweite Spalte des Bereichs BEREICH.
Achtung! Wir wollen das Listenfeld natürlich nicht mit ausdrucken.

▲ Deshalb wechseln wir in das Register *Eigenschaften* und deaktivieren die Checkbox *Objekt drucken*.

Die gleiche Prozedur folgt nun bei der Position.

Solution 5: Personalbeurteilung und Personalförderung 165

▲ Als erstes erweitern wir unsere Hilfstabelle wie folgt:

	A	B	C
1	BAUS	3	2
2	Lnr	Bereich	Position
3		1 Vertrieb	Gruppenleiter
4		2 Produktion	Abteilungsleiter
5		3 Verwaltung	Hauptabteilungsleiter
6		4 noch nicht	Prokurist
7		5 noch nicht	Geschäftsführer
8		6 noch nicht	Vorstand

Abb. 192: Vervollständigen der Hilfstabelle

▲ Dann erweitern wir BEREICH, indem wir den Befehl *Einfügen-Namen-Festlegen* wählen und die Spalte von B auf C ändern.

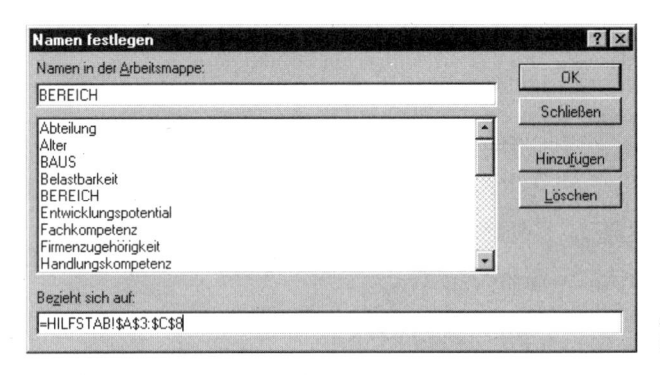

Abb. 193: Den Namen BEREICH festlegen

▲ Dem Ausgabebereich C1 haben wir den Namen PAUS gegeben.
▲ Nochmals der SVERWEIS, diesmal in Zelle D5:

=SVERWEIS(PAUS;BEREICH;3)

und fertig ist die Angelegenheit.

Das Drehfeld

Nun noch das Alter und die Betriebszugehörigkeit. Um Ihnen zu erklären, wie man am besten mit Drehfeldern arbeitet, habe ich Ihnen hier ein solches gesetzt und gebe den Wert in die formatierte Zelle zurück. Selbstverständlich könnten Sie den Wert auch per Hand eingeben!

▲ Klicken Sie also die Schaltfläche *Drehfeld* an, und ziehen Sie das Drehfeld auf dem Tabellenblatt auf. Denken Sie auch hier wieder an die Alt-Taste!

▲ Klicken Sie mit der rechten Maustaste auf das Drehfeld, und wählen Sie *Objekt formatieren* aus, oder doppelklicken Sie auf das Drehfeld.

▲ Füllen Sie den Dialog *Objekt* folgendermaßen aus:

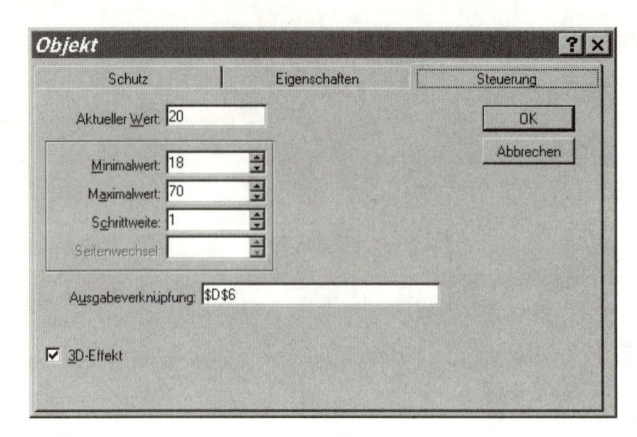

Abb. 194: Das Drehfeld formatieren

▲ Wählen Sie auch wieder das Register *Eigenschaften*, und deaktivieren Sie die Checkbox *Objekt drucken*.

▲ Verfahren Sie analog mit der Firmenzugehörigkeit.

So sollten unsere Angaben zur Person aussehen:

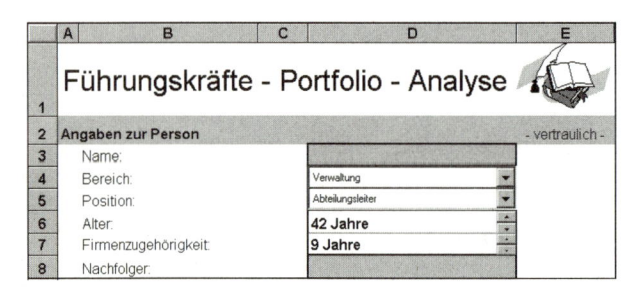

Abb. 195: Die Angaben zur Person

Die Bildlaufleiste

Nun gehen wir an die Beurteilung der Zielvereinbarungen.
Wir wollen auf einer Skala von 0 – 100 bewerten, ob und inwieweit unser Mitarbeiter seine Ziele erreicht hat.

▲ Hierzu klicken wir auf die Schaltfläche Bildlaufleiste auf der Dialog-Symbolleiste und ziehen die Bildlaufleiste auf.

▲ Dann füllen wir den Dialog folgendermaßen aus:

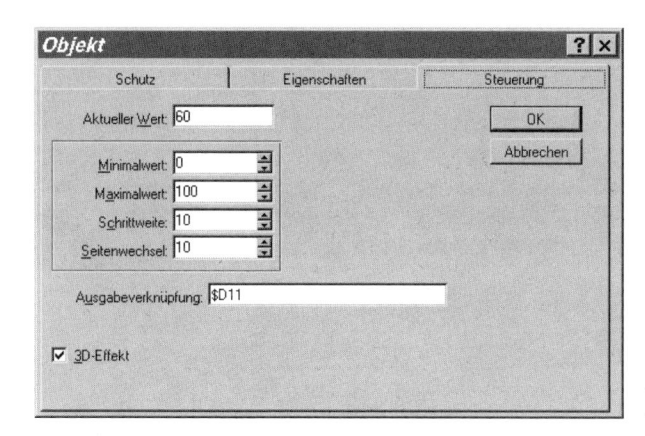

Solution 5: Personalbeurteilung und Personalförderung

[Dialogfeld "Objekt" mit Registerkarte "Steuerung": Aktueller Wert: 60, Minimalwert: 0, Maximalwert: 100, Schrittweite: 10, Seitenwechsel: 10, Ausgabeverknüpfung: $D11, 3D-Effekt aktiviert]

Abb. 196: Formatieren der Bildlaufleiste

Achten Sie darauf, daß das Ausgabefeld durch die Bildlaufleiste verdeckt ist. Leider kann man hier keine Prozentzahlen eingeben, sondern muß nachher die Zahlen durch 100 teilen. Auch hier bitte daran denken, daß der Druck ausgeschaltet ist!
So, nun haben wir auch schon die Ziele ausgewertet und wollen für diese noch den Mittelwert herausfinden.

- Geben Sie in die Zelle C14 folgende Formel ein:

    =MITTELWERT(C11:C13)

- Dieser Zelle geben wir nun noch den Namen *Leistung*.

Nun wollen wir neben der Leistung auch noch eine Kategorie einfügen, die der Beurteilung nicht einfach freien Lauf läßt. Daher beurteilen wir nach bestimmten Prozent-Zahlen

ausgezeichnet	mindestens 95 Prozent der Ziele erreicht
gut	mindestens 75 Prozent der Ziele erreicht
zufriedenstellend	mindestens 50 Prozent der Ziele erreicht
schlecht	weniger als 50 Prozent der Ziele erreicht

Wir wollen, daß der Eintrag neben dem Feld des Mittelwertes erscheint. Auch diese Aufgabe könnten wir mit SVERWEIS lösen.

Eine benutzerdefinierte Funktion

Wir jedoch wollen mehr, das ist einfach unsere Art. Wir wollen eine benutzerdefinierte Funktion schreiben.

- Wählen Sie den Befehl *Einfügen-Makro-Visual Basic*, und schreiben Sie die Funktion

```
Funktion BEWERTUNG(NOTE)
X = NOTE
Prüfe Fall X
Fall 0 Bis 0,5
```

```
'schlecht     weniger als 50 % der Ziele erreicht
     BEWERTUNG = "schlecht"
Fall 0,5 Bis 0,75
'Zufriedenstellend    mindestens 50% der Ziele erreicht
     BEWERTUNG = "zufriedenstellend"
Fall 0,76 Bis 0,95
'gut mindestens 75 % der Ziele erreicht
     BEWERTUNG = "Gut"
Fall Sonst
'ausgezeichnet :      mindestens 95 % der Ziele erreicht
   BEWERTUNG = "'ausgezeichnet"
Ende Prüfe
Ende Funktion
```

So, nun müssen wir die Funktion nur noch aktivieren.

▲ Dazu schreiben Sie in die Ausgabezelle die Funktion

=BEWERTUNG(C14)

Und so sieht die Sache dann aus:

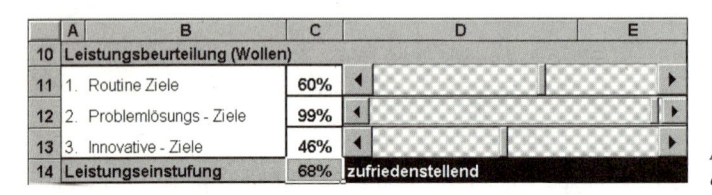

	A	B	C	D	E
10		Leistungsbeurteilung (Wollen)			
11	1.	Routine Ziele	60%		
12	2.	Problemlösungs - Ziele	99%		
13	3.	Innovative - Ziele	46%		
14		Leistungseinstufung	68%	zufriedenstellend	

Abb. 197: Die Leistungseinstufung

Jetzt haben wir auch die Ziele dargelegt und müssen nun nur noch unsere Potentiale beurteilen.

Die Potentiale analysieren

Als erstes wollen wir einmal die zukünftige Verfügbarkeit des Mitarbeiters beurteilen. Wir wollen das wie folgt bewerten:

weniger 5 Jahre   0 Prozent

Zwischen 5 und 7 Jahren   50 Prozent

zwischen 7 und 10 Jahren   80 Prozent

über 10 Jahre   100 Prozent

Diese Aufgabe lösen wir einmal mit einem

Optionsfeld

Wie geht das wohl?

▲ Ich ziehe aus der Dialogsymbolleiste ein Optionsfeld auf [⊙], wähle mit der rechten Maustaste den Befehl *Objekt formatieren* und gebe als Verknüpfung ZUAUS ein.

▲ Natürlich habe ich vorher meine HILFSTAB so präpariert, daß ich ein Ausgabefeld D1 mit dem Namen ZUAUS festgelegt und den Bereichsnamen BEREICH noch einmal um eine Spalte vergrößert habe.

	D
1	2
2	Zugehörigkeit
3	0%
4	50%
5	80%
6	100%
7	
8	

Abb. 198: Das Ausgabefeld

▲ Die Bezeichnung der Felder habe ich von *Optionsfeld* in < 5 Jahre usw. geändert.

▲ Nun gibt Excel die Nummer des Feldes in die Zelle ZUAUS in meiner Hilfstab aus. Den Wert greife ich jetzt mit der Funktion =SVERWEIS(ZUAUS;BEREICH;4) ab und erhalte die gewichtete %-Zahl.

Das Kontrollkästchen

Nur zum besseren Verständnis von Excel habe ich nun noch ein Kontrollkästchen eingefügt. Beim Anklicken des Kästchens wird der Wert *Wahr* oder *Falsch* in das Feld zurückgegeben.
Wir entscheiden uns nun, ob jemand motivieren kann oder nicht, und geben, wenn er es kann, 100 % ein, sonst 50 %.
Dies geschieht durch eine WENN-Formel. Das Ausgabefeld E1 hat den Namen MAUS, und die WENN-Funktion lautet

=WENN(MAUS=WAHR;1;0,5)

Für die anderen Felder ziehen wir eine Bildlaufliste auf und verfahren wie oben erklärt. Sie können aber auch – wie gesagt – von Ihrer CD die Datei FÜHRUNG.XLS öffnen. Im Tabellenblatt BEURTEILUNG MIT DIALOGEN finden Sie das fertige Arbeitsblatt.
Ich möchte Ihnen nicht verheimlichen, daß man diese Aufgabe mit der VBA-Programmierung noch etwas besser machen kann, aber wie Sie sehen, ist dies auch ohne große Pro-

grammierung funktionell zu bewältigen. So, nun haben wir einmal probehalber einen Mitarbeiter erfaßt, und unser Tabellenblatt müßte so aussehen:

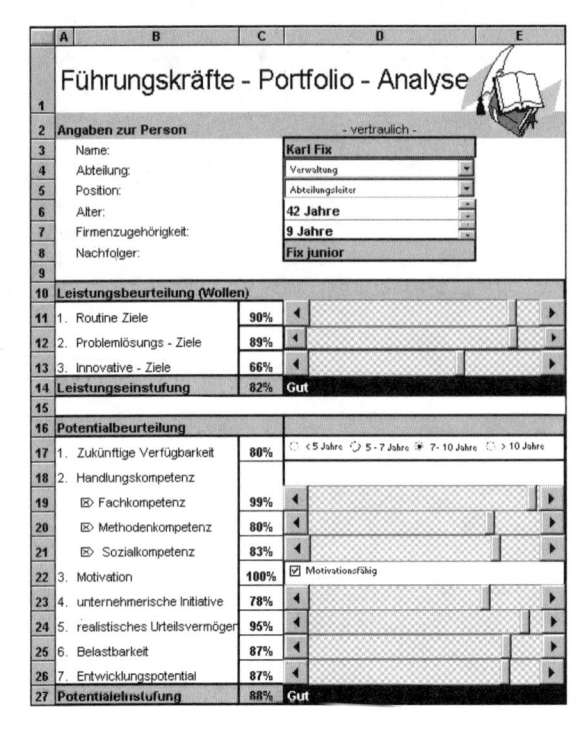

Abb. 199: Die Führungskräfte-Potential-Analyse

Aber unsere Aufgabe heißt doch Führungskräfte-Portfolio-Analyse? Und sollen wir nun für jeden Mitarbeiter einen Beurteilungsbogen anlegen?
Nein, natürlich nicht. Es gibt zwei Möglichkeiten: den Vorlagenassistenten und das Szenario. Die eine habe ich Ihnen in der Solution »Die Personalverwaltung« erklärt, die andere oben in diesem Kapitel. Sicherlich können Sie diese beiden Möglichkeiten mit Leichtigkeit auf unsere Führungskräfte-Analyse übertragen.

Das Führungskräfte-Portfolio

Die Beurteilung unserer Führungskräfte hat folgendes ergeben:

	A	B	C	D
1	Mitarbeiter	Potential	Leistung	Jahresgehalt
2	Fix	70	85	120.000 DM
3	Paul	60	70	155.000 DM
4	Schlau	88	85	160.000 DM
5	Bit	74	35	80.352 DM
6	Reinke	65	22	60.000 DM
7	Schels	35	87	155.000 DM
8	Ordentlich	24	34	150.000 DM
9	Schnell	38	75	89.528 DM
10	Flitz	35	60	130.468 DM

Abb. 200: Die Beurteilung der Führungskräfte

Solution 5: Personalbeurteilung und Personalförderung 171

Wir wollen die Qualitäten unserer Führungskräfte nun in einem Portfolio darstellen.

Sie finden die hier vorgestellte Portfolio-Analyse auf der CD zum Buch:

Ordner: \PERSONAL\BEISPIELE
Datei: PORT.XLS

- Öffnen Sie die Datei PORT.XLS, Register *Führungskräfte*, oder erstellen Sie die oben abgebildete Tabelle.

Es gibt eine ganze Reihe von Programmen, mit denen Sie Portfolios erstellen können.

Das Tool Portfolio 3.0

Was versteht man unter einem *Portfolio?* Der Begriff stammt aus dem Wertpapierbereich, er stellt eine Form von *Portefeuille* dar. Unter einem Portefeuille versteht man hier den Wertpapierbestand eines Anlegers. Ein Wertpapierportefeuille erfolgt unter Zuhilfenahme von Voraussetzungen wie angestrebter Rendite, Risiko, Gewinn, Wachstum etc. Den Ausschlag für die Zusammensetzung geben die Ziele des jeweiligen Anlegers.

Im Bereich der Unternehmen ersetzt man die Wertpapiere beispielsweise durch Produkte oder – in unserem Fall – durch Leistungsmerkmale der Führungskräfte.

Trotz der Vielzahl unterschiedlicher Portfolio-Konzepte läßt sich eine Grundstruktur erkennen, die allen Modellen immanent ist. Die Basis bildet eine zweidimensionale Matrix, die den Bewertungsraum für die einzelnen Objekte darstellt.

Eine ausführliche Einführung in die Portfolio-Analyse finden Sie im übrigen in meinem Buch *Produktanalyse und Portfolios mit MS EXCEL*, das ebenfalls in der **Solutions**-Reihe erschienen ist.

Sie finden eine Demoversion von *Portfolio 3.0* auf der CD zum Buch:

Ordner: \PORTFOL

Zur Installation lesen Sie bitte die Datei $README.TXT.

Portfolio 3.0 arbeitet mit Excel zusammen. Die Werte der von Ihnen erstellten Portfolios werden in Excel-Tabellen verwaltet. Das Wechseln von Excel zu Portfolio und umgekehrt wird durch OLE2 einfach und komfortabel gestaltet.

- Installieren Sie Portfolio 3.0, indem Sie im Programm- oder Dateimanager den Befehl *Datei/Ausführen...* wählen. Geben Sie dann x:\setup ein. X steht für den Pfad auf Ihrer CD.
- Klicken Sie irgendwo innerhalb Ihrer Tabelle *Führungskräfte*.
- Wählen Sie nun den neuen Befehl *Einfügen-Portfolio Objekt*.

Nun meldet sich der Portfolio-Assistent mit Schritt 1 von 2. Dahinter wird gleichzeitig das Diagramm angelegt.

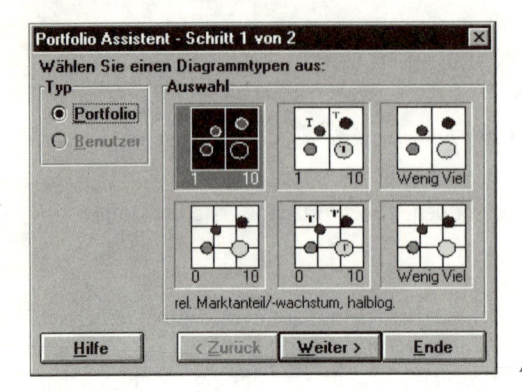

Abb. 201: Der Schritt 1 des Portfolio-Assistenten

Nun können Sie den gewünschten Diagrammtyp auswählen, wobei Sie in der oberen Reihe verschiedene Modelle nach der Boston Consulting Group sehen, in der unteren die dem McKinsey-Portfolio entsprechenden Typen.

▲ Also klicken wir einmal auf das erste Diagramm der oberen Reihe und bestätigen mit *Weiter*.

▲ Es meldet sich der Schritt 2 des Portfolio-Assistenten. Hier wollen wir den Diagrammtitel und die Bezeichnungen der Achsen vergeben.

▲ Falls Sie Ihr Portfolio auf einem Schwarz-Weiß-Drucker ausgeben möchten, kann es empfehlenswert sein, zur besseren Unterscheidung der einzelnen Objekte die *Checkbox S/W Füllmuster benutzen* zu aktivieren.

Bestätigen Sie mit *Ende*. Ihr Portfolio sollte nun folgendermaßen aussehen:

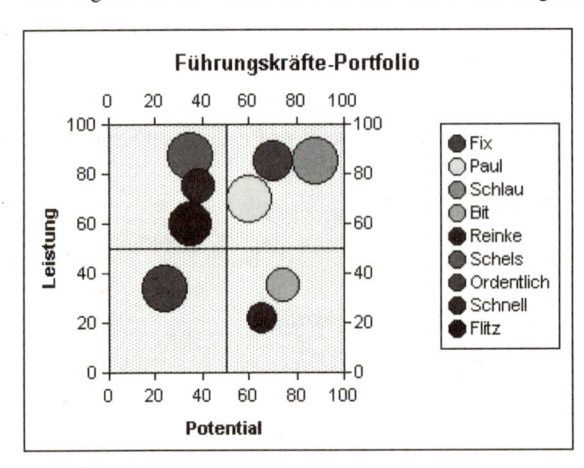

Abb. 202: Das Führungskräfte-Portfolio

Solution 5: Personalbeurteilung und Personalförderung 173

Falls nicht, klicken Sie die Potential-Achse an und wählen dann den Befehl *Format-Skalierung*. Hier muß *Linear* unter *Skalierung* aktiviert sein.

Das Menü Format

Sie können auch das Aussehen der übrigen Elemente bestimmen, indem Sie diese jeweils anklicken und dann das Menü *Format* öffnen.
Über den Menüpunkt *Muster* können Sie so den Stil und die Farbe der Rahmen und Linien, der Schrift sowie der Teilstriche und deren Beschriftungen definieren. Sicher kennen Sie diese Möglichkeiten bereits von der Erstellung von MS-Excel-Diagrammen.

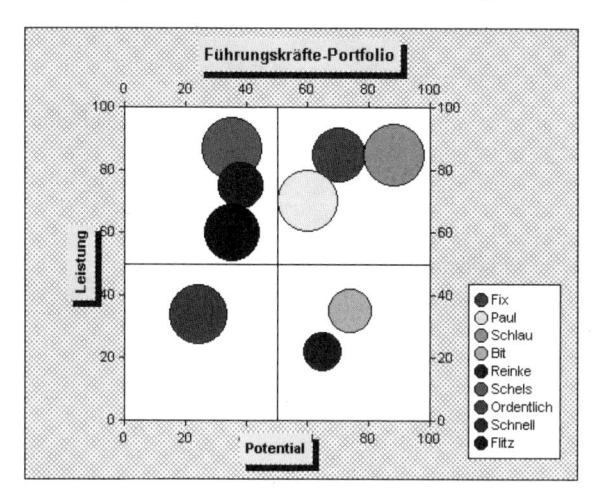

Abb. 203: Das Portfolio nach der Formatierung

Falls Sie anschaulich visualisierte Grafiken mögen, probieren Sie doch einmal folgendes: Sie benötigen dazu für jeden Mitarbeiter ein Windows-Metafile-Bitmap. Der Einfachheit halber gehen wir in unserem Beispiel einmal nur von den Mitarbeitern Fix, Ordentlich, Schnell und Flitz aus.

- Doppelklicken Sie auf das Portfolio, um es zu öffnen.
- Dann klicken Sie auf eines der Objekte.
- Wählen Sie dann den Befehl *Format-Objekt*.
- Wählen Sie unter *Typ Bild* aus, und klicken Sie auf *Optionen*.
- In dem Dialog *Bild* klicken Sie auf *Suchen*.
- Wählen Sie nun das entsprechende Bild aus. Sie sehen das ausgewählte Bild nun in der Vorschau:

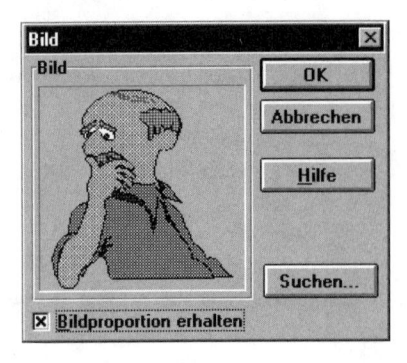

Abb. 204: Bild auswählen

- Klicken Sie *Bildproportion erhalten* und dann auf *OK*.
- Ist Ihnen die Darstellung der Metafiles zu klein? Kein Problem, wählen Sie den Befehl *Diagramm-Maßstab der Objekte*. Nun können Sie einstellen, in welcher Größe die Objekte abgebildet werden sollen.
- Ist die Position der Beschriftungen unbefriedigend? Klicken Sie die einzelnen Beschriftungen an, und ziehen Sie sie an eine passende Stelle.

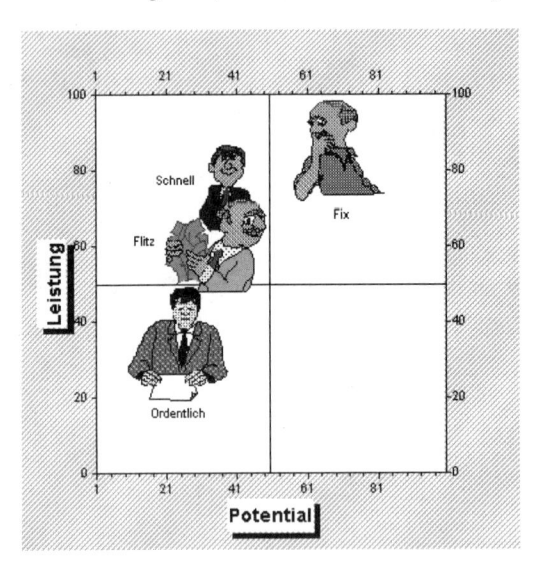

Abb. 205: Das fertige ClipArt-Portfolio

Die Auswertung unseres Portfolios

Sehen wir uns das fertige Portfolio noch einmal an. Was kann es uns sagen?
Ich habe ein Schema entwickelt, das Ihnen bei der Auswertung helfen kann:

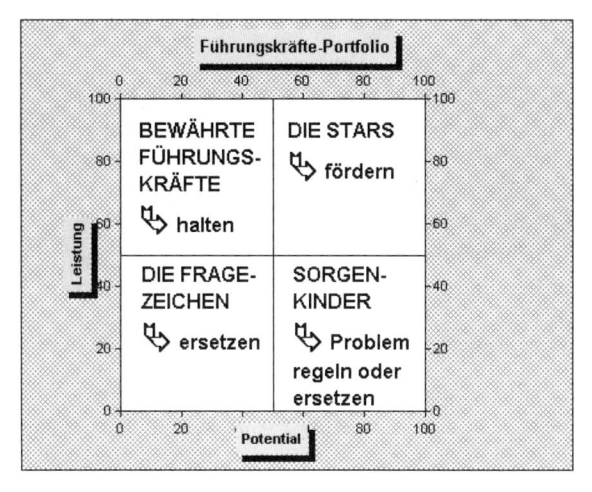

Solution 5: Personalbeurteilung und Personalförderung 175

Abb. 206: Auswertungsschema

Kategorie	Beschreibung
Stars	sind Führungskräfte mit dem höchsten Entwicklungspotential und höchster Leistung. Oft sind es Menschen mit hervorragenden Qualifikationen und großer Motivation. Sie sind sehr kreativ und zugleich auch produktiv.
Bewährte Führungskräfte	Diese Führungskräfte haben ihren Leistungsgipfel in bezug auf ihre eindeutig begrenzte Kapazität erreicht und somit auch ihren optimalen Leistungsstand. Sie stehen dem Unternehmen noch ca. zehn Jahre zur Verfügung.
Sorgenkinder	Hier geht es um Führungskräfte mit hohem Entwicklungspotential und großen Fähigkeiten. Diese Führungskräfte schöpfen aber ihre Fähigkeiten nicht aus oder setzen sie nicht zum Besten ein. Die einen verbrauchen ihre Energie, indem sie Ärger verursachen, die anderen engagieren sich für Negatives oder setzen ihre Talente zu verschwenderisch für nutzlose Dinge ein. Die hier angezeigten Führungsmaßnahmen sind vertrauensvolle Beratung (ggf. Coaching), unter Umständen Neugestaltung der Arbeitsaufgaben und das Stellen neuer Anforderungen. Eine Entwicklung in die Felder A und B muß angestrebt werden.

Kategorie	Beschreibung
Fragezeichen	Diese Führungskräfte stehen ungeachtet hervorragender Arbeitsleistungen dem Unternehmen nur noch eine begrenzte Zeit zur Verfügung (weniger als fünf Jahre). Weiterhin stehen hier Führungskräfte, die sich nur für diese Gruppe qualifizieren. Ihre Leistung ist unbefriedigend, und ihr Entwicklungspotential ist gering. Sie eignen sich nicht für die von ihnen eingenommene Position, sie sind überfordert. Entsprechende Maßnahmen sollten eingeleitet werden.

In dieser Solution haben wir eine Stärken- und Schwächen-Analyse und auch ein Mitarbeiterportfolio erstellt. Wir haben dabei gelernt, wie man mit Dialog- und Optionsfeldern umgeht. Ich möchte Ihnen aber ans Herz legen, die Entwicklung der Beurteilungsbögen nicht einfach von der CD zu übernehmen, obwohl dies natürlich möglich wäre.

Passen Sie die Beurteilungsbögen vielmehr an Ihre Bedürfnisse und Ihre Mitarbeiter an. Denken Sie daran: Die Beurteilung von Menschen darf nicht auf die leichte Schulter genommen werden.

Solution 6: Personalkostenentwicklung und analytische Datenbank

Abb. 207: Unsere Aufgabe

Das Problem

Ja, nun hat unser Herr Schlau schon alles, was er will: Er hat ein gut funktionierendes Formularwesen, einen Stellenplan und einen Stellenbesetzungsplan. Unser Frau Susanne Kummer hat ihn allerdings davon überzeugt, daß es doch besser wäre, wenn die Firma ein Entlohnungssystem nach Leistung hätte.
Sie hat dies dem Schlau genau auseinandergesetzt, und der Chef meint, daß ihm dies schon lange im Kopf herumschwirre. Aber wie will er diese Aufgabe lösen, wie will er abrechnen, wie die verschiedenen Kriterien beurteilen, dann zurückrechnen, über Abteilungen und Monate und über kumulierte Werte planen? Wie soll er den Plan der Zielvereinbarungen und die tatsächlichen Ergebnisse miteinander vergleichen?
Es kommt noch schlimmer: Wieviel hat der einzelne Mitarbeiter erreicht, wieviel wurde vom Vormonat übernommen? Wie war das Abteilungsziel, wie war das Firmenziel? Was ist das Produktziel? Das Budget muß abhängig vom Gehalt sein.
Frau Kummer faßt das Problem noch einmal zusammen:

- Lohnabhängige Bezahlung nach Erreichung von vereinbarten Firmenzielen, die sowohl materiell als auch immateriell sind,
- Budgetvergabe nach Erreichung der Abteilungsziele,
- Entlohnung nach fixem und variablem Gehalt nach Prozent-Erreichung der Ziele des einzelnen Mitarbeiters, nach Prozent-Erreichung des Abteilungsziels und letztendlich auch nach Prozent-Ergebnis der Produkte und des Gesamt-Firmenergebnisses.

Ein Wort voraus: MBO – Management By Objectives

Es gibt recht viele »Management-By«-Methoden, von Management By Cooperation über Management By Delegation bis hin zu Management By Objectives. Das heißt Führung durch Zielvereinbarung und Zielsetzung.

Es gibt natürlich auch Führungsmethoden wie Management By Helicopter (Kommen, Staub aufwirbeln und verschwinden).

Wir jedoch möchten uns einmal dem Management By Objectives widmen.
MBO ist ein Führungsprozeß. Die Mitarbeiter sollen aktiv an der Zielfindung und Zielsetzung mitarbeiten. Wichtig ist hierbei die regelmäßige Zielprüfung und Zielanpassung durch Gespräche.

Teamarbeit und Zielvereinbarung

Einer der wichtigsten Punkte bei einer variablen Entlohnung ist die Vereinbarung von realistischen Zielen und deren Prüfung und Kontrolle.
Ich möchte Ihnen einmal ein Beispiel vor Augen führen. Hier zunächst die Produktkategorien:

Produkte	
Erotik	Miederglück
Hobby & Freizeit	Der Berg ruft – Anglerlatein – Der Lurch – Der Teich
Frauenzeitschriften	FrauenPower – Frau im Alltag
Sport	Tennis News – Fußball Gazette – Uuaaargh!
TV	Schöner Schauen
Computer	Der Excel-Guru

Diese Kategorien werden von verschiedenen Mitarbeitern in verschiedenen Abteilungen betreut. Diese Lohnkosten müssen verteilt werden. Wir haben folgende Abteilungen:

Solution 6: Personalkostenentwicklung und analytische Datenbank 179

Verantwortlich	für
Werner Schnell	Mitarbeiter 1 – Mitarbeiter 2 – Mitarbeiter 3 – Mitarbeiter 4 – Mitarbeiter 5
Peter Cleverle	Mitarbeiter 1 – Mitarbeiter 2 – Mitarbeiter 3 – Mitarbeiter 4 – Mitarbeiter 5
Jürgen Habenichts	Mitarbeiter 1 – Mitarbeiter 2 – Mitarbeiter 3 – Mitarbeiter 4 – Mitarbeiter 5
Paul Ordentlich	Mitarbeiter 1 – Mitarbeiter 2 – Mitarbeiter 3 – Mitarbeiter 4 – Mitarbeiter 5
Susanne Kummer	Mitarbeiter 1 – Mitarbeiter 2 – Mitarbeiter 3 – Mitarbeiter 4 – Mitarbeiter 5

Diese Mitarbeiter machen Umsätze in verschiedenen **Monaten**.
Hinzu kommt, daß die Verantwortlichen die Produkte in verschiedenen **Gebieten** (Ost, West, Süd, Mitte) verkaufen.
Diese Mitarbeiter sind in verschiedenen Teams Teamleiter und haben jeweils die Verantwortung für ihr Team.

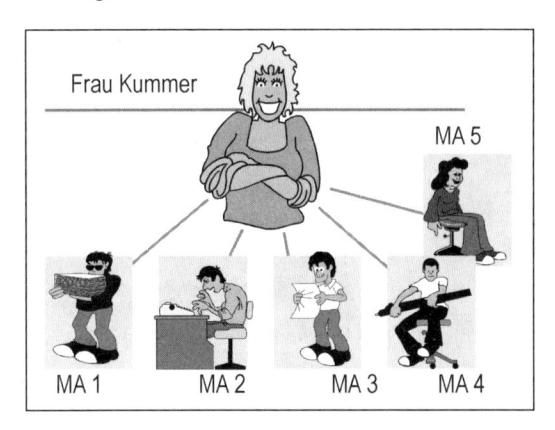

Abb. 208: Frau Kummer und ihre Mitarbeiter

Die Zielvereinbarung für den Mitarbeiter

An jedem letzten Freitag des Monats sitzen die Mitarbeiter für eine Objektvereinbarung zusammen. Zu diesem Termin haben alle Mitarbeiter schriftlich ihre Ziele für den kommenden Monat vorzubereiten und Ziele zu definieren wie zum Beispiel:

▲ Ich verkaufe im nächsten Monat 300 Exemplare des *Excel-Gurus*.

▲ Ich gewinne zwei neue Kunden.

- Ich besuche 35 Kunden.
- Ich gewinne den Autor Helmut Reinke.
- Ich habe die Monatsabrechnung am 3. des Folgemonats erledigt usw...

Hier können natürlich von Abteilung zu Abteilung die verschiedensten Ziele definiert werden. Diese Ziele werden auf ein Flipchart geschrieben, und dies am besten mit einem »blut«roten Filzstift (das verbindet).

Die Zielvereinbarung für die Abteilung Vertrieb

Aus den einzelnen Zielen wird ein Zielpapier für die Abteilung erstellt. Dieses sieht in etwa so aus:

Die Abteilung Vertrieb macht im Monat Oktober 1995 folgende Umsätze in den Gebieten

1. Erotik   1. ... TDM
2. TV   2. ... TDM
3. Hobby & Freizeit 3. ... TDM
4. Frauen   4. ... TDM
5. Sport   5. ... TDM
6. Computer   6. ... TDM

und gewinnt Neukunden, vorwiegend in dem Gebiet NORD. Dieses Zielpapier unterschrieben alle Mitarbeiter.

Die Zielvereinbarung der Buchhaltung

In der Abteilung *Buchhaltung* könnte das Zielpapier in etwa so aussehen:

- Wir sorgen dafür, daß unsere Forderungen nicht höher sind als ein Monatsumsatz.
- Wir vereinbaren mit den Lieferanten ein Zahlungsziel von 60 Tagen.
- Den Überschuß legen wir auf ein Festgeldkonto mit 6 Prozent Verzinsung.

In der Produktion könnte das Zielpapier folgendermaßen aussehen:

- Keine bezahlten Überstunden
- Weniger als 5 Prozent Ausschuß

So erstellt jede Abteilung ein Zielpapier, das vom Umsatz bis zum Aufräumen des Schreibtisches reichen kann.

Mit diesem Zielpapier gehen die Abteilungsleiter in die Teamleiter-Besprechung. Wichtig ist hierbei, daß das Teamziel von allen Mitarbeitern getragen wird. Lassen Sie mich einmal folgendes sagen: Der Unterschied zwischen einem Sachbearbeiter und einem Abteilungsleiter besteht nicht in der besseren Qualifikation, sondern in der höheren Selbstbewertung.

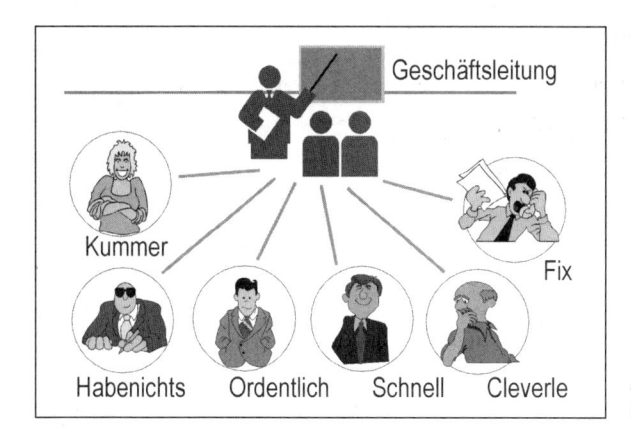

Abb. 209: Die Geschäftsleitung und die Teamleiter

Die Geschäftsleitung hat alle Firmenziele gesammelt und geht mit den Abteilungsleitern am folgenden Montag in die Firmenzielvereinbarung, wobei ich Wert auf das Wort Ziel**vereinbarung** lege – verwechseln Sie es nicht mit Ziel**vorgabe**!
In der Vereinbarung werden nun die Abteilungsziele konsolidiert, korrigiert, und es wird ein Firmenziel vereinbart. Unsere Vereinbarungen können sich nun über vier oder fünf Ebenen erstrecken.
Diese Vereinbarungen werden offen dargelegt.
Beispiel:
Wir werden im nächsten Monat 2.500.000 DM Umsatz mit 40 Prozent Deckungsbeitrag machen.
Unsere Liquidität verbessern wir durch höheren Lagerumschlag und Reduzierung der Forderungen.

Das Entlohnungssystem

Nun hat jeder Mitarbeiter ein Zielgehalt, zum Beispiel 10.000 DM. Dies setzt sich wie folgt zusammen:

100 Prozent Firmenziel erreicht	2.000 DM
100 Prozent Abteilungsziel erreicht	3.000 DM
100 Prozent Eigenziel erreicht	5.000 DM

Der Beurteilungsspielraum liegt zwischen 70 Prozent und 30 Prozent. Hier kann gesteuert und gelenkt werden. Bei einem Break-Even-Point von 70 Prozent bekommt der Mitarbeiter auch nur 7.000 DM. Dies ist die Untergrenze.
Bei 130 Prozent liegt das höchste zu erreichende Einkommen = optimale Ausbringung mit vorhandener Mannschaft = 13.000 DM.
Am Ende des Monats werden die Ziele abgeglichen und in der Zielvereinbarung der Geschäftsleitung einvernehmlich verabschiedet. Da kann es z. B. heißen

Vertrieb	Ziel	115	Prozent erreicht
Buchhaltung	Ziel	85	Prozent erreicht
Produktion	Ziel	90	Prozent erreicht
Lager	Ziel	110	Prozent erreicht
		400	Prozent

Genauso funktioniert dies in der Abteilung.

Ich gestehe: Dies ist ein großer Leistungsdruck, aber nur so können wir auch die Leute, die wir haben, bezahlen. Wir benötigen folgende Größen:

Jahre

Monate

Werte (Ist)

Plan

Produkte

Gehalt

Gehaltsart (Variabel/Fix)

Mitarbeiter

Region

Das in Excel zu lösen, wäre eine Sisyphusaufgabe – wenn da nicht der Spreadsheet Connector wär! Und mit eben dem wollen wir unser Problem bewältigen.

Das ist die Lösung

Wenn Excel nicht ausreicht

Heute werden die meisten Daten in einer Datenbank gehalten, sei es eine Kundenkarte oder auch sonstige Daten, z.B. über Verkäufe, Kosten, Kunden, Produkte. Wenn sie richtig miteinander verknüpft und nach dem Entity Relationship (ER) entwickelt wurden sowie sich an die vier Normalformen halten, die der »Vater der relationalen Datenbanken«, E. F. Codd, gelehrt hat, dann ist das schon super. Ein Beispiel ist unsere Bewerberverwaltung. Jedoch hat auch Codd vor nicht allzulanger Zeit den multidimensionalen Datenbanken (OLAP-Datenbanken) eine revolutionäre Entwicklung vorhergesagt.

Diese Meinung teile ich. Wenn Sie mit Excel arbeiten und sich immer wieder daran stören, daß die Verknüpfungen und Konsolidierungen von Tabellenblättern und Arbeitsmappen manchmal doch recht schwerfällig und langsam sind, wäre die Arbeit mit einer multidimensionalen Datenbank für Sie wahrscheinlich das Richtige.

Eine Analyse auf der Grundlage einer relationalen Datenbank, z.B. Access, erreicht niemals die Formbarkeit und das Ausmaß, um alle beziehungsreichen und verflochtenen Kon-

Solution 6: Personalkostenentwicklung und analytische Datenbank 183

solidierungen zu erstellen. Die größten Nachteile sind der unflexible, verlangsamte Zugriff und die Komplexität beim Erstellen umfangreicher Datenanalysen. Eine multidimensionale Datenbank hingegen können Sie sich wie einen Würfel vorstellen. Hierbei sind folgende Ausprägungen interessant:

- Bezeichnend ist, daß man sich der Daten für analytische Vorgänge bedient.
- Welche Ergebnisdaten angeordnet werden, bestimmt der Anwender – unter dem Aspekt der gewünschten Analyse – im Vorfeld.
- Mittels einer Anzahl von Kriteriengruppen (Dimensionen, Satz vergleichbarer Kriterien) wird der Aufbau der Daten stattfinden, wie z.B. Regionen, Produkte und Zeit.
- Berücksichtigung finden hier nicht nur die aktuellen Datenbestände, sondern auch die der Vergangenheit und zukünftige.
- Um eine aussagekräftige Analyse zu erhalten, werden gewöhnlich große Datenmengen miteinander verknüpft.

Ich habe Ihnen einmal ein Programmdemo einer multidimensionalen Datenbank, des TM/1 Spreadsheet Connector, auf die Begleit-CD gepackt und möchte Ihnen im folgenden erläutern, wie man mit einer solchen Datenbank arbeitet.

Sie finden die Demoversion des Spreadsheet Connector auf der CD-ROM zum Buch:

Ordner: \PERSONAL\SPREAD
Zur Installation lesen Sie bitte die Datei $README!.TXT.

Hinweis: Die Demo läuft nur unter Excel 5. Es gibt allerdings auch eine 32-Bit-Version für Excel-7-User in der Beta-Version – und die ist »schnell wie die Feuerwehr«.

Über die Funktion des Spreadsheet Connector

Diese Anleitung soll Ihnen helfen, sich möglichst rasch einen Überblick über die Arbeitsweise des Spreadsheet Connector zu verschaffen. Die hier beschriebene Funktionalität umfaßt jedoch nur etwa 5 Prozent des Gesamtumfangs.
Der Spreadsheet Connector ist die Verbindung von Microsoft Excel mit der leistungsfähigen TM/1-OLAP-Datenbank. Gerade für Einsteiger in den Spreadsheet Connector ist es besonders wichtig, einige grundlegende, im Programm verwendete Begriffe zu erläutern.
TM/1 OLAP ist eine multidimensionale Datenbank. Sie speichert Daten in Tabellen, die ihrerseits durch zwei oder mehr Dimensionen definiert sind. Unter einer Dimension versteht man eine Liste zusammengehöriger Elemente. Ein Beispiel: Die Dimension *vertrieb* könnte die Elemente *Schnell*, *Cleverle* und *Reinke* enthalten; die Dimension *monat* die

Elemente *Jan*, *Feb* und *Mär* und die Dimension *wertart* die Elemente *Umsatz*, *Variables Gehalt* und *Deckungsbeitrag 1*.

Dimensionen selbst enthalten keine Daten; sie dienen als Indizes der Daten, die in TM/1-Tabellen gespeichert werden.

TM/1-Tabellen entstehen durch Kombination mehrerer Dimensionen zu einer Matrix. Auch wenn sich eine vier- oder fünfdimensionale Matrix kaum anschaulich darstellen läßt, gestaltet sich die Arbeit mit ihr äußerst einfach und intuitiv. Sie glauben mir nicht? Dann werfen Sie gleich mal einen Blick in die weiteren Beispiele. Die Zelle einer multidimensionalen Matrix ist als Schnittpunkt aller Dimensionen definiert. Das vereinfacht die Benennung von Zellen erheblich. In einer vierdimensionalen Matrix aus den Dimensionen *Mitarbeiter*, *Produkte*, *Werte* und *monat* könnte eine typische Zellenadresse *Schnell, Produkt1, Verkäufer, Januar* oder *Schels, Produkt2, Bruttomarge, Jahressumme* lauten.

Ein wesentliches Leistungsmerkmal von TM/1-Tabellen ist die Möglichkeit, Konsolidierungspfade zu definieren. Konsolidierungspfade werden innerhalb einer Dimension in beschreibender Weise festgelegt. Dazu ein Beispiel: In der Dimension *Region* könnte das Element *Süd* als Summe (Konsolidierung) aus *Bayern* und *Baden-Württemberg* definiert werden.

Starten des Spreadsheet Connector

Den Spreadsheet Connector starten Sie, indem Sie auf das TM/1-Spreadsheet-Connector-Icon doppelklicken, das vom Setup-Progamm in Ihrem Windows-Programm-Manager eingerichtet worden ist.

Abb. 210: Das Spreadsheet-Connector-Icon

Spreadsheet Connector startet automatisch Microsoft Excel. Nach dem Starten von Excel werden Sie bemerken, daß zusätzlich zu den Ihnen bekannten Menüpunkten und Symbolleisten noch ein extra Menüpunkt *SC* eingefügt wurde. Über diesen Menüpunkt erreichen Sie alle Funktionen des Spreadsheet Connectors.

Nun haben wir die Vorarbeit geleistet und können beginnen, unsere Lösung zu schaffen.

Anlegen von Dimensionen

Als erstes wollen wir einmal die Struktur unseres TM/1-Spreadsheet-Connector-Modells anlegen.

▲ Legen Sie zunächst im Datei-Manager oder im Explorer ein neues Verzeichnis mit dem Namen PER_LOHN an.

Solution 6: Personalkostenentwicklung und analytische Datenbank 185

- Nun öffnen Sie den Spreadsheet Connector.
- Aus dem neuen Menüpunkt *SC* wählen Sie nun den Befehl *Optionen*.
- Klicken Sie auf die Schaltfläche *Auswählen*, und wählen Sie Ihr neues Verzeichnis PER_LOHN aus.
- Klicken Sie dann auf *OK*.

Da es sich bei Ihrem Spreadsheet Connector um ein Demo handelt, in dem Sie nicht speichern können, erscheint folgende Meldung:

```
TM/1 Spreadsheet Connector
  !  Saving Tables not Supported by Evaluation Version
         [ OK ]
```

Abb. 211: Hinweis in der Demo-Version

Tja, da läßt sich nichts machen. Übergehen Sie die Meldung also mit *OK*. Auch die nächste Meldung bestätigen Sie mit *Ja*.
Wir möchten nun zunächst eine Dimension für unsere Produkte anlegen.

- Öffnen Sie wieder das Menü *SC*, und wählen Sie den Befehl *Dimensionen*.
- Klicken Sie dann auf *Neu*.
- In den folgenden Dialog tragen Sie den Namen der Dimension, die Sie erstellen möchten, ein, in unserem Falle *Produkte*.

Hinweis: Ein Dimensionsname darf nicht mehr als acht Buchstaben und keine Umlaute enthalten.

Nun wird eine neue Excel-Tabelle, das Dimensionsarbeitsblatt, geöffnet.
Im Dimensionsarbeitsblatt stehen die Elementnamen in der Spalte B. Die Elementtypen stehen in der Spalte A.

- In die Zelle A1 tippen Sie also ein *N* ein, da dies der Typ für numerische Werte ist.
- Tragen Sie nun in die Spalte B untereinander unsere zwölf Produkte ein.
- Doppelklicken Sie dann auf das Ausfüllkästchen der Zelle A1, um die Buchstaben N bis Zelle A12 auszufüllen. Die nächste Abbildung gibt Ihnen eine Hilfestellung.

	A	B
1	N	Der Excel Guru
2	N	Uuaargh
3	N	Anglerlatein
4	N	Miederglück
5	N	Tennis News
6	N	Schöner Schauen
7	N	Der Lurch
8	N	Der Teich
9	N	Fußballgazette
10	N	Frau im Alltag
11	N	Der Berg ruft
12	N	Frauenpower

Abb. 212: Die Produkte eintragen

Als nächstes wollen wir die einzelnen Produkte in Produktgruppen aufteilen. Dazu stellen wir konsolidierte Werte her. Der Elementtyp für konsolidierte Werte ist C. Hier werden die Produkte nach Produktgruppen addiert und konsolidiert.

Schreiben Sie also folgendes:

	A	B
1	N	Der Excel Guru
2	N	Uuaargh
3	N	Anglerlatein
4	N	Miederglück
5	N	Tennis News
6	N	Schöner Schauen
7	N	Der Lurch
8	N	Der Teich
9	N	Fußballgazette
10	N	Frau im Alltag
11	N	Der Berg ruft
12	N	Frauenpower
13		
14	C	Frauenzeitschriften
15		Frau im Alltag
16		Frauenpower
17		
18	C	Computerzeitschriften
19		Der Excel Guru
20		
21	C	Sportzeitschriften

Abb. 213: Konsolidierte Werte eintragen

usw.

Hier eine Auflistung der Elementtypen:

S   für Zeichenkette

N   für numerische Werte

C   für konsolidiertes Element

X   für Kommentarzeilen

Solution 6: Personalkostenentwicklung und analytische Datenbank 187

▲ Zuletzt legen Sie noch eine Gruppe *Gesamt* an. Schreiben Sie auch hier ein C davor, und nehmen Sie noch einmal alle Produkte auf.

Speichern Sie nun die Dimension.

Achtung: Es genügt hier nicht, auf das *Speichern*-Symbol von Excel zu drücken. Sie müssen vielmehr den Befehl *SC-Dimension* aufrufen und die Schaltfläche *Speichern* anklicken.

Nun ist die erste Dimension fertig. Unsere nächste Dimension ist die Dimension *Mitarbeiter*.

▲ Wählen Sie wiederum den Befehl *SC-Dimensionen-Neu*.
▲ Nennen Sie die Dimension *Mitarb*.
▲ Tragen Sie in die Zelle A1 wieder den Buchstaben N ein, da es sich auch bei den Mitarbeitern um numerische Werte handelt.
▲ In die Zelle B1 tippen Sie dann Mitarbeiter 1 ein.
▲ Ergreifen Sie das Ausfüllkästchen der Zelle B1, und ziehen Sie es mit der linken Maustaste bis Zelle 30.
▲ Mit einem Doppelklick auf das Ausfüllkästchen der Zelle A1 können Sie nun auch diese bis Zelle A30 kopieren.
▲ Unser Peter Cleverle hat die Mitarbeiter 1 bis 5 unter sich. Deshalb legen wir nun eine Gruppe für Herrn Cleverle an.
▲ Genauso verfahren Sie für Herrn Schnell. Zu diesem gehören die Mitarbeiter 6 bis 10. Zu Herrn Fix gehören die Mitarbeiter 11 bis 15, zu Herrn Ordentlich die Mitarbeiter 16 bis 20, zu Herrn Habenichts die Mitarbeiter 21 bis 25 und zu Frau Kummer die Mitarbeiter 26 bis 30.
▲ Vergessen Sie nicht, die Gruppe *Gesamt* anzulegen. Tragen Sie hier noch einmal alle Mitarbeiter von 1 bis 30 ein.
▲ Speichern Sie dann auch diese Dimension.

Hinweis: In der Demo-Version können Sie maximal 72 Dimensionen anlegen.

▲ Nun legen wir noch eine Dimension *Region* an.

Nehmen Sie hier alle Bundesländer auf:

	A	B
1	N	Baden-Württemberg
2	N	Bayern
3	N	Berlin
4	N	Brandenburg
5	N	Bremen
6	N	Hamburg
7	N	Hessen
8	N	Mecklenburg-Vorpommern
9	N	Niedersachsen
10	N	Nordrhein-Westfalen
11	N	Saarland
12	N	Sachsen
13	N	Sachsen-Anhalt
14	N	Schleswig-Holstein
15	N	Thüringen
16	N	Rheinland-Pfalz

Abb. 214: Eingabe der Bundesländer

▲ Teilen Sie die Bundesländer nun auf in Nord, Süd, West und Ost, und legen Sie vier entsprechende Gruppen an.

▲ Und auch hier legen wir wieder eine Gruppe *Gesamt* an.

▲ Speichern Sie die Dimension.

Hinweis: Achten Sie darauf, daß Sie beim Eingeben von geographischen Namen keine Tippfehler machen! Spreadsheet Connector reagiert darauf mit folgender Fehlermeldung:

> TM/1 Spreadsheet Connector
> D7) Element ist nicht definiert: Baiern
> OK

Abb. 215: Hinweis bei falscher geographischer Schreibweise

▲ Als nächstes legen wir eine Dimension *Monate* an.

▲ Geben Sie hier die Monate Januar bis Dezember ein.

▲ Teilen Sie die Monate dann in Quartale auf, und bilden Sie hieraus vier Gruppen.

▲ Vergessen Sie die Gruppe *Gesamt* nicht.

▲ Speichern Sie die Dimension *Monate*.

▲ Unsere nächste Dimension heißt *Werte*.

▲ Geben Sie folgendes ein:

Solution 6: Personalkostenentwicklung und analytische Datenbank

	A	B	C
1	N	Plan	
2	N	Ist	
3			
4	C	Abweichung	
5		Plan	
6		Ist	-1

Abb. 216: Die Dimension Werte

Was hat *-1* in der Zelle C6 zu suchen? Das ist einfach erklärt:
Wir wollen hiermit die Abweichung vom Plan berechnen. Der Faktor steht immer in der Spalte C auf derselben Zeile wie das betreffende Element. Wir könnten auch -0,5 schreiben. Dann hieße die Berechnung

=Plan-(Ist/2).

▲ Speichern wir auch diese Dimension.

▲ Wir legen die nächste Dimension an und nennen sie *Werte1*.

▲ Tragen Sie folgendes ein:

	A	B
1	N	Umsatz
2	N	Gehalt
3	N	variabel
4	N	fix

Abb. 217: Die Dimension Werte1

Diese Dimension enthält alles, was wir zum Rechnen benötigen. Hier gibt es keine konsolidierten Werte.

▲ Speichern Sie die Dimension *Werte1*.

Wir wollen jetzt eine letzte Dimension eingeben.

▲ Nennen Sie die Dimension *MA*.

▲ Geben Sie folgendes ein:

	A	B	C
1	S	Abteilung	30
2	S	Straße	50
3	S	Postleitzahl	50
4	S	Ort	50

Abb. 218: Die Dimension MA

▲ Speichern Sie die Dimension.

Lassen Sie mich diese Dimension kurz erklären.
Wie bereits oben aufgeführt, steht der Buchstabe *S* für Texteingabe, im Gegensatz zu den numerischen Werten, die wir ja bekanntlich mit einem *N* beginnen lassen.
In der Spalte C steht die jeweilige String-Größe. Diese drückt aus, wieviele Buchstaben in das Textfeld eingegeben werden können.

Warum geben wir nicht den Vornamen und den Namen ein? Sie erinnern sich, diese Angaben haben wir bereits in der Tabelle *Mitarbeiter*. Sie werden gleich sehen, auf welch elegante Weise die Tabellen miteinander verbunden werden.

▲ Schließen Sie alle Dimensionen.

Jetzt werden wir eine Tabelle anlegen. Leider können Sie, wie gesagt, in der Demo-Version nicht speichern, Ihre Arbeit bleibt nur temporär im RAM-Speicher.
Auf jeden Fall erzeugen wir nun eine SC-Tabelle. Diese Tabelle soll *Lohn* heißen.

▲ Wählen Sie den Befehl *SC-Tabellen*.

▲ Klicken Sie auf *Erzeugen*.

▲ In dem folgenden Dialog geben Sie den Namen *Lohn* an, und klicken Sie auf *OK*.

▲ Nun öffnet sich der Dialog *Dimensionen auswählen*. Wählen Sie hier folgende Dimensionen aus:

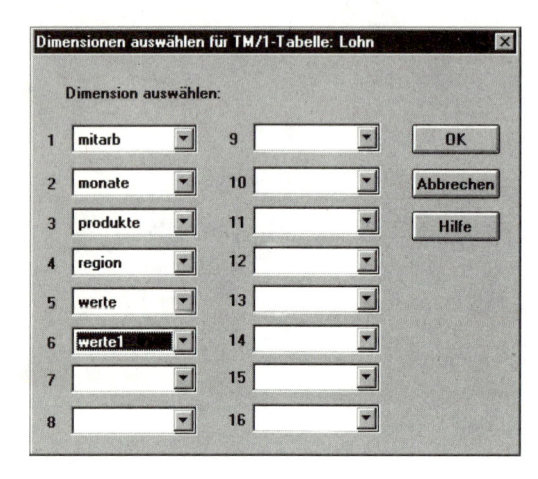

Abb. 219: Dimensionen auswählen

▲ Klicken Sie dann auf *OK*.

▲ Nun erzeugen wir eine weitere Tabelle. Nennen Sie diese *MA*.

▲ Wählen Sie folgende Dimensionen aus:

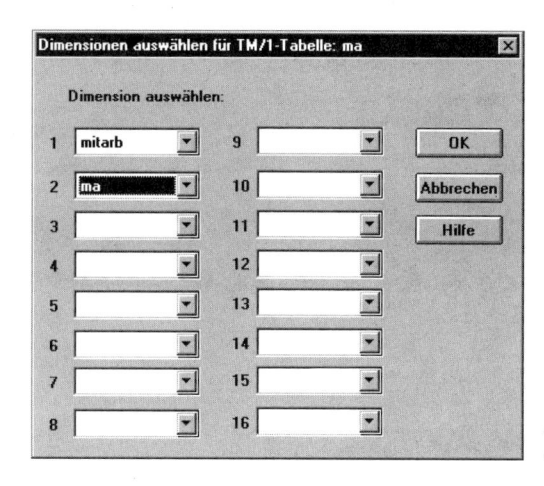

Solution 6: Personalkostenentwicklung und analytische Datenbank 191

Abb. 220: Dimensionen für die Tabelle MA auswählen

▲ Bestätigen Sie wiederum mit *OK*.

So, nun haben wir sechs Dimensionen und zwei Tabellen. Damit ist unsere Vorarbeit abgeschlossen, und wir können mit dem Spreadsheet Connector »zaubern«.

▲ Wählen Sie den Befehl *SC-Tabellen-Anzeigen*.

▲ Wählen Sie die Tabelle *Lohn* aus.

Nanu? Wir sehen aber noch keine Tabelle, sondern den unten abgebildeten Dialog, den sogenannten Browser (von engl. browse: blättern, schmökern). Und genau das können Sie jetzt mit Ihrer Tabelle tun, und es geht ebenso leicht.

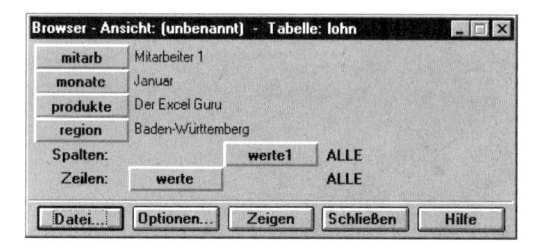

Abb. 221: Der Browser

Sie können die einzelnen, dreidimensional abgebildeten Felder mit der Maus an eine andere Stelle ziehen, um die Ansicht Ihrer Tabelle zu verändern.

▲ Tun Sie es doch gleich einmal, und zwar genauso wie in der nächsten Abbildung:

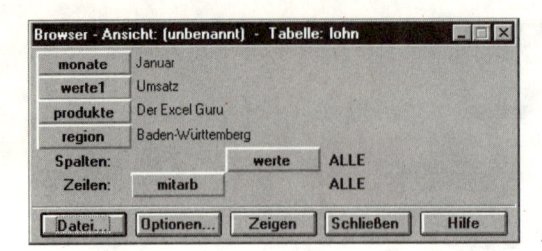

Abb. 222: Die Tabellenansicht verändern

▲ Klicken Sie nun auf die Schaltfläche *Datei* und im folgenden Dialogfenster auf die Schaltfläche *Schnitt*.

Sie erhalten folgende Tabelle:

	A	B	C	D	E
1	TABLE:	lohn			
2	monate	Januar			
3	werte1	Umsatz			
4	produkte	Der Excel Guru			
5	region	Baden-Württemberg			
6					
7		Plan	Ist	Abweichung	
8	Mitarbeiter 1	0	0	0	
9	Mitarbeiter 2	0	0	0	
10	Mitarbeiter 3	0	0	0	
11	Mitarbeiter 4	0	0	0	
12	Mitarbeiter 5	0	0	0	
13	Mitarbeiter 6	0	0	0	
14	Mitarbeiter 7	0	0	0	
15	Mitarbeiter 8	0	0	0	
16	Mitarbeiter 9	0	0	0	
17	Mitarbeiter 10	0	0	0	
18	Mitarbeiter 11	0	0	0	
19	Mitarbeiter 12	0	0	0	
20	Mitarbeiter 13	0	0	0	
21	Mitarbeiter 14	0	0	0	
22	Mitarbeiter 15	0	0	0	
23	Mitarbeiter 16	0	0	0	

Abb. 223: Die Tabelle

Anhand dieser Tabelle können wir nun den Umsatz unserer Mitarbeiter planen, und zwar für die Zeitung *Der Excel-Guru* im Vertriebsgebiet *Baden-Württemberg*.

▲ Jetzt suchen Sie sich einmal einige Mitarbeiter aus, von denen Sie annehmen, daß sie in Baden-Württemberg tätig sind.

▲ Geben Sie für das Plan-Soll dieser Mitarbeiter fiktive Zahlen ein.

▲ Doppelklicken Sie nun auf die Zelle B4, in der ja das Produkt, in unserem Fall *Der Excel-Guru,* steht.

Solution 6: Personalkostenentwicklung und analytische Datenbank 193

▲ Aus dem folgenden Dialog wählen Sie die Zeitung *Uuaaargh!* aus.

▲ Aktualisieren Sie die Tabelle mit `F9`, und Sie sehen, daß wir wieder eine leere Tabelle erhalten, da wir ja für die Zeitung *Uuaaargh!* noch keine Werte eingetragen haben.

▲ Nun können Sie wieder einige Umsätze für die Mitarbeiter, die wir vorher für Baden-Württemberg angenommen haben, eingeben.

▲ Zum Test doppelklicken Sie einmal auf die Zelle B4, woraufhin sich wieder das Fenster *Elemente auswählen* öffnet.

▲ Klicken Sie nun auf *Gesamt*, dann auf *OK* und zum Aktualisieren auf `F9`.

Nun sind alle Werte in Baden-Württemberg konsolidiert.

▲ Doppelklicken Sie nun wieder auf die Zelle B4, und wählen Sie den Excel Guru aus.

▲ Doppelklicken Sie nun auf die Zelle B5. Wir wählen nun Bayern aus.

Sie sehen, wir können unsere gesamten Ist-Umsätze eingeben. Beschränken Sie sich in unserer Übung einmal auf den Januar.

▲ Schließen Sie nun die Tabelle.

▲ Wählen Sie wieder den Befehl *SC-Tabelle-Anzeigen* und die Tabelle *MA* aus.

▲ Klicken Sie dann auf *OK*.

▲ Verschieben Sie die Felder wie folgt:

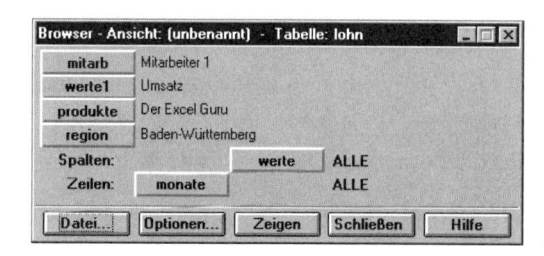

Abb. 224: Das neue Tabellenlayout...

▲ Wählen Sie *Datei-Schnitt,* und Sie erhalten folgende Tabelle:

	A	B	C	D
1	TABLE:	lohn		
2	mitarb	Mitarbeiter 10		
3	werte1	Umsatz		
4	produkte	Der Excel Guru		
5	region	Baden-Württemberg		
6				
7		Plan	Ist	Abweichung
8	Januar	200000	0	200000
9	Februar	0	0	0
10	März	0	0	0
11	April	0	0	0
12	Mai	0	0	0
13	Juni	0	0	0
14	Juli	0	0	0
15	August	0	0	0
16	September	0	0	0
17	Oktober	0	0	0
18	November	0	0	0
19	Dezember	0	0	0
20	Quartal 1	200000	0	200000
21	Quartal 2	0	0	0
22	Quartal 3	0	0	0

Abb. 225: ... und die daraus erstellte Tabelle

▲ Wählen Sie zur Kontrolle die Mitarbeiter aus, für die Sie bereits etwas eingetragen haben. Vergessen Sie dabei die F9-Taste zum Aktualisieren nicht.

In diesem Arbeitsblatt erfassen die Mitarbeiter ihre Umsätze. Das Blatt kann nach allen Excel-Gesichtspunkten formatiert und gestaltet werden.

Aus Platzgründen verzichte ich hier auf die gesamte Beschreibung, aber öffnen Sie einmal die Datei SOLU6.XLS; hier finden Sie die gesamte Lösung vorgefertigt.

▲ Nun haben wir ja zwei Tabellen angelegt. Öffnen Sie einmal die Tabelle *MA*.

▲ Schreiben Sie in die Zelle C1 Ort, in die Zelle D1 Abteilung usw.

Nun müssen wir eine DB-Ref-Formel schreiben.

▲ Wählen Sie den Befehl *SC-Formel bearbeiten*.

▲ Klicken Sie dann auf die Schaltfläche *DB Ref...*

▲ Klicken Sie auf *Auswählen*. Aus dem folgenden Dialog wählen Sie *MA* aus.

▲ Nun öffnet sich der Dialog *Ref bearbeiten*. Füllen Sie ihn folgendermaßen aus:

Abb. 226: Die Formel bearbeiten

Solution 6: Personalkostenentwicklung und analytische Datenbank 195

▲ Klicken Sie auf *OK*, und ziehen Sie die Formel nach rechts.

In der Bearbeitungszeile sehen Sie nun die Referenz zu der oberen Tabelle.

▲ Wählen Sie die Mitarbeiter für Baden-Württemberg aus. Füllen Sie nun einmal einige Zeilen der Tabelle aus.

Jetzt möchten wir aber die *Ist*-Zahlen wissen, und zwar für jede einzelne Zeitung.

▲ Klicken Sie auf *Gesamt*, dann auf die einzelnen Zeitungen und dann auf die jeweilige Region. Aktualisieren Sie immer mit [F9].

▲ Tragen Sie die *Ist*-Zahlen ein, und drücken Sie wieder die [F9]-Taste.

Kommen wir zurück auf unsere Zielvereinbarung.

▲ Wählen Sie den Befehl *SC-Tabellen-Anzeigen*.

▲ Wählen Sie dann die Tabelle *Lohn* aus.

Jetzt sehen wir, was der einzelne Mitarbeiter geplant hat.

▲ Geben Sie nun das Gehalt mit 100.000 DM ein.

Das ist die Zielvereinbarung.

▲ Geben Sie nun auch Umsatzzahlen ein.

▲ Löschen Sie alle Mitarbeiter bis auf die von Herrn Schnell.

Jetzt sehen wir, was die Abteilung des Herrn Schnell geplant hat und welche Gehaltszahlen da sind.

▲ Schreiben Sie in die Zelle F7 *Gehalt var* und in die Zelle G7 *Gehalt fix*.

Nachdem nun die Zielvereinbarungen getroffen wurden, hat das Objective-Gespräch folgendes ergeben:
Die Variable liegt bei dem Mitarbeiter 6 auf 45 Prozent, bei dem Mitarbeiter 7 auf 25 Prozent, bei dem Mitarbeiter 8 auf 38 Prozent usw. Das Fixgehalt liegt immer bei 70 Prozent.

▲ Geben Sie also folgende Formeln ein:

	A	B	C	D	E	F	G	H
1	TABLE:	lohn						
2	werte	Ist						
3	monate	Januar						
4	produkte	Der Excel Guru						
5	region	Baden-Württemberg						
6								
7			Umsatz	Gehalt	variabel	fix	Gehalt var	Gehalt fix	Gesamtgehalt
8	Mitarbeiter 6	28000	100000	45,00%	70,00%	=C8*D8	=C8*E8	=F8+G8
9	Mitarbeiter 7	35000	100000	25,00%	70,00%	25000	70000	95000
10	Mitarbeiter 8	17000	100000	38,00%	70,00%	38000	70000	108000
11	Mitarbeiter 9	19000	100000	42,00%	70,00%	42000	70000	112000
12	Mitarbeiter 10	27000	100000	21,00%	70,00%	21000	70000	91000
13	Werner Schnell	126000	500000	1,71	3,5			
14	Gesamt	126000	500000	1,71	3,5			

Abb. 227: Formeln zur Gehaltsberechnung

Dann bekommen Sie diese Tabelle:

	A	B	C	D	E	F	G	H
1	TABLE:	lohn						
2	werte	ist						
3	monate	Januar						
4	produkte	Der Excel Guru						
5	region	Baden-Württemberg						
6								
7			Umsatz	Gehalt	variabel	fix	Gehalt var	Gehalt fix	Gesamtgehalt
8	Mitarbeiter 6		28000	100000	45,00%	70,00%	45000	70000	115000
9	Mitarbeiter 7		35000	100000	25,00%	70,00%	25000	70000	95000
10	Mitarbeiter 8		17000	100000	38,00%	70,00%	38000	70000	108000
11	Mitarbeiter 9		19000	100000	42,00%	70,00%	42000	70000	112000
12	Mitarbeiter 10		27000	100000	21,00%	70,00%	21000	70000	91000
13	**Werner Schnell**		126000	500000	1,71	3,5			
14	**Gesamt**		126000	500000	1,71	3,5			

Abb. 228: Die fertige Tabelle

Wenn Sie nun auf *Januar* doppelklicken und *Februar* auswählen, können Sie das gleiche für diesen Monat durchführen.

Wie bereits erwähnt, war dies nur eine exemplarische Erklärung der Arbeitsweise des Spreadsheet Connector. Das Schönste ist, daß die Daten problemlos auch von Großrechnern importiert werden können.

Diese Vorteile sind ungeahnt. Leider reicht der Umfang dieses Bandes nicht aus, um die gesamte Auswertung zu erklären. Sie können diese aber nun sicherlich problemlos nach Mitarbeitern, Konsolidierung auf Firmenziele und Abteilungsziele, nach Regionen, Gehalt und allem, was Sie wollen, durchführen.

Grafiken passen sich bei Änderung sofort an, Umsätze und Gehalt können visualisiert werden, alles, was Sie bisher in Excel vermißten.

Schlußwort

Haben Sie bis jetzt durchgehalten und sich mit dem Personalwesen und Office herumgeschlagen, vielleicht den einen oder anderen Erfolg gehabt, sich durch Informationen anregen lassen oder auch auf einige meiner Äußerungen mit Gereiztheit reagiert?
Vielleicht sind Sie ein Firmenchef oder Personalleiter, der für alles dies nichts übrig hat? Oder ein Student, der dieses Buch für seine Klausur verwendet und damit eine schlechte Note fabriziert, oder einfach jemand, der Spaß an diesem *Solutions*-Buch hatte?
Ich für meinen Teil möchte Ihnen hiermit nur Anregungen, Tips und Überlegungen weitergeben. Ich freue mich aber auch über jede Rückmeldung.

Helmut Reinke

Stichwortverzeichnis

A

Absage 129
Absagen 146
Access 2.0 129
Access-Datenbank 72
Add-In-Manager 70
Alderfer 21
Alter berechnen 68
Am Raster ausrichten 60
Analysebogen 162
analytische Datenbank 177
Arbeitnehmer 16
Arbeitsgruppen-Vorlagen. 88
Arbeitsordnung 89
Arbeitsvertrag 89
Array-Formel 105
AutoFormen 60
Autonew 89
AutoText 83

B

BDSG 66
Bedienungsanleitung für die Bewerberverwaltung 139
Bedürfnispyramide 19
Beispielfirma 33
Benutzer-Vorlagen 88
benutzerdefinierte Funktion 167
benutzerdefinierte Zahlenformate 68, 96
Bereich verschieben 97
Besetzungsentscheidung 58
Besetzungsplanung 47
Beurteilungen 74
Beurteilungsbogen 152
Beurteilungsgespräch 152
Beurteilungskriterien 163
Bewährte Führungskräfte 175
Bewerberverwaltung 130
Bewerbungsunterlagen 128, 129
Bildlaufleiste 166

Boston Consulting Group 172
Browser 191
Bundesdatenschutzgesetz 66, 129
Business-Reengineering 25

C

CD 13, 90
Clipart 76
CompuServe 12
CompuServe-Forum 13

D

Datenarchivierung 71
Datenbank 70
Datenbank-Konvertierungsprogramme 72
Datenbankfunktionen 120
Datensätze 140
Datenschutz 66
Datensicherheit 11
DBASE-Datenbank 72
DBMIN 121
DBMITTELWERT 121
DBSUMME 120
Defizitbedürfnisse 19
Dimensionen 184
Dimensionsarbeitsblatt 185
Dokument schützen (Excel) 69
Drehfeld 165
Drop-down-Formularfeld 79
Drucker 128
dynamische Datenbank 99
dynamische Namen 104

E

Eigenschaftenfenster 138
Einarbeitungsplanung 47
einbetten 41
einfügen 41
Einladungen 149

Entlohnungssystem 181
Entwicklungsplanung 47
ERG-Theorie 21
Existenzbedürfnisse 21

F

Falsch 169
Folienfarbskala 47
Folienlayout 48
Formatpinsel 100
Formatvorlagen (Word) 63
Formel für den Führungsstil 28
Formel Können x Wollen 28
Formeln schützen 68
Formularassistent 138
Formulare 65
Formulareditor 137
Formularfeld 78
Fortbildungsmaßnahmen 152
Fragezeichen 176
freizeitorientierte Schonhaltung 28
Führen als Austauschprozeß 31
Führen durch Beurteilen 31
Führen durch Delegation 31
Führen durch Flexibilität 32
Führen durch Kritik 32
Führen durch Leistungsanerkennung 31
Führen durch Motivation 31
Führen durch Teamarbeit 31
Führen durch Vorbild 32
Führen durch Zielvereinbarung 31
Führungsinstrument 152
Führungskräfte Portfolio 170
Führungskräfte-Potential-Analyse 161
Führungskräfteentwicklung 26
Führungskräfteförderung 161
Führungsstile 28
Funktionen 153
Funktions-Assistent 153
Funktionsleiste 135

G

Gannt-Diagramm 54
Gehaltsstrukturanalyse 118

Geschäftsprozeßoptimierung 25
GOGERMUT 13
Graph 54
Gruppenarbeit 25
Gruppierung 123

H

Häufigkeit 105
Hauptformular 134
Hausmitteilung 87, 89
Herzberg 22
HEUTE() 154
Human-Relations-Modell 22
Hygienefaktoren 23

I

Individualplanung 46
Inhaltsverzeichnis 62
Innovative Ziele 163
IntelliSense-Technologie 39
interner Zuschlag 96

J

Jetzt() 68
Johann Wolfgang von Goethe 27

K

Kennwort 80
Kollektivplanung 46
Kommentarzeilen 186
konsolidierte Werte 186
Kontrollkästchen 169
Kopf- und Fußzeile 76

L

Laufbahnplanung 47, 54
Laufzettel 145
Layout kopieren 51
Lean Production 25
Lean Selling 25
Leistungsbeurteilung 161

leistungsgerechte Bezahlung 152
Lineal 77
Linienwerkzeug 60

M

M. I. S. 38, 154
Makro (Word für Windows) 85
Makrorecorder 85
Management By Objectives 178
Management Information Systems 155
Manager-Felder 49
Maslow 19
MBO 178
McGregor 23
McKinsey 172
Menü erstellen 90
Microsoft Office Professional 37
Microsoft Schedule+ 37
Mitarbeiter 16
Mitarbeiter-Felder 49
Mitarbeiterbedürfnisse 46
Mitarbeiterpolitik 17
Mitarbeiterportfolio 161
Motivation 28
Motivationsfaktor 152
Motivationstheorie 20
Motivationsthermometer 28
Motivatoren 20, 23
MS Graph 54
MS Organisationsdiagramm 2.0 47
Multimedia-Gesamtübersicht 15
Mustervorlage (Excel) 67

N

Nachfolgeplanung 58
Namen auflisten 109
Netzplandiagramm 58
Netzplandiagramme 58
numerische Werte 186

O

Office-95-Setup 48
Office-Shortcut-Leiste 40

Office-Vorlagenverzeichnis 81
Optionsfeld 169
Organigramm 47

P

Palette 138
Personalauswahl 128
Personalbeurteilung 151
Personalbogen 67
Personalförderung 151
Personalkostenentwicklung 177
Personalkostenplanung 46
Personalplanung 45
Personalverwaltung 65
PERT-Diagramme 58
Pfeilspitzen-Werkzeug 61
physiologische Bedürfnisse 19
Pittsburgh-Studie 22
Pivot-Tabelle 121
Portefeuille 171
Portfolio 161
Portfolio 3.0 14, 171
Portfolio-Assistent 172
Portfolio-Konzepte 171
Positionsrahmen 76
Potentialbeurteilung 161
PowerPoint 47
Präsentationslayout 47
Präsentationsvorlage 47
Problemlösungs-Ziele 163
Produktionsfaktor 16, 28
Produktpalette 36
Profil-Grafiken 155
Profilius 152

Q

Qualitätsmanagement 25

R

Routine-Ziele 163

S

Sammelmappe 44
Schedule+ 37
Seitenzahlen 62, 76
Selbstverwirklichung 19
Setup 48
Shortcut-Leiste 40
SOLUTIONS-Reihe 11
Sorgenkinder 175
Sozialbedürfnisse 21
Spreadsheet Connector 15
STABW 154
Stärken-Schwächen-Analyse 152
Stars 175
Statusleiste 136
Statussymbole 19
Stellenbeschreibungen 47
Stellenbesetzungsentscheidung 128
Stellenbesetzungsplan 52
Stellenplan 47
Suchfunktionen 39
SVERWEIS 100
Symbolleiste (Word) 86
Symbolleisten 93
Symbolleisten anpassen 159
Systemdatum 154
Systemzeit 154
Szenario-Manager 157

T

Tabellenentwurfsansicht 131
Tabulator 77
Tarifgruppe 96
Taylorismus 23
Team-Entwicklung 27
Teamarbeit 27
Textbaustein 83
Texthandbuch 81
Textmarken 88
Textwerkzeug 59
Toolbox 138

U

Übersichtsbericht 159
Übungsdateien 13
Unternehmensbedürfnisse 46

V

Verbindungslinien 51
Verknüpfen 62
verknüpfen 41
Vertriebsstruktur 36
Vorlage schützen (Word) 80
Vorlagen (Word) 76
Vorlagen-Verzeichnisse (Word 6.0) 88
Vorlagenassistent 70

W

Wachstumsbedürfnisse 19, 21
Wahr 169
WENN-Formel 169
Wertschöpfungsprozeß 25
Wiedervorlage 143
Windows-95-Startmenü 40
Windows-Metafile-Bitmap 173
Wolfgang Stapelfeldt 161
Word für Windows 6.0 87
Word Tabulator 77
WordBASIC 85
WVERWEIS 100

X

X- und Y-Theorie 23
X-Theorie 23

Y

Y-Theorie 24

Z

Zeichenkette 186
Zeugnisformulierung 74
Zeugnishandbuch 81

Stichwortverzeichnis

Zeugnisprogrammierung 74
Zeugnisse 74
Zeugnisvorlage 75
Zielfindung 178
Zielsetzung 178
Zielvereinbarung 178
Zielvereinbarungen 166
Zielvorgabe 181
Zwei-Faktoren-Modell 22
Zwischenbescheide 148

SOLUTIONS

Professionelle Lösungen mit Standard-Software

Die Reihe **Solutions** bietet professionelle Software-Anwenderlösungen für den modernen betriebswirtschaftlich-unternehmerischen Bedarf. Makros, Programmcodes, Tabellen sowie Verweise auf relevante Fachliteratur unterstützen die prägnanten Darlegungen mit Hilfe aktueller Office-Programme. Die Inhalte sind stark strukturiert; sie leiten vom konkreten Praxisproblem direkt über zur sofort einsetz- und anpaßbaren Softwarelösung.

Baufinanzierung und strategische Vermögensverwaltung mit Excel
Matthias Döring
1995, 200 Seiten, 1 Disk 3,5"
ISBN 3-8272-5000-5
DM 59,–/öS 437,–/sFr 55,–

Visualisierte Produktanalyse und Portfolios mit Excel
Helmut Reinke
1995, 224 Seiten, 1 Disk 3,5"
ISBN 3-87791-769-0
DM 59,–/öS 437,–/sFr 55,–

Vertriebscontrolling mit Excel
Helmut Reinke
1995, 224 Seiten, 1 Disk 3,5"
ISBN 3-87791-771-2
DM 59,–/öS 437,–/sFr 55,–

Unternehmensplanung und Prognoseverfahren mit Excel
H. Reinke/M. Kuppinger
1995, 224 Seiten, 1 Disk 3,5"
ISBN 3-87791-768-2
DM 59,–/öS 437,–/sFr 55,–

Markt&Technik
Markt&Technik Buch- und Software-Verlag GmbH, Hans-Pinsel-Str. 9b, 85540 Haar,
Telefon (0 89) 4 60 03-222, Fax (0 89) 4 60 03-100

Markt&Technik-Produkte erhalten Sie im Buchhandel, Fachhandel und Warenhaus.

A VIACOM COMPANY

Wer ist wo ...

- ... im BTX?
- ... im Internet?
- ... in CompuServe?
- ... im World Wide Web?

BTX Y.....Pages
Neue Mediengesellschaft Ulm
Hier finden Sie eine alphabetische Übersicht von 2.800 Anbietern aus allen Branchen. Außerdem wichtige Hinweise zum Thema: Was ist BTX/Datex-J, Zugang, Endgeräte, wichtige Befehle und Kommunikation mit BTX/Datex-J.
1995, 792 Seiten
ISBN 3-87791-786-0

Internet Y.....Pages
C. Maxwell / C. J. Grycz
Mit diesem Adreßbuch für jeden Datenreisenden erhalten Sie eine komplette alphabetische und thematische Übersicht über die Angebote und den Nutzen des Internets, kurze Einführung zum Internet und zu seiner Bedienung.
1995, 760 Seiten
ISBN 3-87791-699-6

CompuServe Y.....Pages
Neue Mediengesellschaft Ulm
Zeit ist Geld — verschwenden Sie deshalb Ihre Zeit nicht mit Suchen nach einer bestimmten Information! In diesem Buch finden Sie Detailinformationen zu über 1.300 Anbietern.
1995, 752 Seiten
ISBN 3-8272-5003-X

World Wide Web Y.....Pages
Neue Mediengesellschaft Ulm
Wahlloses Surfen im Internet kann zu einer Irrfahrt werden. Treffen Sie offline Ihre Auswahl unter den mehr als 1.300 aufgeführten Web-Seiten. Die Themen: kurze Einführung, Internet und das World Wide Web, namentliche und thematische Übersicht.
1995, 840 Seiten
ISBN 3-8272-5002-1

Je DM 69,– / öS 511,– / sFr 64,–

Markt&Technik
Markt&Technik Buch- und Software-Verlag GmbH, Hans-Pinsel-Str. 9b, 85540 Haar,
Telefon (0 89) 4 60 03-222, Fax (0 89) 4 60 03-100

A VIACOM COMPANY

Markt&Technik-Produkte erhalten Sie im Buchhandel, Fachhandel und Warenhaus.

Der Informations-Highway!

Internet Y.....Pages
Ch. Maxwell / C. J. Grycz

Mit diesem Adreßbuch für das Internet erhält der Datenreisende eine komplette Übersicht über den Nutzen und die Leistungen, die das Internet bietet. Alle Datenanbieter sind in einer alphabetischen Übersicht schnell und leicht zu finden. Der dazugehörige Index in dieser deutschen Übersetzung wurde komplett neu überarbeitet und erweitert. Dadurch wurde eine Übersichtlichkeit erreicht, die den totalen Durchblick im Umgang mit dem Internet und seinen Leistungen schafft. Einen Zusatznutzen bringen Ihnen die kurzen Einführungen zum Internet und seiner Bedienung.
3. Aufl. 1995, 850 Seiten, ISBN 3-87791-699-6
DM 69,– / öS 511,– / sFr 64,–

ISDN – Einführung und Überblick
R. Kolbeck / H. Hajer

Schwerpunktthema: PC und ISDN. Wie binde ich meinen PC in ISDN ein oder kopple Rechnernetze über ISDN? Mit diesem Buch erhalten Sie neben Antworten und Tips auf diese und ähnliche Fragen auch einen detaillierten Einblick in den aktuellen Entwicklungsstand, einen Überblick über den Endgerätemarkt und Formulardschungel.
3. Aufl. 1995, 264 Seiten
ISBN 3-87791-618-X
DM 59,– / öS 437,– / sFr 55,–

Markt&Technik
Markt&Technik Buch- und Software-Verlag GmbH, Hans-Pinsel-Str. 9b, 85540 Haar,
Telefon (089) 46003-222, Fax (089) 46003-100

A VIACOM COMPANY

Bücher von Markt&Technik erhalten Sie im Buchhandel, Fachhandel und Warenhaus.
Fragen Sie dort auch nach unserem aktuellen Gesamtverzeichnis!

SAMS – die Quelle für mehr Wissen

Lotus Notes
Multiuser-Anwendungen entwickeln
Eric Rayl

Dieses Buch gibt Ihnen alle Informationen und Werkzeuge für die Entwicklung mächtiger, komplexer Applikationen unter der Notes-Umgebung an die Hand. Lernen Sie die wichtigsten Themen kennen: vom Erstellen einer Datenbank über das Design von Applikationen bis hin zu fortgeschrittenen Sicherheitsmechanismen.
Werden Sie vertraut mit Client/Server-Architekturen, Workgroup-Applikationen, elektronischen Formularen und E-Mail.
1995, 432 Seiten, 1 Disk 3,5"
ISBN 3-87791-803-4
DM 79,–/öS 585,–/sFr 74,–

Netware 4 Systemadministration
Karanjit Siyan

Mit diesem praktischen Arbeitsbuch werden Sie auf die herstellerspezifischen CNA-Tests (Certified Netware Administrator), Netware-4-Verwaltung und fortgeschrittene Verwaltung vorbereitet. Viele Grafiken und Screenshots erleichtern den Zugang. Jedes Kapitel wird durch spezifische Lernhinweise und umfangreiche Fragen zum Selbsttest ergänzt. Insgesamt finden Sie rund 1.400 Fragen – zusammen mit den passenden Antworten.
1995, 800 Seiten, 1 Disk 3,5"
ISBN 3-87791-802-6
DM 98,–/öS 725,–/sFr 91,–

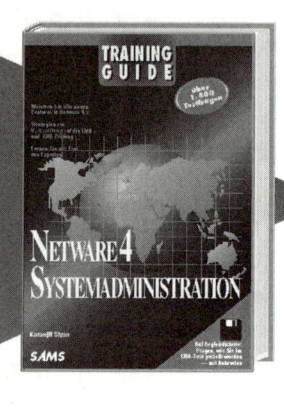

SAMS

SAMS-Produkte erhalten Sie im Buchhandel, Fachhandel und Warenhaus.

Ist ein Imprint der Markt&Technik Buch- und Software-Verlag GmbH,
Hans-Pinsel-Straße 9b, 85540 Haar, Tel. (0 89) 4 60 03-222, Fax (0 89) 4 60 03-100